高等学校新形态系列教材

高校实验室安全管理

毕见强 谷国超 郑洪亮 王桂龙 王伟礼 编

化学工业出版社

·北京·

内容简介

本书为进入实验室人员掌握安全知识、避免安全事故发生,进一步促进实验室安全教育课程体系的建设,提升实验室安全文化建设水平编写而成。全书内容分为10章,包括实验室基本安全规范、实验室常见危险品、实验室用电安全、辐射防护、实验室仪器设备使用安全、实验室废弃物处理规范、实验室生物安全、实验室消防安全、实验事故的预防与应急处置以及网络安全等内容。

本书可作为高等院校理工医科相关专业的实验室安全课程配套教材,或作为高校各专业学生学习实验室安全知识及安全技术的参考书,同时也可以供科研人员和技术工作者及实验室管理人员参考使用。

图书在版编目(CIP)数据

高校实验室安全管理/毕见强等编. —北京:化学工业出版社,2024.1(2025.3重印)
ISBN 978-7-122-44510-0

Ⅰ.①高… Ⅱ.①毕… Ⅲ.①高等学校-实验室管理-安全管理-教材 Ⅳ.①G642.423

中国国家版本馆CIP数据核字(2023)第226830号

责任编辑:王清颢　张兴辉　　　　　文字编辑:王　硕
责任校对:宋　玮　　　　　　　　　装帧设计:王晓宇

出版发行:化学工业出版社
　　　　　(北京市东城区青年湖南街13号　邮政编码100011)
印　　装:北京科印技术咨询服务有限公司数码印刷分部
710mm×1000mm　1/16　印张15　字数283千字
2025年3月北京第1版第2次印刷

购书咨询:010-64518888　　　　　售后服务:010-64518899
网　　址:http://www.cip.com.cn
凡购买本书,如有缺损质量问题,本社销售中心负责调换。

定　　价:49.00元　　　　　　　　　　　　版权所有　违者必究

前言

习近平总书记在科学家座谈会上强调,要发挥高校在科研中的重要作用,调动各类科研院所的积极性,发挥人才济济、组织有序的优势,形成战略力量。党的二十大以来,高校发挥人才培养和科技创新的作用持续加强,科研创新能力全面提升,承担基础研究和对接国家重大战略需求的重要性不断凸显。

实验室是高校开展科研活动的重要场所,也是高校发挥科技创新作用的有效载体。高校实验室水平的高低,直接决定了高校在人才培养、学科建设以及科技创新工作中的综合实力和成果产出。

随着实验室数量和质量的不断发展,实验室安全工作涉及面更广、体量更大,安全隐患更加复杂。一直以来,在弘扬生命至上、安全第一的管理理念下,实验室安全管理工作取得了卓有成效的发展。全面加强实验室安全管理是贯彻落实习近平总书记关于生产安全、实验室安全和防范化解重大风险的系列重要论述精神的重要举措。教育部在《教育部办公厅关于开展加强高校实验室安全专项行动的通知》中指出,提高政治站位,切实增强"四个意识"、坚定"四个自信"、做到"两个维护",坚持一切工作都以安全稳定为前提。因此,熟悉实验室的安全防护知识,进行有效的实验室安全风险防控和管理,是实验室工作人员要掌握的基本能力,是实现对科研工作人员人身安全和实验室仪器设备有效保护的基本保障。高校加强实验室安全管理方面的培养教育,将有助于提升全民安全生产的整体素质,对于促进社会进步和可持续发展意义重大。

坚持实验室安全是实验条件建设最基本的要求和底线。山东大学非常重视实验室安全工作,学校深入贯彻落实总体国家安全观,全面落实教育部、办公厅印发的《高等学校实验室安全规范》,落实省教育厅关于学校实验室安全工作的系列部署,切实加强学校实验室安全工作。本书由编写组通过长期教学实践,总结山东大学实验室安全工作的经验,结合高校实验室的实际需求,将实验室安全教育各方面的内容,以及实验室安全的理论和技术精心编排而成。

全书内容分为 10 章,包括了实验室基本安全规范、实验室常见危险品、实验室用电安全、辐射防护、实验室仪器设备使用安全、实验室废弃物处理规范、实验室生物安全、实验室消防安全、实验事故的预防与应急处置以及网络安全等。

本书编写组成员包括 5 人。其中,王伟礼负责第 1 章的编写,郑洪亮负责第 2~4 章的编写,谷国超负责 5~7 章的编写,王桂龙负责第 8~10 章的编写。全书由山东大学材料科学与工程学院的毕见强教授组织编写、修改和审阅。感谢山东大学资产与实验室管理部、科学技术研究院、安全管理处和研究生院对本书编写的支持和指导。

实验室安全知识涉及面广，体系庞杂，专业性强，内容组织起来难度较大。由于笔者水平有限，书中难免有疏漏和不妥之处，敬请广大读者批评指正。

编著者

目录

第1章　实验室基本安全规范　001

1.1　概述 ······ 001
1.2　实验室安全的基本要求 ······ 003
1.3　实验室操作的基本安全须知 ······ 007
1.4　实验室常见安全标志 ······ 011

第2章　实验室常见危险品　016

2.1　实验室常见危险品概述 ······ 016
2.2　实验室危险品事故典型案例 ······ 017
2.3　实验室常见危险品分类 ······ 017
2.4　实验室常见危险品标志 ······ 019
2.5　实验室常见危险品性质 ······ 020
2.6　实验室危险品的安全存储和使用 ······ 025

第3章　实验室用电安全　028

3.1　电学基本常识 ······ 028
3.2　电对人体的伤害 ······ 030
3.3　影响人体触电伤害程度的因素 ······ 030
3.4　触电的方式 ······ 031
3.5　触电事故的一般规律 ······ 033
3.6　安全用电原则及预防措施 ······ 034
3.7　触电急救 ······ 036
3.8　实验设施安全用电的操作要求 ······ 040

第 4 章　辐射防护　042

4.1　辐射防护的基本知识 …………………………………………… 042
4.2　辐射防护中常用的辐射量和单位 ……………………………… 053
4.3　辐射对人体的影响 ……………………………………………… 057
4.4　辐射防护标准及辐射防护的一般方法 ………………………… 068

第 5 章　实验室仪器设备使用安全　081

5.1　仪器设备管理制度 ……………………………………………… 082
5.2　常用实验仪器设备使用安全 …………………………………… 085
5.3　电梯的使用安全 ………………………………………………… 106
5.4　压力容器使用安全 ……………………………………………… 108
5.5　高温装置使用安全 ……………………………………………… 121
5.6　低温装置使用安全 ……………………………………………… 125
5.7　高能及辐射装置使用安全 ……………………………………… 128
5.8　贵重精密仪器与大型设备的使用安全 ………………………… 130

第 6 章　实验室废弃物处理规范　131

6.1　实验室废弃物分类及来源 ……………………………………… 131
6.2　实验室废弃物处理原则、一般程序及注意事项 ……………… 133
6.3　实验室废弃物处理方法 ………………………………………… 138

第 7 章　实验室生物安全　154

7.1　实验室生物安全基础知识 ……………………………………… 154
7.2　生物安全实验室的分类及其相关规定 ………………………… 158

7.3 生物安全实验室管理 …………………………………………………… 163
7.4 生物安全实验室的个人防护 …………………………………………… 170

第 8 章 实验室消防安全　　177

8.1 实验室消防安全概述 …………………………………………………… 177
8.2 火灾隐患的预防与处置 ………………………………………………… 183
8.3 实验室危险品消防常识 ………………………………………………… 187
8.4 消防设施的使用与维护 ………………………………………………… 189
8.5 火灾逃生原则、自救方法以及逃生路径选择 ………………………… 197

第 9 章 实验事故的预防与应急处置　　201

9.1 常见事故类型的预防与处置 …………………………………………… 201
9.2 实验室特殊事故处置 …………………………………………………… 208
9.3 实验事故应急处理流程 ………………………………………………… 211
9.4 实验室安全管理规定实例 ……………………………………………… 215

第 10 章 网络安全　　218

10.1 网络安全概述 …………………………………………………………… 218
10.2 高校网络安全建设思路 ………………………………………………… 219
10.3 网络病毒的危害及案例 ………………………………………………… 223
10.4 高校网络安全措施 ……………………………………………………… 225

参考文献　　228

第 1 章

实验室基本安全规范

1.1 概述

高校实验室是大学生基础实践教学和技能培训的重要平台,也是高素质人才培养和科技创新能力提升的主要场所。虽然它涉及的学科领域众多、研究内容和方法丰富多样、安全规范侧重各有不同,但是却具有很多共同的特征,如:大学生(含博士研究生、硕士研究生和本科生)等实验人员是使用高校实验室的主体,实验人员集中且流动性大;实验室使用频繁,存放着大量贵重仪器设备和重要技术资料;会使用种类繁多的化学药品,这些化学药品往往具有易燃、易爆、有毒、有害、有腐蚀性等特性;部分实验要在高温、高压,或者超低温、真空、强磁、微波、辐射、高电压和高转速等特殊条件下进行,部分实验还会排放有毒物质。实验人员的操作失误极可能引发实验室安全事故,不但会造成仪器设备损坏,甚至还会严重危害学生的生命安全,使个人、家庭、学校、社会和国家蒙受重大损失。

1.1.1 实验室安全的含义

实验室安全指实验室免除了不可接受的损害风险的状态。实验室是一个复杂的场所,经常用到各种化学药品和仪器设备,以及水、电、燃气,还会遇到高温、低温、高压、真空、高电压、高频和带有辐射源的实验室条件和仪器,若缺乏必要的安全管理和防护知识,可能会造成生命和财产的巨大损失。实验室安全就是要最大限度地避免实验人员的生命和财产损失。

实验室中的学生和研究人员需具备的安全素质包括三点:安全意识、安全知识和安全技术。其中,对实验室安全来讲,安全意识是需要首先树立的,需由

"要我安全"转变为"我要安全"。思维、意识和观念的改变带来安全的意识、常态和习惯。理念决定了行动，实验室安全不只是靠实验室管理来保障，更必须依靠全体老师和同学的参与。安全工作并非朝夕之功，安全来自长期保持警惕。

实验室安全关系到每一个与实验室相关的人员及其家庭，从同学、团队成员到机构的管理者和社会。从物理和化学伤害范围来讲，近则影响同实验室的实验者，远则影响整栋实验楼甚至局部的生态环境，因此每一个实验者要做到：我不伤害别人，当别人受到伤害时能及时抢救，当他人违章时能及时制止。安全实验不仅是对他人负责，对学校负责，对社会负责，对国家负责，更是对自己负责，对家庭负责！海明威在《丧钟为谁而鸣》中写道："所有的人是一个整体，别人的不幸就是你的不幸。所以，不要问丧钟为谁鸣，它就是为你鸣。"一件件实验室悲剧，提醒的是每一个实验室的参与者。

态度→行为→习惯→性格→命运，树立安全第一和生命至上的安全意识，让安全成为一种习惯是保障我们实验室安全的前提。

1.1.2　实验室安全的重要意义

（1）实验室安全是贯彻"以人为本"的理念，保证师生人身安全的基本需要

高等教育"以人为本"，高校的一切工作都是为学生服务的。学校以学生为主体，以教师为主导，"以人为本"是教学、科研工作的灵魂。高等学校实验室的主体是人。人的生命是最宝贵的社会财富，而人身安全则是人不同需求层次中最为基本、重要的一个。生命安全得不到保障还谈什么教学、科研？因此，保证实验室安全是尊重人、尊重生命、满足人的安全感的基本需要。在高等学校实验室安全建设中，保障人员的生命安全与健康是一切工作的出发点和立足点。因此，实验室必须首先建立一个安全的教学和科研实验环境，减少实验过程中发生灾害的风险，确保师生员工的安全与健康，坚持"以人为本，生命至上"。

（2）实验室安全是保证高等学校教学、科研工作顺利开展的需要

高等学校担负着知识传播和创新两大任务，即教学和科研。高等学校实验室是高等学校完成实验教学任务的重要基地，也是科技创新的主要场所。实验室由于其自身功能的特殊性，不仅存在各种涉及水、电、气、高温、高压、低温、真空、高速、强磁、辐射等危险因素的仪器设备，往往还存放有大量易燃、易爆、有毒、有害的化学、生物药品或试剂，在客观上自身的不安全因素较多。在人员、设施、管理上稍有疏忽就可能发生实验室安全事故。一旦出现安全事故，教学工作或科研工作将会立即中断，甚至终止；仪器、资料可能损毁，会给国家财产造成重大损失；当事师生人身安全可能受到威胁，也可能形成对专业的负面认识，这与高等教育教学、科研及服务社会的职责背道而驰。实验室安全无事故，才能为培养学生实验能力、保证教学任务的顺利完成以及进行科学研究创新提供

重要平台。只有在安全、稳定、和谐的实验环境下，师生才能精力充沛地投入教与学和科研创新工作中。

(3) 实验室安全是高等教育改革与发展的需要

随着我国高等教育事业的迅猛发展和高等教育投入的不断增加，高等学校实验室呈现出设备、药品、技术密集的特点。同时高等学校的扩招，使从事实验活动的本科生及研究生人数大幅增加，从事实验活动的人员安全素质良莠不齐，实验室安全管理人员相对较少且管理水平相对滞后。这些因素使实验室的安全问题更加复杂而严峻。高校作为科研创新的主体，其基础地位日益凸显，国家对高等学校科技投入将进一步加大，高等学校实验室中各种贵重、先进的仪器将越来越多。而科学研究试验本身具有探索性和未知性，具有潜在的危险性，实验室安全问题也是从事科学研究的风险问题。在当前实验项目不断增加，实验室开放性和人员流动性不断增强的情况下，保证实验室安全，减少实验研究工作风险，保障实验人员和仪器设备安全，才能实现高校实验室科技创新基地的功能，使国家财产免于损失，保证国家科技战略的实施。

(4) 实验室安全是构建平安、和谐校园的需要

实验室一旦发生安全事故，事故责任人可能会致伤致残，给个人和家庭的生活造成严重影响；如果是由于自身的原因造成重大安全事故，事故责任人还将会受到行政和民事甚至刑事处罚，其工作和事业发展也会受到影响。事故也会给出事校方造成不良的社会影响，学校甚至会牵扯上官司和受到处罚。安全稳定第一，安全问题无小事！保证实验室安全是建设平安、和谐校园的必要条件。

(5) 实验室安全是国家法律、法规的要求

为保证人身及财产安全、保护环境，国家出台了一系列安全环保政策法规，如：《中华人民共和国安全生产法》《中华人民共和国放射性污染防治法》《中华人民共和国固体废物污染环境防治法》《危险化学品安全管理条例》《易制毒化学品管理条例》等。国家相关部门还颁布了《高等学校实验室工作规程》《教育部关于加强高校实验室安全工作的意见》等章程及通知。这些法律、法规、规章为高等学校实验室安全与环境治理工作提供了法律依据，也为高等学校制定相应的规章制度及实施细则提供了重要指南。

1.2 实验室安全的基本要求

实验室安全事件从最初的引发事件到最终事故的发生，如果要进行有效的实

验室安全风险管理,在发展演变中一般需经历三个防护层,即策略层(策略性决定、预测、计划、引导等)、系统层(监督、培训、标准规范等)、人员防护层(经验、知识技能、敏锐度、精神状况等)。实验室必须建立健全以实验室主要负责人为主的各级安全责任人的安全责任制和相关安全规章制度,用于加强实验室安全管理。

1.2.1 实验室安全管理组织结构

实验室安全管理的总负责人可由科研单位分管实验室工作的领导兼任,组织成立实验室安全管理委员会。委员会主要负责制定实验室安全管理的方针和政策,还可以在该委员会下设立其他相关委员会。设立实验室安全管理办公室,负责所有与安全相关的具体事宜。科研单位各实验室按照行政组织形式,纳入到实验室安全管理委员会中,相关实验室负责人兼任委员会内相应职务。

1.2.2 实验室安全规章制度制定

实验室安全管理制度的建立是实验室安全管理过程中非常重要的环节,化学实验室应该按照国家相关规定和相关管理办法,结合各单位化学实验室的具体特点,制定严格有效的实验室安全管理制度及实施细则。加大实验室安全管理工作的力度,切实落实各项管理制度,要求进入实验室的人员务必遵守实验室安全管理制度。

(1) 实验室安全管理规章制度总则

以实验室安全管理委员会名义,参照国家规定和科研单位管理规章制度,制定实验室安全管理规章制度,为各实验室的具体规章制度制定提供指导建议和参考。

(2) 安全规章制度

在实验室安全管理规章制度总则的框架下,先后出台具体的相关安全规章和条例,基本涵盖各实验室安全领域:

① 防火安全。包括火警的呼叫、火警系统的例行检查及维护、消防演习的规定、火灾安全评估等。

② 设备安全。包括工作设备的使用和防护条例、人身安全防护设备管理规定、仪器及设备的无人值班操作规程、教学设备安全要求、应急灯系统的例行检查及维护、电气设备的使用安全等。

③ 化学品安全。包括危险物运输要求、罐装气体安全、涉及化学品实验室的安全管理条例、通风橱的管理规定、液氮的安全管理、易燃液体的储存、威胁健康危险物的控制、易制毒化学品的管制、气体安全、危险废弃物的处理等。

④ 机械加工安全。包括木质加工工具的使用安全、手动操作安全规程等。

⑤ 放射性安全。包括放射性防护条例、密封及非密封放射性物质的管理、激光安全防护等。

⑥ 生物安全。包括水体中军团杆菌的控制，病原体、剧毒物和转基因材料的安全控制，生物安全管理规定，生物/医药废弃物的处理等。

⑦ 常规安全。包括滑倒、失足及坠落的预防，工作场所安全管理条例，工作噪声的管理规定，野外工作的安全管理等。

⑧ 特殊工种安全。包括起重操作及起重设备管理、高空工作管理规定、乙炔的安全管理、石棉的安全管理、建筑设计及安全管理等。

⑨ 意外的防护。包括紧急救护的管理规定、眼睛的防护、意外事故的汇报程序、火灾及水灾意外防护计划等。

1.2.3　实验室安全教育

实验室安全教育的目的在于通过教育教学手段，提高实验者的安全意识及安全素质，使之掌握必要的安全知识和技能，减少、消除安全隐患及事故，掌握必要的逃生自救常识，一旦发生事故，能及时补救或正确逃生；通过教育，也起到提高管理人员的责任感和处理事故能力的作用。

实验室安全教育既包括安全教育，又包括环保教育；既介绍"物防""技防"知识，又传授"人防"手段。其内容涵盖实验室安全文化与管理、实验室安全基本知识、实验室安全技术培训及实践、环保教育四大方面。具体内容则涉及实验室安全的重要性、危险化学品基础知识、消防知识与技术、实验室电气安全、生物安全、辐射安全、信息安全、常用及特种设备安全、实验操作安全、应急事故处理方法、实验废弃物的处理及实验室安全管理等多个方面。

1.2.4　实验室安全工作实施的保证

为保证以上这些安全规章制度能有效地执行，应实行安全责任到人的安排，制定相关的安全评估程序、监督和检查制度，并对人员定期进行相关安全培训。

(1) 安全责任到人

实验室主管领导对实验室安全工作全面负责，不但需对实验室的所有人员的人身安全负责，同时对所有实验室的环境和各实验程序的安全负责。由实验室主管领导专门聘用一位专职安全员，为安全政策的制定、执行等提出建议。专职安全员在实验室安全工作中扮演着重要角色：需确保实验室安全条例的定期修正和更新；监督实验室人员及相关人员对所辖领域做出安全风险评估；负责安全检查；随时检查工作场所安全是否存在安全隐患，如存在隐患，则需提出相应整改方案；对实验人员给予安全指导；协助安排安全培训；检查安全政策执行是否有效；保证意外事故报告及时送达实验室安全管理办公室；保持与各安全领域专家及大学安全办公室的正常沟通等。针对可以指导学生并参与实验的导师，安全责任中要保证学生的安全：要保证学生的实验设计涉及的仪器设备和工作环境等的安全；了解学生的安全防护能力；对学生进行及时的安全指导并安排相关安全培训（安全培训要求备案）；在学生实验中要对其安全做到随时监督；遇导师外出，应提前做出相应安排；学生实验结束后，要检查其安全善后工作是否到位。除专职安全员外，其他相关安全责任人需对专业内从事工作的人、工作环境、工程程序、工作行为等的安全进行评估和监督，如存在安全隐患，则需从各专业角度提出实验室安全整改方案。

（2）实验室安全风险评估

风险评估是检查在实验过程中是否存在可能对人身造成伤害的可能性。确认之后，评估者需要对风险做出评价，然后决定应采用何种方法规避伤害。具体的安全风险评估工作，则是由实验室主管领导委派各学生导师、管理者及不同专业领域的专家对环境安全或行为安全做出风险评估。对于高校实验室而言，专家的评估显得尤为重要，毕竟高校实验室所进行的多为探索性前沿研究，在安全方面存在更大的不确定性。在安全风险评估中，由于火灾安全评估涉及面广，评估相对更为具体，对发现火灾隐患、火灾会影响到的人、火警体系、消防设备的安装、消防通道、应急灯的安装、防火安全标识、消防设施的检查和维护、消防培训和消防演习等均制定出了相应的评估表格。

（3）实验室安全检查

实验室安全检查是实验室安全工作的重要组成。安全检查不但包括检查实验室安全工作是否符合相关管理规定，还包括实验程序、实验环境中安全隐患的排查（如果存在安全隐患，则需在事故发生前进行整改）。安全检查工作可以由1人或3~4人组成检查组来进行。

（4）实验室常规及特殊安全培训

各类的规章和制度侧重于广泛的约束性，注重用文字性的条例来达到规避安全事故的目的，而各类安全培训则更具可操作性，其是通过各种具体行为的强化培训来培养受训者的安全意识和安全习惯，是安全防护在先的一个重要体现。培训应设定在数天到一周之间，视具体培训要求而定，其内容会根据实际情况不断进行调整，与相关安全管理文件匹配。安全培训的涵盖面要广，注重实践性和细节。

1.2.5　实验室安全风险管理评估

引发实验室安全事故的客观因素和主观因素，均作为实验室安全隐患。在日常实验室的运行之中，或多或少存在着安全隐患，往往较小的安全隐患是引发大安全事故的导火索和直接诱因。

实验室安全风险评估的工作非常重要。风险评估工作包括：

① 鉴定所使用或制造的物质的危害；

② 评估有关危害造成实际伤害的可能性及严重程度；

③ 决定采用什么控制措施，从而把风险减小到可以接受的程度，例如，使用适当稀释的溶液、危险性较低的化学品或较低的电压，以及使用通风橱、个人防护装备等；

④ 确定如何处置在进行实验后所产生的危险残余物。

1.3 实验室操作的基本安全须知

在实验操作中，经常使用各种化学药品和仪器设备，以及水、电、煤气，还会经常遇到高温、低温、高压、真空、高电压、高频和带有辐射源的实验条件和仪器，若缺乏必要的安全防护知识，可能会造成生命和财产的巨大损失。因此，进入实验室的操作人员必须严格遵守相关制度规定，牢记安全准则，落实"实验安全第一位"原则，自觉维护实验室安全。实验室必须建立健全以实验室主要负责人为主的各级安全责任人的安全责任制和相关安全规章制度，用于加强实验室安全管理。

1.3.1 主要制度规定

（1）个人防护规定

① 实验人员进入实验室，必须按规定穿戴必要的工作防护服，用于防护化学品喷溅或滴漏等危害。

② 实验过程中使用挥发性有机溶剂、特定化学物质或其他环保部门列管毒性化学物质等化学药品时，必须要穿戴防护用具，包括防护口罩、防护手套、防护眼镜，上述装备必须佩戴齐全后，方可进行实验。

③ 实验过程中，严禁戴隐形眼镜，主要防止化学药剂溅入眼睛而伤害眼睛。

④ 实验人员进行实验时，须将长发及松散衣服进行固定，特别是在药品处理过程中。

⑤ 进入实验室进行实验时，须穿覆盖全脚面的鞋子；尽量不要穿着裙子等将身体部位大面积暴露于空气中的衣服进行实验。

⑥ 操作高温实验时，必须戴防高温手套。

(2) 饮食规定

① 避免在实验室或附近区域饮食；使用化学药品或结束实验后，须彻底洗净双手后方能进食。

② 严格禁止将食物储藏于储有化学药品的冰箱或储藏柜内。

(3) 药品领用、存储及操作相关规定

① 操作危险性化学药品时务必遵守操作守则或遵照老师规定的操作流程进行实验，切勿擅自变更实验流程（危险性化学品种类见《危险化学品目录》）。

② 领取药品时，需根据容器上标示的中文名称进行确认。

③ 取到药品后，确认药品危害标示和图样，掌握该药品的危害性。

④ 使用挥发性有机溶剂及强酸强碱性、高腐蚀性、有毒性药品时，严格在通风橱内进行操作；注意通风设备的正确使用，勿将有害气体泄漏至实验室内。

⑤ 有机溶剂，固体化学药品，酸、碱化合物均需分开存放；挥发性化学药品必须放置于具抽气装置的药品柜中。

⑥ 高挥发性或易于氧化的化学药品必须存放于冰箱或冰柜之中。

⑦ 在进行具有潜在危险的实验操作时，避免单独一人在实验室操作，保证至少两人在实验室后，方可进行实验。

⑧ 在进行无人监督实验时，需充分考虑实验装置对于防火、防爆、防水的要求，保证实验室内灯光常亮，并在显眼位置注明实验人员的联系信息和出现危险时联系人信息。

⑨ 开展高温高压等危险性系数较高的实验时必须经实验室负责人批准，并且实验室内必须两人以上在场方可进行；节假日和夜间严禁开展该类实验。

⑩ 使用或产生危害性气体的实验必须在通风橱里进行。进行放射性、激光等对人体危害较为严重的实验，应制定严格的安全措施，做好个人防护。实验产生的废弃药液、过期药液或废弃物必须依照分类进行明确标示；药品使用后的废（液）弃物严禁倒入水槽或水沟，应放入专用收集容器中回收。

(4) 用电安全相关规定

① 实验室内的电气设备的安装和使用管理，必须符合安全用电管理规定。大功率实验设备用电必须使用专线，严禁与照明线共用，谨防因超负荷用电着火。

② 实验室用电容量的确定要兼顾事业发展的增容需要，留有一定余量。严禁实验室内私自乱拉乱接电线。

③ 实验室内的用电线路和配电盘、板、箱、柜等装置及线路系统中的各种开关、插座、插头等，均应经常保持完好可用状态，熔断装置所用的熔丝必须与线路允许的容量相匹配，严禁用其他导线替代。室内照明器具都要经常保持稳固

可用状态。

④ 存放散布易燃、易爆气体或粉体的实验室内，所用电气线路和用电装置均应按相关规定使用防爆电气线路和装置。

⑤ 对实验室内可能产生静电的部位、装置进行明确标记和警示，对其可能造成的危害要有妥善的预防措施。

⑥ 对实验室内所用的高压、高频设备要定期检修，要有可靠的防护措施。特别是对于自身要求安全接地的设备，需定期检查线路，测量接地电阻。自行设计或对已有电气装置进行自动控制的设备，在使用前必须经实验室与专业人员组织进行验收合格后方可使用，其中的电气线路部分，也应在专业人员查验无误后再投入使用。

⑦ 实验室内不得使用明火取暖，严禁抽烟。必须使用明火实验的场所，须经批准后使用。

⑧ 切勿在双手沾水或潮湿时接触电气用品或电气设备；严禁使用水槽旁的电器插座（防止漏电或感电）。

⑨ 实验室内的专业人员必须掌握本室的仪器、设备的性能和操作方法，严格按操作规程操作。

⑩ 机械设备应装设防护设备或其他防护罩。电气插座使用时切勿连接太多电器，以免负荷超载，引起电气火灾。请勿使用无接地设施的电气设备，以免产生触电。

(5) 压力容器安全规定

① 气瓶应专瓶专用，严禁随意改装其他种类的气体。

② 气瓶应存放在阴凉、干燥、远离热源的地方，易燃气体气瓶与明火距离不小于5m；氢气瓶应进行隔离存放。

③ 气瓶搬运要轻要稳，放置要牢靠。

④ 不得混用各种气压表。

⑤ 氧气瓶严禁油污，注意避免手、扳手或衣服上的油污污染气瓶。

⑥ 气瓶内气体不可用尽，以防倒灌。

⑦ 开启气门时应站在气压表的一侧，严禁将头或身体对准气瓶总阀，防止阀门或气压表因压力过大脱离气瓶冲出伤人。

⑧ 搬运应在确知护盖锁紧后才进行。

⑨ 容器吊起搬运不得用电磁铁、吊链、绳子等直接吊运。

⑩ 气瓶远距离移动时尽量使用手推车，务求安稳直立。以手移动容器，应直立移动，不可卧倒滚运。气瓶使用时应加以固定，容器外表颜色应保持鲜明、容易辨认，确认容器的用途无误时方可使用。定期检查管路是否漏气，压力表是否正常。

(6) 环境卫生

① 各实验室应注重环境卫生,并须保持整洁。

② 为减少实验室内尘埃,洒扫工作应于工作时间外进行。

③ 有盖垃圾桶应常清除消毒以保证环境清洁。

④ 垃圾清除及处理,必须合乎卫生要求,应在指定处所倾倒,不得任意倾倒堆积而影响环境卫生;实验垃圾应按照规定进行处理,切勿与生活垃圾混淆处理。

⑤ 凡有毒性或易燃的垃圾废物,均应特别处理,以防引起火灾或危害人体健康。

⑥ 窗面及照明器具透光部分均须保持清洁。

⑦ 保持所有走廊、楼梯通行无阻。

⑧ 油类或化学药品溢满地面或工作台时,根据其特性采取相应处理措施,并将地面或工作台冲洗擦拭干净。

⑨ 工业消防用水应与饮用水区分开,分别放于相应处所。

1.3.2 安全防护规定

(1) 防火

① 防止煤气管、煤气灯漏气,使用煤气后一定要确保把阀门完全关闭。

② 乙醚、乙醇、丙酮、二硫化碳、苯等有机溶剂易燃,实验室不宜过多存放,使用时或使用结束后严禁将其倒入下水道,以免集聚引起火灾。

③ 对于钠、钾、铝粉、电石、黄磷以及金属氢化物要注意使用和存放,使用结束后严格按照相关处理规定进行后续处理,不可直接将其当作实验废弃物处理,特别注意不能与水直接接触。

④ 分析实验室的可能着火点,牢记实验室着火类型,可根据不同情况,选用水、沙、泡沫灭火器、二氧化碳灭火器或四氯化碳灭火器灭火。

(2) 防爆(化学药品的爆炸分为支链爆炸和热爆炸)

① 氢气、乙烯、乙炔、苯、乙醇、乙醚、丙酮、乙酸乙酯、一氧化碳、水煤气和氨气等可燃性气体与空气混合至爆炸极限,在有热源引发的情况下,极易发生支链爆炸,因此该类气体的存储应当采取隔离存储;实验使用时,应该在通风设备良好的通风橱内进行操作,人员做好相关的防护措施,且确保实验装置的气密性。对于防止支链爆炸,主要措施是防止可燃性气体或蒸气散失在室内空气中,保持室内通风良好。当大量使用可燃性气体时,应严禁使用明火和可能产生电火花的电器。

② 过氧化物、高氯酸盐、叠氮化铅、乙炔铜、三硝基甲苯等易爆物质,受震或受热可能会发生热爆炸。因此,使用时须轻拿轻放,注意周边环境对其存

放和使用的影响。为预防热爆炸，强氧化剂和强还原剂必须分开存放，远离热源。

(3) 防灼伤

除了高温以外，液氮、强酸、强碱、强氧化剂、溴、磷、钠、钾、苯酚、醋酸等物质都会灼伤皮肤。实验时实验人员须穿实验服，佩戴防护眼镜、口罩、手套等相关防护设备，注意不要让皮肤与以上物质接触。

(4) 防辐射

化学实验室的辐射，主要是指 X 射线辐射。人体长期暴露于 X 射线照射下，会出现疲倦、记忆力减退、头痛、白细胞减少等症状。实验室人员应避免身体各部位（尤其是头部）直接受到 X 射线照射。操作时需要采用铅、铅玻璃等屏蔽物进行屏蔽和尽量缩短时间。

1.3.3　实验三废处理规定

(1) 废气

产生少量有毒气体的实验应在通风橱内进行，通过排风设备将少量毒气排到室外。产生大量有毒气体的实验必须具备吸收或处理装置。

(2) 固体废物

实验产生的少量有毒的废渣应埋于地下固定地点，对于大量废渣应根据相应的处理方法进行处理。实验结束后产生的实验垃圾，应与生活垃圾严格区分，根据相关处理规定和方法予以合理安全处理。

(3) 废液

对于废酸液，可先用耐酸塑料网纱或玻璃纤维过滤，然后加碱中和，调 pH 值至 6~8 后可排出，少量废渣埋于地下；对于剧毒废液，必须采取相应的措施，消除毒害作用后再进行处理；实验室内大量使用冷却用水，无污染，可直接排放；洗刷用水，污染不大，可排入下水道；酸、碱、盐水溶液用后均倒入酸、碱、盐污水桶，经中和后排入下水道；有机溶剂回收于有机污桶内，采用蒸馏、精馏等分离办法回收；重金属离子用沉淀法等集中处理。

1.4　实验室常见安全标志

1.4.1　警告标志

实验室常见警告标志如图 1-1 所示。

图 1-1 警告标志

1.4.2 禁止标志

实验室常见禁止标志如图 1-2 所示。

图 1-2 禁止标志

1.4.3 指令标志

实验室常见指令标志如图1-3所示。

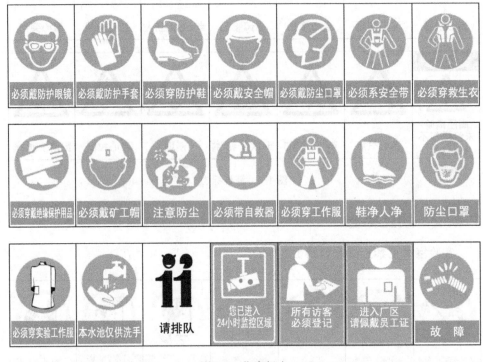

图1-3 指令标志

1.4.4 消防标志

实验室常见消防标志如图1-4所示。

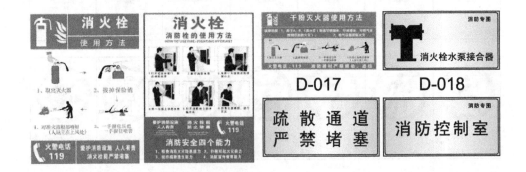

图 1-4　消防标志

第 2 章

实验室常见危险品

高校实验室，尤其是理工科实验室，往往涉及高温、高压、强腐蚀、毒性等危险因素，因此学习和掌握实验室危险品的分类，认识不同危险品的潜在危险，建立危险品的采购、使用、存储与管理机制是非常重要的。

近年来高校和科研院所事故频发，大多是由于危险品的使用和存储不当造成的。本章主要内容包括实验室危险品的分类、实验室危险品的性质、实验室危险品的毒性以及实验室危险品的存储和管理。

2.1 实验室常见危险品概述

危险品在不同领域的定义是不一样的。在日常生活领域的定义是：危险品指可能明显地危害人身健康、安全或对财产造成损害的物品或物质。在《安全生产法》中危险品是指易燃易爆物品、危险化学品、放射性物品等能够危及人身安全和财产安全的物品。

广义上讲，危险品是对易燃、易爆、有强烈腐蚀性、有毒物品的总称。

物理危险：爆炸物、易燃气体、气溶胶（又称气雾剂）、氧化性气体、加压气体、易燃液体、易燃固体、自反应物质和混合物、自燃液体、自燃固体、自热物质和混合物、遇水放出易燃气体的物质和混合物、氧化性液体、氧化性固体、有机过氧化物、金属腐蚀物。

健康危害：急性毒性、皮肤腐蚀/刺激、严重眼损伤/眼刺激、呼吸道或皮肤致敏、生殖细胞致突变性、致癌性、生殖毒性、特异性靶器官毒性（一次接触）、特异性靶器官毒性（反复接触）、吸入危害。

环境危害：危害水生环境-急性危害、危害水生环境-长期危害、危害臭氧层。

2.2 实验室危险品事故典型案例

案例1：某大学学生朱某"铊"中毒。化学系学生朱某自1994年12月起开始莫名掉头发，并且全身剧痛不止，因病情复杂，一直难以确定病源。后经其同学向互联网求助，引起了世界各地名医的关注，并经北京市职业病卫生防治所的教授进行鉴定后确定为铊中毒。朱某于2023年12月去世，她生前双眼近乎失明、全身瘫痪、丧失一切运动功能、轻度脑萎缩，生活无法自理。

铊（Thallium），原子序数81，原子量204.3833，元素符号Tl。铊为白色、重而柔软的金属，属于放射性的高危重金属，毒性高于铅和汞。铊以微量存在于铁、锌的硫化物矿中，被广泛用于电子、军工、航天、化工、冶金、通信等领域。

案例2：2018年，北京某高校一实验室发生爆炸。系学生在进行垃圾渗滤液污水处理科研实验期间，实验现场发生爆炸，事故造成3名参与实验的学生死亡。经调查，事故原因是实验室堆放了大量的易燃易爆化学品（有30桶镁粉、8桶催化剂、6桶磷酸钠等）。

案例3：2018年，美国一实验室的一名年青工人因接触氰化钾而死亡，这是近年来发生的实验室急性中毒直接致死事件之一。

氰化钾是一种无机化合物，化学式为KCN，外观为白色圆球形硬块，粒状或结晶性粉末，有剧毒。在湿空气中潮解并放出微量的氰化氢气体。易溶于水、乙醇、甘油，微溶于甲醇、氢氧化钠水溶液，水溶液呈强碱性，并很快水解。皮肤的伤口接触或吸入微量粉末即可中毒死亡。

这些典型案例均告诉我们识别实验室危险品的重要性，同时在识别基础上对危险品进行妥善地存储和管理，才能保证实验室安全。

2.3 实验室常见危险品分类

根据相关的国家标准：GB 6944—2012《危险货物分类和品名编号》、GB 12268—2012《危险货物品名表》、GB 13690—2009《化学品分类和危险性公示通则》，结合实验室情况，我们将危险化学品分为八大类，每一类又分为若干项。即：

第一类：爆炸品。爆炸品指在外界作用（如受热、摩擦、撞击等）下能发生剧烈的化学反应，瞬间产生大量的气体和热量，使周围的压力急剧上升，发生爆炸，对周围环境、设备、人员造成破坏和伤害的物品。

爆炸品在国家标准中分5项，其中有3项包含危险化学品，另外2项专指弹药等。

第1项：具有整体爆炸危险的物质和物品，如高氯酸。

第2项：具有燃烧危险和较小爆炸危险的物质和物品，如二亚硝基苯。

第3项：无重大危险的爆炸物质和物品，如四唑并-1-乙酸。

第二类：压缩气体和液化气体。它指压缩的、液化的或加压溶解的气体。当这类物品受热、撞击或强烈振动时，容器内压力急剧增大，致使容器破裂，物质泄漏、爆炸等。它分3项。

第1项：易燃气体，如氢气、一氧化碳、甲烷等。

第2项：不燃气体（包括助燃气体），如氮气、氧气等。

第3项：有毒气体，如氯（液化的）、氨（液化的）等。

第三类：易燃液体。本类物质在常温下易挥发，其蒸气与空气混合能形成爆炸性混合物。它分3项。

第1项：低闪点液体，即闪点低于－18℃的液体，如乙醛、丙酮等。

第2项：中闪点液体，即闪点在－18～23℃的液体，如苯、甲醇等。

第3项，高闪点液体，即闪点在23℃以上的液体，如环辛烷、氯苯、苯甲醚等。

第四类：易燃固体、自燃物品和遇湿易燃物品。这类物品易于引起火灾，按它的燃烧特性分为3项。

第1项：易燃固体，指燃点低，对热、撞击、摩擦敏感，易被外部火源点燃，迅速燃烧，能散发有毒烟雾或有毒气体的固体。如红磷、硫黄等。

第2项：自燃物品，指自燃点低，在空气中易于发生氧化反应放出热量，而自行燃烧的物品。如黄磷、三氯化钛等。

第3项：遇湿易燃物品，指遇水或受潮时，发生剧烈反应，放出大量易燃气体和热量的物品，有的不需明火，就能燃烧或爆炸。如金属钠、氢化钾等。

第五类：氧化剂和有机过氧化物。这类物品具有强氧化性，易引起燃烧、爆炸，按其组成分为2项。

第1项：氧化剂，指具有强氧化性，易分解放出氧和热量的物质，对热、振动和摩擦比较敏感。如氯酸铵、高锰酸钾等。

第2项：有机过氧化物，指分子结构中含有过氧键的有机物，其本身易燃易爆、极易分解，对热、振动和摩擦极为敏感。如过氧化苯甲酰、过氧化甲乙酮等。

第六类：毒害品。它指进入人（动物）肌体后，累积达到一定的量能与体液和组织发生生物化学作用或生物物理作用，扰乱或破坏肌体的正常生理功能，引起暂时或持久性的病理改变，甚至危及生命的物品。如各种氰化物、砷化物、化学农药等。

第七类：放射性物品。它属于危险化学品，但不属于《危险化学品安全管理条例》的管理范围，国家还另外有专门的条例来管理。

第八类：腐蚀品。它指能灼伤人体组织并对金属等物品造成损伤的固体或液体。这类物质按化学性质分 3 项。

第 1 项：酸性腐蚀品，如硫酸、硝酸、盐酸等。

第 2 项：碱性腐蚀品，如氢氧化钠、硫氢化钙等。

第 3 项：其他腐蚀品，如二氯乙醛、苯酚钠等。

2.4 实验室常见危险品标志

危险品的识别和警示是借助危险品标志完成的。常用危险化学品标志由《化学品分类和危险性公示　通则》(GB 13690—2009) 规定，该标准对常用危险化学品按其主要危险特性进行了分类，并规定了危险品的包装标志，既适用于常用危险化学品的分类及包装标志，也适用于其他化学品的分类和包装标志。

2.4.1 标签

GHS（由联合国出版的作为指导各国控制化学品危害和保护人类和环境的统一分类制度文件）每个危险类别的标签要素包括符号、信号词、危险说明。危险类别反映统一分类的标准。

2.4.2 印制符号

表 2-1 所示为 GHS 中应当使用的标准符号。

表 2-1　危险符号

火焰	圆圈上方火焰	爆炸弹

续表

腐蚀	高压气瓶	骷髅和交叉股
感叹号	环境	健康危险

2.5　实验室常见危险品性质

2.5.1　易爆物质

硝酸银：强氧化剂，与其他物质接触会发生爆炸，皮肤吸收可造成损伤。操作应戴好手套和护目镜，在通风橱内进行。

金属钠、钾：遇水发生反应，着火，易爆炸。应单独存放在安全处，室内温度不要太高。

三硝基甲苯（TNT）：受热能引起爆炸，中等毒性。工作时穿紧袖工作服，工作后彻底洗手并淋浴。可用含10％亚硫酸钾肥皂清洗。亚硫酸钾遇三硝基甲苯呈红色，如能将红色洗净，表示皮肤污染已清除。也可用浸于9∶1的乙醇-氢氧化钠溶液的棉球擦手，洗净者不出现黄色。

硝化甘油：一种黄色的油状透明液体，可因振动而爆炸，属化学危险品。储存注意事项：储存于阴凉、干燥、通风的专用爆炸品库房；远离火种、热源；储存的库房内温度不宜超过30℃；保持容器密封；应与氧化剂、活性金属粉末、酸类、食用化学品分开存放，切忌混储；采用防爆型照明、通风设施；禁止使用易产生火花的机械设备和工具；储存的区域应备有泄漏应急处理设备和合适的收容材料；禁止振动、撞击和摩擦。

硝化纤维：遇到火星、高温、氧化剂以及大多数有机胺（对苯二甲胺等）会发生燃烧和爆炸。温度超过40℃时它能分解自燃。用玻璃瓶包装，储存于阴凉、通风库房内，储存温度不宜超过30℃，远离火种及热源。与有机胺、氧化剂隔离储运。

苦味酸：在受热，接触明火、高热，或受到摩擦振动、撞击时均可能发生爆炸。操作时戴好合适的手套和护目镜。

硝基胺：受热、接触明火或受到摩擦、振动、撞击时可发生爆炸。着火后会转为爆轰。泄漏应急处理：切断火源，穿消防防护服，不要直接接触泄漏物。储存及运输时应避免振动、撞击和摩擦。

叠氮化物：多具有高度爆炸性，或加热易爆炸。此外，叠氮化物为神经毒物，在各种实验中请小心操作。接触时戴好合适的手套和护目镜，穿好防护服。

雷酸盐（如雷汞）：包含雷酸根离子的化合物。雷酸盐多是对摩擦敏感的炸药，遇热或撞击均易发生爆炸。实验人员在接触时要戴好合适的手套和护目镜，穿好防护服；操作时尽量减少摩擦，保持室内较低的温度。

乙炔银：对受热、振动、撞击、摩擦相当敏感，极易分解发生爆炸。储存于郊外专业仓库内，仓内要求阴凉通风。远离火种、热源。仓温不宜超过30℃。防止阳光直射。避免光照。应与氧化剂，易燃、可燃物，硫、磷、起爆器材等分开存放。切忌混储混运。禁止使用易产生火花的机械设备和工具。轻装轻卸。禁止振动、撞击和摩擦。

2.5.2 易燃物质

黄磷：易燃，在34℃即自行燃烧。操作时应穿戴劳保用具，环境应通风，备有盛满清水的水池。黄磷燃烧时应立即用清水扑灭，防止溅散；烧伤皮肤时，立即浸入清水中，先用2% $NaHCO_3$ 溶液浸泡，再用1%～2% $CuSO_4$ 溶液冲洗烧伤处，经现场应急处理后，立即送往附近医院治疗；口服黄磷中毒时立即用0.2% $CuSO_4$ 洗胃，同时禁忌脂肪食物和牛奶。

白磷：一种易自燃的物质，其着火点为40℃，因摩擦或缓慢氧化而产生的热量有可能使局部温度达到40℃而燃烧。有剧毒。禁忌物有强氧化剂、酸类、卤素、硫、氯酸盐等，避免接触空气。存储条件：装入小开口钢桶（黄磷顶面须用厚度为15cm以上的水层覆盖）；装入盛水的玻璃瓶、塑料瓶或金属容器（用塑料瓶时必须再装入金属容器内），物品必须完全浸没在水中。

硝酸纤维素：纤维素与硝酸酯化反应的产物，在阳光下易变色，且极易燃烧。装入高密度聚乙烯瓶，外部套上黑色塑料袋，干燥、阴凉保存，也可放入冰箱冷藏室。

三甲基锑：在常温常压下具有大蒜臭味的无色透明有毒液体。在空气中迅速氧化，有时能着火爆炸。能与氧、硫、卤素迅速化合，不与水、二氧化碳反应。在水中密封保存。

丙酮、乙醚、苯、甲苯、乙醇、甲醇、乙酸乙酯、乙醛、氯乙烷、二硫化碳、吡啶、汽油、柴油、煤油、松节油等有机溶剂：易燃液体，要密封（如盖紧瓶塞），防止倾倒和外溢，存放在阴凉通风的专用橱中，要远离火种（包括易产生火花的器物）和氧化剂。

硝化棉、萘、樟脑、硫黄、红磷、镁粉、锌粉、铝粉、乙醇钠、己二酸、二硝基苯酚、α-萘酚、β-萘酚：易燃固体，存储在干燥、阴凉、通风良好并有排风、隔热、防水设施的库房中，不得与氧化剂混存。

2.5.3 有毒物质

苯酚：既有毒性，又有腐蚀性和燃烧性。吸入、摄入、皮肤吸收可造成伤害。接触时戴好合适的手套和护目镜，穿好防护服，在通风橱内操作。若有皮肤接触药物，可用大量清水冲洗，并用肥皂和水清洗，不要用乙醇洗。

苯甲基磺酰氟（PMSF）：有剧毒的胆碱酯酶抑制剂。对上呼吸道的黏膜、眼睛和皮肤有极大损害。戴好合适的手套和护目镜，在通风橱内操作。万一眼睛或皮肤接触到此药品，立即用大量的水冲洗，丢弃被污染的衣物。

白磷：见2.5.2节。

丙烯酰胺（未聚合的）：一种潜在的神经毒素，可通过皮肤吸收（有累积效应）。避免吸入尘埃。称量丙烯酰胺和亚甲基双酰胺粉末时，戴好手套和面罩，在化学通风橱内操作。聚合的丙烯酰胺是无毒的，但是使用时也应小心，因为其中可能含有少量未聚合的丙烯酰胺。

叠氮化钠：有剧毒性，可阻断细胞色素电子转运系统。含此药物的溶液要明确标记。吸入、摄入、皮肤吸收可造成伤害。戴好手套和护目镜，并小心使用。此药品为氧化剂，故保存时要远离可燃物品。

多聚甲醛：甲醛的未解离形式，有剧毒。易通过皮肤吸收，并对皮肤、眼睛、黏膜和上呼吸道有严重破坏性。接触时应避免吸入尘埃，戴好手套和护目镜，在通风橱内操作。

二甲次胂酸钠：可能为致癌剂，并含有砷，有剧毒性。实验人员应戴好手套和护目镜，只在通风橱内操作。

过二硫酸铵：对黏膜组织、上呼吸道、眼睛和皮肤有极大的破坏性。吸入可致命。接触时，应戴好手套和护目镜，穿好防护服；必须在化学通风橱内操作；操作后要彻底清洗。

过氧化氢：有腐蚀性、毒性，对皮肤有强损害性。吸入、摄入、皮肤吸收可造成伤害。戴好手套和护目镜，只在化学通风橱内操作。

环乙酰亚胺：吸入、摄入、皮肤吸收可造成伤害。戴好手套和护目镜，只在化学通风橱内操作。

磺基蓖麻酸（二水合物）：对黏膜和呼吸系统有极大破坏性。不要吸入粉尘，戴好手套和护目镜，在化学通风橱内操作。

甲氨蝶呤（MTX）：一种致癌剂和致畸胎剂。吸入、摄入、皮肤吸收可造成伤害。暴露于其中可导致胃肠反应、骨髓抑制、肝或肾损害。戴好手套和护目镜，在化学通风橱内操作。

甲醇：有毒，可致失明。吸入、摄入、皮肤吸收可造成伤害。要有足够的通风以减少挥发气。不要吸入这些气体。戴好手套和护目镜，在化学通风橱内操作。

甲醛：有剧毒性和挥发性。也是一种致癌剂。可通过皮肤吸收，对皮肤、眼睛、黏膜和上呼吸道有刺激或损伤。避免吸入气体。戴好手套和护目镜。始终在通风橱内操作。远离热源、火花和明火。

甲酸：有剧毒，对黏膜组织、上呼吸道、眼睛、皮肤有极大的损伤。吸入、摄入、皮肤吸收可造成损伤。戴好手套和护目镜。在通风橱内操作。

甲酰胺：可导致畸胎。其挥发的气体刺激眼睛、皮肤、黏膜和上呼吸道。吸入、摄入、皮肤吸收可造成损伤。戴好手套和护目镜。操作高浓度甲酰胺时要在通风橱内操作。尽可能将反应的溶液盖住。

联结剂（DMP）：刺激眼睛、皮肤和黏膜。可通过吸入、摄入、皮肤吸收发挥其毒性。不要吸入气体，戴好手套、面罩和护目镜。

链霉素：有毒性，怀疑为致癌剂和突变诱导剂。可导致过敏反应。吸入、摄入、皮肤吸收可造成损伤。戴好手套和护目镜。

硫酸：有剧毒性和腐蚀性，对黏膜组织、上呼吸道、眼睛和皮肤有极大的损伤。可造成烧伤，与其他物质（如纸）接触可能引发火灾。戴好手套和护目镜，在通风橱内操作。

硫酸镁：吸入、摄入、皮肤吸收可造成损伤。戴好手套和护目镜。在通风橱内操作。

氯仿：刺激眼睛、呼吸道、皮肤和黏膜。为一种致癌剂，有肝、肾毒性，有挥发性。避免吸入其蒸气。戴好手套和护目镜，在通风橱内操作。

羟胺：有腐蚀性和毒性。吸入、摄入、皮肤吸收可造成损伤。戴好手套和护目镜。在通风橱内操作。

氢氧化铵：氨的水溶液。具有腐蚀性。操作时要小心。氨气可从氨水中挥发出来，具有腐蚀性、毒性和爆炸性。戴好手套。必须在通风橱内操作。

氢氧化钾：有剧毒性。吸入、摄入、皮肤吸收可造成损伤。溶液为强碱性，当心使用。戴好手套。

氢氧化钠：溶液有剧毒、强碱性，当心使用。戴好手套。其他所有高浓度碱溶液都应以类似方式操作。

秋水仙碱：有剧毒，可致命，可导致癌症和可遗传的基因损害。吸入、摄入、皮肤吸收可造成损伤。戴好手套和护目镜。在通风橱内操作。不要吸入粉尘。

三乙胺：有剧毒，易燃。对皮肤、眼睛、黏膜和上呼吸道有强腐蚀性。吸入、摄入、皮肤吸收可造成损伤。戴好手套和护目镜。始终在通风橱内操作。远离热源、火花和明火。

十二烷基磺酸钠：有毒性和刺激性，有严重损伤眼睛的危险。吸入、摄入、皮肤吸收可造成损伤。戴好手套和护目镜。不要吸入粉尘。

双丙烯酰胺：一种潜在的神经毒素，可通过皮肤吸收，避免吸入。在称量时，戴好手套和护目镜。

乙醇胺：有毒性。吸入、摄入、皮肤吸收可造成损伤。戴好手套和护目镜。在通风橱内操作。具有高腐蚀性，并可与酸发生强烈反应。

放线菌素 D：是一种畸胎剂和致癌剂，有剧毒。吸入、摄入、皮肤吸收可造成伤害，甚至是致命的。应避免吸入。戴好手套和护目镜，并始终在化学通风橱内操作，放线菌素 D 见光分解。

2.5.4 腐蚀性物质

腐蚀试剂有硫酸、硝酸、氢氟酸、冰乙酸、甲酸、氢氧化钠、氢氧化钾、氨水、甲醛、液溴等。

氢氟酸：氟化氢气体的水溶液，清澈，无色，具有极强的腐蚀性，能强烈地腐蚀金属、玻璃和含硅的物体。有剧毒，如吸入其蒸气或接触皮肤会造成难以治愈的灼伤。实验室中一般用萤石（主要成分为氟化钙）和浓硫酸来制取，需要密封在塑料瓶中，并保存于阴凉处。

苯酚：见 2.5.3 节。

过氧化氢：见 2.5.3 节。

硫酸：见 2.5.3 节。

羟胺：见 2.5.3 节。

氢氧化铵：见 2.5.3 节。

三氯乙酸：有很强的腐蚀性。戴好手套和护目镜。

硝酸：具有挥发性，操作时要小心。吸入、摄入、皮肤吸收可造成损伤。戴好手套和护目镜。在通风橱内操作。远离热源、火花和明火。

乙酸铵：吸入、摄入、皮肤吸收可造成损伤。戴好手套和护目镜。在通风橱内操作。

乙醇胺：见 2.5.3 节。

乙酸：使用时要非常小心。吸入、摄入、皮肤吸收可造成损伤。戴好手套和护目镜。在通风橱内操作。

亚精胺：有腐蚀性。吸入、摄入、皮肤吸收可造成损伤。有刺激性。戴好手套和护目镜。在通风橱内操作。

亚铁氰化钾：吸入、摄入、皮肤吸收可造成损伤。有刺激性。戴好手套和护目镜。在通风橱内相当谨慎地操作。远离强酸。

盐酸：有挥发性。吸入、摄入、皮肤吸收可致命。对皮肤、眼睛、黏膜和上呼吸道有极大损害。戴好手套和护目镜。在通风橱内操作。

2.5.5 放射性物质

硝酸钍：有放射性，有毒，半数致死量（大鼠，静脉）为 84mg/kg。有强氧化性。与有机物摩擦或撞击能引起燃烧或爆炸。应存储于专门贮藏放射性试剂的仓库中，仓库中必须有足够安全的屏蔽，并尽可能消除任何可能着火的潜在危险。对贮藏处必须定期检查，消除各种可能的放射性污染，并规定只有指定的人员才允许由贮藏处放入或提取放射性试剂。仓库中应有排气装置，以便若干放射性试剂释放出的放射性气体排至室外。

所有放射源必须有清楚的标签，标明活性和性质，以及负责人员的姓名；具有危险性的放射试剂应有特殊的标记。

2.6 实验室危险品的安全存储和使用

2.6.1 实验室危险品的存储方式

根据《常用化学危险品贮存通则》（GB 15603—2022），实验室危险品的存储方式包括以下 3 种。

① 隔离存储（segregated storage）　在同一房间或同一区域内，不同的物料之间分开一定的距离，非禁忌物料间用通道保持空间的存储方式。

② 隔开存储（cut-off storage）　在同一建筑或同一区域内，用隔板或墙，将其与禁忌物料分离开的存储方式。

③ 分离存储（detached storage）　在不同的建筑物或远离所有建筑的外部区域内的存储方式。

2.6.2 实验室危险品存储场所的要求

① 存储化学危险品的建筑物不得有地下室或其他地下建筑，其耐火等级、层数、占地面积、安全疏散和防火间距，应符合国家有关规定。

② 存储地点及建筑结构的设置，除了应符合国家的有关规定外，还应考虑

对周围环境和居民的影响。

③ 存储场所的电气安装：

a. 化学危险品存储建筑物、场所消防用电设备应能充分满足消防用电的需要，并符合 GB 50016 的有关规定。

b. 化学危险品存储区域或建筑物内输配电线路、灯具、火灾事故照明和疏散指示标志，都应符合安全要求。

c. 存储易燃、易爆化学危险品的建筑，必须安装避雷设备。

④ 存储场所通风或温度调节：

a. 存储化学危险品的建筑必须安装通风设备，并注意设备的防护措施。

b. 存储化学危险品的建筑通排风系统应设有导除静电的接地装置。

c. 通风管应采用非燃烧材料制作。

d. 通风管道不宜穿过防火墙等防火分隔物，如必须穿过则应用非燃烧材料分隔。

e. 存储化学危险品建筑采暖的热媒温度不应过高，热水采暖不应超过 80℃，不得使用蒸汽采暖和机械采暖。

f. 采暖管道和设备的保温材料，必须采用非燃烧材料。

2.6.3 危险化学品的管理和使用

各类危险品管理必须以国家有关法律法规为准，由相关部门归口管理。危险品的采购、提运、保管必须严格遵照公安部门和交通运输部门的有关规定办理。

危险品必须建立严格的"收支库存账目"。购入的危险品，必须有两人按规定认真进行检验，合格后方可入库。危险品存放时，集中于专用仓库和保险柜中分级、分类、定位保管，严加保卫，注意存放安全。

存储化学危险品的仓库，必须建立严格的出入库管理制度。

化学危险品出入库前均应按合同进行检查验收、登记，验收内容包括：

a. 数量；

b. 包装；

c. 危险标志。

经核对后方可入库、出库，当物品性质未弄清时不得入库。

进入化学危险品存储区域的人员、机动车辆和作业车辆，必须采取防火措施。

装卸、搬运化学危险品时应按有关规定进行，做到轻装、轻卸。严禁摔、碰、撞、击、拖拉、倾倒和滚动。

装卸对人身有毒害及腐蚀性的物品时，操作人员应根据危险性，穿戴相应的防护用品。

不得用同一车辆运输互为禁忌的物料。

修补、换装、清扫、装卸易燃、易爆物料时，应使用不产生火花的铜制、合金制或其他工具。

接触有毒药品时应戴橡胶手套；接触有毒气体时，须戴好防毒口罩或面具；烧煮强酸、强碱时，要戴好眼罩（镜）。危险品的领用必须审批限量发放，并由生产使用人员亲自办理，不得由非生产使用人员转手办理。使用人员必须熟悉危险品的性质和防护知识，操作谨慎，确保安全。管理人员必须会同保卫部门人员对使用危险品的全过程予以严格控制和监督。对领、用、剩、废、耗的用量必须详细记录；剩余药品应及时退库，不得在实验室过夜；剧毒品的容器废液、残渣等应妥善处理，严禁乱抛。

第 3 章

实验室用电安全

各类实验室设备都需要用电,电力是实验室运行的基本保障和支撑。但是由用电不当导致的设备损坏、短路甚至是火灾、人员伤亡案例屡见不鲜。保障实验室用电安全需要具备基本的电学常识,了解触电的方式以及危害,掌握触电后的急救措施以及实验人员安全用电的操作要求。

3.1 电学基本常识

3.1.1 强电与弱电相关概念

人们习惯将电分为强电(电力)和弱电(信息)两部分。两者既有联系又有区别,一般来说,强电的处理对象是能源(电力),其特点是电压高、电流大、功率大、频率低,主要考虑的问题是减少损耗、提高效率;弱电的处理对象主要是信息,即信息的传送和控制,其特点是电压低、电流小、功率小、频率高,主要考虑的是信息传送的效果问题,如信息传送的保真度、速度、广度、可靠性。一般来说,弱电工程包括电视工程、通信工程、消防工程、保安工程、影像工程等等,和为上述工程服务的综合布线工程。

在电力系统中,36V以下的电压称为安全电压,3kV以下的电压称为低压,3kV以上的电压称为高压。直接供电给用户的线路称为配电线路,如用户电压为380V/220V,则称为低压配电线路,也就是家庭装修中所说的强电(因它是家庭使用的最高电压)。强电一般是指交流电电压在24V以上。如家庭中的电灯、插座等,电压在110~220V。家用电器中的照明灯具、电热水器、取暖器、冰箱、电视机、空调、音响设备等用电器均为强电电气设备。

智能化系统为建筑设备监控系统、安全防范系统、通信网络系统、信息网络系统、火灾自动报警及消防联动等系统以集中监视、控制和管理为目的构成的综合系统；家庭内各种数据采集、控制、管理及通信的控制或网络系统等线路，则称为智能化线路（也就是家庭装修中所说的弱电）。弱电一般是指直流电路或音频、视频线路，网络线路，电话线路，直流电压一般在 24V 以内。

3.1.2　强电与弱电的区别

强电和弱电的用途不同，强电常用作动力能源，弱电常用于信息传递。它们主要有如下区别：

(1) 交流频率不同

强电的频率一般是 50Hz（赫），称"工频"，意即工业用电的频率；弱电的频率往往是高频或特高频，以 kHz（千赫）、MHz（兆赫）计。

(2) 传输方式不同

强电以输电线路传输，弱电的传输有有线与无线之分。无线电则以电磁波传输。

(3) 功率、电压及电流大小不同

强电的功率是以 kW、MW 计，电压以 V、kV 计，电流以 A、kA 计；而弱电的相较强电小很多，功率一般为 W、mW，电压为 V、mV，电流为 mA、μA。

3.1.3　电压等级

电压等级（voltage level）即电力系统及电力设备的额定电压级别系列。额定电压是电力系统及电力设备规定的正常电压，即与电力系统及电力设备某些运行特性有关的标称电压。电力系统各点的实际运行电压允许在一定程度上偏离其额定电压，在这一允许偏离范围内，各种电力设备及电力系统本身仍然能正常运行。

电压等级一般划分为：

① 安全电压（通常 36V 以下）；
② 低压（又分 220V 和 380V）；
③ 高压（10～220kV）；
④ 超高压（330～750kV）；
⑤ 特高压（1000kV 交流、±800kV 直流以上）。

我国常用的电压等级：220V、380V、6.3kV、10kV、35kV、110kV、220kV、330kV、500kV、1000kV。电力系统一般是由发电厂、输电线路、变电所、配电线路及用电设备构成。

3.2 电对人体的伤害

当人体碰到带电的导线时,电流就会通过人体,这就叫触电。触电对于人的身体和内部组织能造成不同程度的损伤。这种损伤分电击和电伤两种。

(1) 电击

所谓电击就是指当电流通过人体内部器官时,使其受到伤害。如电流作用于人体中枢神经,使心脑和呼吸机能的正常工作受到破坏,人体发生抽搐和痉挛,失去知觉;电流也可能使人体呼吸功能紊乱,血液循环系统活动大大减弱而造成假死,如救护不及时,则会造成死亡。电击是人体触电较危险的情况。

(2) 电伤

所谓电伤就是指人体外器官受到电流的伤害。如电弧造成的灼伤、电的烙印、由电流的化学效应造成的皮肤金属化、电磁场的辐射作用等。电伤是人体触电事故较为轻微的一种情况。

3.3 影响人体触电伤害程度的因素

(1) 电流大小的影响

电流的大小直接影响人体触电的伤害程度。不同的电流会引起人体不同的反应。根据人体对电流的反应,习惯上将触电电流分为感知电流、摆脱电流、伤害电流和致命电流(心室颤动电流)。

(2) 电流持续时间的影响

人体触电时间越长,电流对人体产生的热伤害、化学伤害及生理伤害越严重。一般情况下,工频电流 15~20mA 以下及直流电流 50mA 以下,对人体是安全的。但如果触电时间很长,即使工频电流小到 8~10mA,也可能致命。

(3) 电流流经途径的影响

电流流过人体途径,也是影响人体触电严重程度的重要因素之一。当电流通过人体心脏、脊椎或中枢神经系统时,危险性最大。电流通过人体心脏,会引起心室颤动,甚至使心脏停止跳动;电流通过脊椎或中枢神经,会引起生理机能失调,造成窒息致死;电流通过脊髓,可能导致截瘫;电流通过人体头部,会造成昏迷等。

(4) 人体电阻的影响

在一定电压作用下,流过人体的电流与人体电阻成反比。因此,人体电阻是影响人体触电后果的另一因素。人体电阻由表面电阻和体积电阻构成。表面电阻即人体皮肤电阻,对人体电阻起主要作用。有关研究结果表明,人体电阻一般在 $1000\sim3000\Omega$。

人体皮肤电阻与皮肤状态有关,随条件不同在很大范围内变化。如皮肤在干燥、洁净、无破损的情况下,其电阻可高达几十千欧,而潮湿的皮肤,其电阻可能在 1000Ω 以下。同时,人体电阻还与皮肤的粗糙程度有关。

(5) 电流频率的影响

研究表明,人体触电的危害程度与触电电流频率有关。一般来说,频率在 $25\sim300\mathrm{Hz}$ 的电流对人体触电的伤害程度最为严重。低于或高于此频率段的电流对人体触电时的伤害程度明显减轻。如在高频情况下,人体能够承受更大的电流作用。医疗上还会采用 $20\mathrm{kHz}$ 以上的高频电流对人体进行治疗。

(6) 人体状况的影响

电流对人体的伤害作用与性别、年龄、身体及精神状态有很大的关系。一般来说,女性比男性对电流敏感;小孩比大人敏感。

3.4 触电的方式

人体触电的方式有很多,常见的有单相触电、两相触电、跨步触电、接触电压触电、人体接近高压触电、人体在停电设备上工作时突然来电的触电等。

(1) 单相触电

如图 3-1 所示,如果人站在大地上,当人体接触到一根带电导线时,电流通

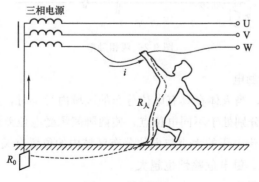

图 3-1 单相触电

过人体经大地而构成回路,这种触电方式通常被称为单线触电,也称为单相触电。这种触电的危害程度取决于三相电网中的中性点是否接地。

① 中性点接地。在电网中性点接地系统中,当人接触任一相导线时,一相电流通过人体、大地、系统中性点接电装置形成回路。因为中性点接地装置的接地电阻比人体电阻小得多,所以相电压几乎全部加在人体上,使人体触电。但是如果人体站在绝缘材料上,流经人体的电流会很小,人体不会触电。

② 中性点不接地。在电网中性点不接地系统中,当人体接触任一相导线时,接触相经人体流入地中的电流只能经另两相对地的电容阻抗构成闭合回路。在低压系统中,由于各相对地电容较小,相对地的绝缘电阻较大,故通过人体的电流会很小,不至于对人体造成触电伤害;若各相对地的绝缘不良,则人体触电的危险性会很大。在高压系统中,各相对地均有较大的电容。这样一来,流经人体的电容电流较大,因而对人体的危害也较大。

(2) 两相触电

如图 3-2 所示,如果人体的不同部位同时分别接触一个电源的两根不同电位的裸露导线,电线上的电流就会通过人体从一根导线到另一根导线,形成回路,使人触电,这种触电方式通常被称为两线触电,也称为两相触电。此时,人体处于线电压的作用下,所以,两相触电比单相触电危险性更大。

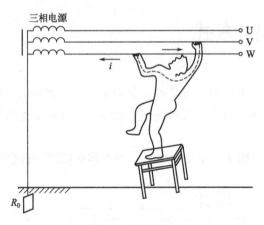

图 3-2　两相触电

(3) 跨步电压触电

如图 3-3 所示,当人体在具有电位分布的区域内行走时,人的两脚(一般相距以 0.8m 计算)分别处于不同电位点,使两脚间承受电位差的作用,这一电压称为跨步电压。跨步电压的大小与电位分布区域内的位置有关,在越靠近接地体处,跨步电压越大,触电危险性也越大。

(4) 高压电弧触电

图 3-3 跨步电压触电

如图 3-4 所示,高压电弧触电指当人与高压线路或者设备达到特定的距离之后,就会在短时间内产生一种现象,即弧光放电,可以在短短的几秒内看到一道闪光,闪光转瞬即逝,接着触电者就会被高压击倒,甚至有的人会直接身亡。

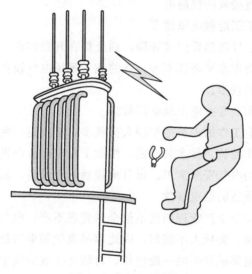

图 3-4 高压电弧触电

3.5 触电事故的一般规律

人体触电总是发生在突然的一瞬间,而且往往造成严重的后果,因此掌握人体触电的规律,对防止或减少触电事故的发生是有好处的。根据对已发生触电事故的分析，触电事故主要有以下规律。

（1）季节性

一般来说，每年的 6 月至 9 月为事故的多发季节。就全国范围而言，该季节天气炎热，人体多汗、皮肤湿润，使人体电阻大大降低，因此触电危险性及可能性较大。

（2）低压电气设备触电事故多

在实验及常用电器中，低压设备占绝大多数，而且低压设备使用者广泛，其中不少人缺乏电气安全知识，因此发生触电的概率较大。

（3）移动式电气设备触电事故多

由于移动式设备经常移动，工作环境各不相同，电源线磨损的可能性较大。同时，移动式设备一般体积较小，绝缘程度相对较弱，容易发生漏电故障。再者，移动式设备又多由人手持操作，故增加了触电的可能性。

（4）电气触头及连接部位触点事故多

电气触头及连接部位由于机械强度、电气强度及绝缘强度均较差，较容易出现故障，容易发生直接或间接触电。

（5）临时性施工工地触电事故多

当前我国正处于经济建设的高峰期，到处都在开发建设，因此临时性的工地较多。这些工地的管理水平高低不齐，有的施工现场电气设备、电源线路较为混乱，故触电事故隐患较多。

（6）中青年人和非专业电工触电事故多

目前在电气行业工作的人员中年轻人员较多，特别是一些主要操作者，这些人员有不少缺乏工作经验、技术欠成熟，增加了触电事故的发生率。非专业电工人员由于缺乏必要的电气安全常识，盲目地接触电气设备，极易发生触电事故。

（7）错误操作导致的触电事故

由于一些单位安全生产管理制度不健全或管理不严、电气设备安全措施不完备及思想教育不到位、责任人不清楚，因此容易发生触电事故。

了解和掌握触电事故发生的一般规律，对防止事故的发生、做好用电安全工作是十分必要的。

3.6 安全用电原则及预防措施

3.6.1 安全用电原则

要做到安全用电，以下基本原则必须严格遵守。

① 自觉提高安全用电意识和觉悟，坚持"安全第一，预防为主"的思想，确保生命和财产安全，从内心真正地重视安全，促进安全生产。

② 不能私拉私接电线，不能在电线上或其他电气设备上悬挂衣物和杂物，不能私自加装使用大功率或不符合国家安全标准的电气设备（如有需要，应向有关部门申请，由专业电工进行安装）。

③ 不能私拆灯具、开关、插座等电气设备，不能使用灯具烘烤衣物或挪作其他用途，当漏电保护器出现跳闸现象时，不能盲目重新合闸。

④ 在浴室（宿舍洗漱间）或湿度较大的地方使用电气设备（如电吹风），应确保室内通风良好，避免因电器的绝缘变差而发生触电事故。

⑤ 确保电气设备（如电脑、电视机、电热开水器等）良好散热，不能在其周围堆放易燃易爆物品及杂物，防止因散热不良而损坏设备或引起火灾。

⑥ 对设备进行清洁时，须在确保切断电源、机械停止工作并确保安全的情况下才能进行，防止发生人身伤亡事故。

⑦ 湿手或赤脚不要接触开关、插座、插头和各种电源接口，不要用湿布擦照明用具和电气设备。

⑧ 移动电气设备必须切断电源。

⑨ 发现电气设备冒烟或闻到异味（焦味）时，要迅速切断电源，通知电工检查和维修，避免扩大故障范围和发生触电事故。

⑩ 发现电线破损要及时更换或用绝缘胶布扎好，严禁用普通医用胶布或其他胶带临时包扎。

⑪ 操作电工应十分熟悉设备的总闸和所操作设备的性能，并且操作电工在维修设备时，不能擅自离开，要进行监护，等待维修完毕后试车。

⑫ 员工要熟悉自己生产现场、办公室或宿舍等区域总闸位置，一旦发生火灾、触电或其他电气事故时，应第一时间切断电源，避免造成更大的财产损失或人员伤亡事故。

⑬ 对规定使用接地的用电器具金属外壳做好接地保护或加装漏电保护器，不要忘记用三线插座、插头和安装接地线。

⑭ 珍惜电力资源，养成安全用电和节约用电的良好习惯，当要长时间离开或不使用时，要在确定切断电源（特别是电热电器）的情况下才能离开。

3.6.2 预防措施

触电的预防措施包括以下方面。

(1) 不要带电操作

电工应尽量不进行带电操作。特别是在危险的场所，应禁止带电作业。若必须带电操作，应采取必要的安全措施，如有专人监护及采取相应的绝缘措施等。

（2）对电气设备应采取必要的安全措施

电气设备的金属外壳可采用保护接零或保护接地等安全措施，但绝不允许在同一电力系统中一部分设备采取保护接零，另一部分设备采取保护接地。

（3）应建立一套完善的安全检查制度

安全检查是发现设备缺陷，及时消除事故隐患的重要措施。安全检查一般应每季度进行一次。特别要加强雨季前和雨季中的安全检查。对于各种电器，尤其是移动式电器应建立经常的与定期的检查制度，若发现安全隐患，应及时加以处理。

（4）要严格执行安全操作规程

安全操作规程是为了保证安全操作而制定的有关规定。根据不同工种、不同操作项目，制定不同安全操作规程，如《变电所值班安全规程》《内外线维护停电检修操作规程》《电气设备维修安全操作规程》《电工试验室安全操作规程》等等。另外，在停电检修电气设备时必须悬挂"有人工作，不准合闸！"的警示牌。电工操作应严格遵守操作规程和制度。

（5）建立电气安全资料

电气安全资料是做好电气安全工作的重要依据之一，应注意收集和保存。为了工作和检查的方便，应建立高压系统图、低压布线图、架空线路及电缆布置档案和建立电气设备安全档案（包括生产厂家、设备规格、型号、容量、安装试验记录等），以便于查对。

（6）加强电气安全教育和培训

加强电气安全教育和培训是提高电气工作人员业务素质，加强安全意识的重要途径。对一般职工和实习学生进行安全用电教育同样非常重要。

对每一位新参加工作的职工和来厂实习的学生都要进行电的基本知识教育和安全用电教育。电气设备的操作者还要加深用电安全规程的学习；从事电工工作的人员除应熟悉电气安全操作规程，同时还应掌握电气设备的安装、使用、管理、维护及检修工作的安全要求，以及电气火灾的灭火常识和触电急救的基本操作技能。

3.7　触电急救

出现人身触电事故，发现者一定不要惊慌失措，要动作迅速，救护得当。首先要迅速使触电者脱离电源；其次，立即就地进行现场救护，同时找医生救护。触电后的急救措施包括以下内容。

(1) 脱离电源

电流对人体的作用时间愈长，对生命的威胁愈大。所以，触电急救时首先要使触电者迅速脱离电源。可根据具体情况，选用以下几种方法。救护人员既要救人，也要注意保护自己。

脱离低压电源的常用方法可用"拉""切""挑""拽"和"垫"五个字来概括：

"拉"是指就近拉开电源开关，拔出插销或瓷插式熔断器。

"切"是指用带有绝缘柄或干燥木柄的工具切断电源。切断时应注意防止带电导线断落碰触周围人体。对多芯绞合导线也应分相切断，以防短路伤害人。

"挑"是指如果导线掉落在触电人身上或压在身下，这时可用干燥木棍或竹竿等挑开导线，使人身脱离电源。

"拽"是指救护人戴上手套或在手上包缠干燥衣服、围巾、帽子等绝缘物以拖拽触电人，使他脱离电源导线。

"垫"是指如果触电人由于痉挛而手指紧握导线或导线绕在身上，这时救护人可先用干燥的木板或橡胶绝缘垫塞进触电人身下使其与大地绝缘，隔断电源的通路，然后再采取其他办法把电源线路切断。

在使触电人脱离电源时应注意以下事项：

① 救护人不得采用金属和其他潮湿的物品作为救护工具。

② 在未采取绝缘措施前，救护人不得直接接触触电者的皮肤和潮湿的衣服及鞋。

③ 在拉拽触电人脱离电源线路的过程中，救护人宜用单手操作。这样做对救护人比较安全。

④ 当触电人在高处时，应采取预防措施以避免触电人在解脱电源时从高处坠落摔伤或摔死。

⑤ 夜间发生触电事故时，切断电源会同时使照明失电，应考虑切断后的临时照明，如用应急灯等，以利于救护。

(2) 对症抢救

将触电者脱离电源后，立即移到通风处，并将其仰卧，迅速鉴定触电者是否有心跳、呼吸。

① 若触电者意识清醒，但感到全身无力、四肢发麻、心悸、出冷汗、恶心，或一度昏迷，但未失去知觉，应将触电者抬到空气新鲜、通风良好的地方舒适地躺下休息，让其慢慢地恢复正常。要时刻注意保温和观察。若发现呼吸与心跳不规律，应立刻设法抢救。

② 若触电者呼吸停止但有心跳，应用口对口人工呼吸法抢救。

③ 若触电者心跳停止但有呼吸,应用胸外心脏按压法与口对口人工呼吸法抢救。

④ 若触电者呼吸、心脏均已停止跳动,需同时进行胸外心脏按压法与口对口人工呼吸法抢救。

⑤ 千万不要给触电者打强心针或拼命摇动触电者,也不要用木板或石板压触电者,以免使触电者的情况更加恶化。

⑥ 抢救要不停地进行。在送往医院的途中也不能停止抢救。若抢救者出现面色好转、嘴唇逐渐红润、瞳孔缩小、心跳和呼吸迅速恢复正常,即为抢救有效的特征。

(3) 心肺复苏和人工呼吸

触电急救应分秒必争,一经明确心跳、呼吸停止的,立即就地迅速用心肺复苏法或人工呼吸进行抢救,并坚持不断地进行,同时及早与医疗急救中心联系,争取医务人员接替救治。

心肺复苏急救措施:

① 首先使触电者仰卧在比较坚实的地方,解开领扣、衣扣、腰带,并使其头部充分后仰,使其鼻孔朝上或由另外一人用手托在触电者的颈后,或将其头部放在木板端部,在其胸后垫以软物。

② 救护者跪在触电者一侧或骑跪在其腰部的两侧,两手相叠,下面手掌的根部放在心窝上方、胸骨下三分之一至二分之一处,如图 3-5 所示。

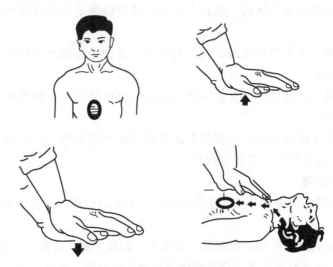

图 3-5 心肺复苏急救时按压位置

③ 掌根用力垂直向下按压,对位要适中,不得太猛,对中等体重的成人下压深度应大于 5cm,频率不低于 100 次/min;对儿童,一般应用一只手按压,

用力要比对成人稍轻一点,压陷1~2cm,频率以100次/min为宜。

④ 按压后掌根应迅速全部放松,让触电者胸部自动复原,血液又回到心脏。放松时掌根不要离开压迫点,只是不向下用力而已。

⑤ 为了达到良好的效果,在进行胸外心脏按压的同时,必须进行口对口(鼻)的人工呼吸。这是因为正常的心脏跳动和呼吸是相互联系且同时进行的,没有心跳,呼吸也要停止,而呼吸停止,心脏也不会跳动。

人工呼吸之前,首先要检查触电者口腔内有无异物、呼吸道是否堵塞,特别要注意若喉头部分有痰堵塞则应予以清理。其次,要解开触电者身上妨碍呼吸的衣物,且维持好现场秩序。

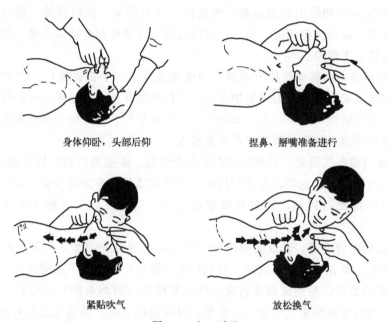

图 3-6　人工呼吸

人工呼吸急救的主要步骤是（见图3-6）：

① 将触电者仰卧,并使其头部充分后仰,可用一手托在其颈后,使其鼻孔朝上,以利于呼吸道畅通,但头下不得垫枕头,同时将其衣扣解开。

② 救护人在触电者头部的侧面,用一只手捏紧其鼻孔,另一只手的拇指和食指掰开其嘴巴。

③ 救护人深吸一口气,紧贴掰开的嘴巴向内吹气,也可搁一层纱布。吹气时要用力并使其胸部膨胀,一般应每5s吹一次,吹2s,放松3s。对儿童可小口吹气。向鼻吹气与向口吹气相同。

④ 吹气后应立即离开其口或鼻,并松开触电者的鼻孔或嘴巴,让其自动呼气。

⑤ 在实施口对口（鼻）人工呼吸时，若发现触电者胃部充气膨胀，应用手按住其腹部，并同时进行吹气和换气。

3.8 实验设施安全用电的操作要求

① 实验室内的电气设备，不要随便乱动。使用的设备、工具，如果电气部分出了故障，不得私自修理，也不得带故障运行，应立即请电工检修。

② 经常接触和使用的配电箱、配电板、闸刀开关、按钮开关、插座、插销以及导线等，必须保持完好、安全，不得破损或将带电部分裸露出来，如有故障应及时通知电工维修。

③ 实验室内的移动式用电器具，如坐地式风扇、手提砂轮机、手电钻等电动工具都必须安装、使用漏电保护开关，实行单机保护。对于漏电保护开关要经常检查，每月试跳不少于一次，如有失灵，立即更换。保险丝烧断或漏电开关跳闸后要查明原因，排除故障后才可恢复送电。

④ 使用的电气设备，其外壳按有关安全规程，必须进行防护性接地或接零。对于接地或接零的设施要经常进行检查。需要移动某些非固定安装的电气设备时必须先切断电源再移动，同时导线要收拾好，不得在地面上拖来拖去，以免磨损。

⑤ 珍惜电力资源，养成安全用电和节约用电的良好习惯，当要长时间离开或不使用时，要在确保切断电源（特别是电热器具）的情况下才能离开。

⑥ 要熟悉自己生产现场或宿舍主空气断路器（俗称总闸）的位置，一旦发生火灾、触电或其他电气事故时，应第一时间切断电源，避免造成更大的财产损失和人身伤亡事故。

⑦ 要按操作规程正确地操作电气设备：开启电气设备时要先开总开关、后开分开关，先开传动部分的开关、后开进料部分的开关；关闭电气设备时要先关闭分开关、后关闭总开关，先停止进料、后停止传动。

⑧ 带有机械传动装置的电器、电气设备，必须装护盖、防护罩或防护栅栏进行保护才能使用；不能将手或身体其他部位伸入运行中的设备机械传动位置；对设备进行清洁时，须在确保切断电源、机械停止工作，并确保安全的情况下才能进行，防止发生人身伤亡事故。

⑨ 实验室内的电线不能乱拉乱接，禁止使用多接口和残旧的电线，以防触电。

⑩ 实验开始前，先检查用电设备，再接通电源开关；实验结束后，先关仪

器设备，再关闭电源开关。

⑪ 离开实验室或遇突然断电时，应关闭电源开关，尤其要关闭加热电器的电源开关。

⑫ 注意测量仪表允许的安全电压或电流，切勿超过。当被测量的大小未知时，应从仪表的最大量程开始测试，然后逐步减小量程。

⑬ 使用电容器时，注意电容的极性和耐压。当电容电压高于电容耐压时，会引起电容爆裂而伤害到人。

第 4 章

辐射防护

4.1 辐射防护的基本知识

4.1.1 常用的辐射源及其特点

辐射是能量以波或粒子的形式向周围空间或物质发射并在其中传播的现象（如声辐射、热辐射、电磁辐射及粒子辐射等）的统称。例如，物体受热向周围介质发射热量叫作热辐射；受激原子退激时发射的紫外线或 X 射线叫作原子辐射；不稳定的原子核发生衰变时发射出的微观粒子叫作原子核辐射，简称核辐射。通常论及的"辐射"概念是狭义的，仅指高能电磁辐射和粒子辐射，这种狭义的"辐射"又称"射线"。

辐射源是指能够发射电离辐射的设备或物质。

辐射源大致可以分为四类：放射性核素、X 射线机、加速器和反应堆。

(1) 放射性核素辐射源

放射性核素，也叫不稳定核素，可能放射出 α 粒子、$β^+$ 粒子、$β^-$ 粒子、光子、中子和裂变碎片等。利用放射性核素可以制备 α 源、β 源或 γ 源；利用放射性核素放射出的 α 粒子、γ 光子，轰击某些轻元素如 Be 等，可以制备成（α、n）、（γ、n）反应的放射性中子源；也可以利用重核自裂变时放射出的中子，例如，可以用自发裂变核素（如锎-252）制备成自发裂变中子源。

(2) X 射线机辐射源

利用 X 射线机产生连续能谱的轫致辐射，它是一种被广泛应用的 X 射线辐射源。

(3) 加速器辐射源

利用加速器加速电子去轰击某些重元素，可产生轫致辐射，即形成 X 射线辐射。这是另一种 X 射线辐射源。

(4) 反应堆辐射源

中子能引起一些重核裂变，裂变又放出更多的中子。所以在一定条件下，有可能形成链式反应。以中子为媒介的可持可控链式反应的装置称为反应堆。反应堆能释放出多种电离辐射，其中最主要的辐射有：瞬发裂变中子、γ 光子和裂变产物的 γ 辐射。

在核物理类书籍中均比较详尽地阐述了各类辐射粒子的特征与性质。归纳起来，辐射可分为以下四大类：

$$\text{带电粒子辐射} \begin{cases} \text{快电子} \\ \text{重带电粒子} \end{cases}$$

$$\text{非带电（粒子）辐射} \begin{cases} \text{电磁辐射} \\ \text{中子} \end{cases}$$

快电子包括核衰变过程中发射的 β 粒子（正或负），以及其他过程中产生的具有相当能量的电子。重带电粒子包括其质量为一个或多个原子质量单位并具有相当能量的各种离子，如 α 粒子、质子、裂变产物和核反应产物等。所涉及的电磁辐射包括原子的壳层电子重新排列时发射的 X 射线、高速带电粒子（电子）轰击靶物质而产生的韧致辐射，以及原子核能级跃迁时发射的 γ 射线。它们都是静止质量为零的光量子，但韧致辐射具有连续的能量分布，而特征 X 射线与 γ 射线则具有分立的、与原子及原子核能级差对应的能量。各种核转变过程（如核裂变等）中产生的中子不带电，但具有与质子相似的静止质量。中子通常按能量分为快中子、慢中子及热中子等。

一般来说，我们只关注能量在 10eV 量级以上的辐射粒子。这个能量下限是辐射或辐射与物质相互作用的次级产物，能使空气等典型材料发生电离所需的最低能量。能量大于这个最低能值的辐射称作"电离辐射"。本书后文提到的"辐射"或"射线"，均指"电离辐射"。慢中子本身的能量可能低于上述能量下限，但由于其特殊重要性以及它们引发的核反应（包括核裂变）产物具有相当大的能量，因而也归入这一范畴。

各种电离辐射穿过物质时，都将与物质发生相互作用。这种辐射与物质的相互作用（又称作射线与物质的相互作用），与各种辐射研究、辐射应用以及辐射探测密切相关。因此，研究射线与物质相互作用对于原子和原子核物理、防护、核能与核技术应用，以及辐射探测等都有很重要的意义。

4.1.2 α 粒子与物质的相互作用

本节及 4.1.3 节分别介绍两类带电粒子——α 粒子与 β 射线（电子）与物质的相互作用。

(1) 电离和激发

任何快速运动的带电粒子通过物质时，由于入射粒子与靶原子核外层电子之间的库仑力作用，电子受到吸引或排斥，这将使入射粒子损失部分能量，而电子获得部分能量。如果传递给电子的能量足以使电子克服原子的束缚，那么这个电子就脱离原子成为自由电子；而靶原子由于失去一个电子而变成带一个单位正电荷的离子，是正离子，这一过程称为电离。原子中最外层电子受原子核束缚最弱，故这些电子最容易被击出。α粒子对物质原子的电离过程可以表示如下：

$$A \longrightarrow A^+ + e^-$$

式中，符号 A、A^+、e^- 分别是原子、正离子和电子。

电离过程产生的自由电子中，有的具有相当高的动能，可继续与物质中其他靶原子发生相互作用，并进一步产生电离。这些高速的电子有时被称作 δ 射线（δ 电子）。如果原子的内壳层电子被击出，则在该壳层留下空位，外壳层中的电子就向内壳层跃迁，在此过程中会放出特征 X 射线或俄歇电子。

如果入射带电粒子传递给电子的能量较低，不足以使电子摆脱原子核的束缚而成为自由电子，只是使电子从低能级状态跃迁到高能级状态（原子处于激发态），这种过程叫作原子的激发。处于激发态的原子是不稳定的。原子从激发态跃迁回到基态，这种过程叫作原子的退激。退激过程中释放出来的能量以光子形式发射出来，这就是受激原子的发光现象。

(2) 电离能量损失率

带电粒子与物质原子核中的外层电子发生非弹性碰撞而导致原子的电离或激发，是带电粒子通过物质时动能损失的主要方式。我们把这种相互作用引起的能量损失称为电离损失，或称为电子碰撞能量损失。

由于 α 粒子比较"重"，为电子质量的 7300 多倍，故其每同电子碰撞一次所损失的动能较小。根据经典碰撞模型估算，一个 5MeV 的 α 粒子同电子对心碰撞一次，传递给电子的最大动能约为 2.7keV，这个值同 5MeV 相比显然很小。实际上一次碰撞中电离损失的能量数值是随机的，有大有小。因此，一个 5MeV 的 α 粒子要经过几万至几十万次的碰撞才会将其动能全部损失完。最后，几乎静止的 α 粒子从物质中拾取 2 个电子变成电中性的氦原子停留在该物质中。

入射的带电粒子在物质中穿过单位长度路程时由于电离、激发过程所损失的能量叫作电离能量损失率。从物质角度来说，电离能量损失率也可叫作物质对带电粒子的阻止本领。由于这种阻止主要是电子引起的，所以又叫作电子阻止本领。若以 $\left(-\dfrac{dE}{dX}\right)_e$ 表示电离能量损失率（负号表示入射粒子能量 E 随入射深度 X 增大而减小），以 S_e 表示电子阻止本领，则

$$S_e \equiv -(\mathrm{d}E/\mathrm{d}X)_e \tag{4-1}$$

理论和实验表明，在非相对论条件下电离能量损失率有如下的变化关系：

$$\left(-\frac{\mathrm{d}E}{\mathrm{d}X}\right)_e \propto \frac{Z_1^2}{v^2} N Z_2 \tag{4-2}$$

式中，Z_1 和 v 分别为入射带电粒子的核电荷数和速度；N 和 Z_2 分别为介质原子密度和原子序数。由式(4-2)可知：

电离能量损失率随入射粒子速度增加而减小，呈平方反比关系。所以，入射粒子速度慢则电离能量损失率大，阻止本领也大。

电离能量损失率与入射粒子电荷数平方成正比，入射粒子电荷数越多，能量损失率就越大。例如，α粒子的 $Z=2$，质子的 $Z=1$，如果它们以同样的速度入射到物质中，那么对α粒子的阻止本领要比对质子的阻止本领大4倍。

电离能量损失率与介质的原子序数和原子密度成正比，高原子序数和高密度物质具有较大的阻止本领。一般来说，重带电粒子通过介质时其能量损失较快，阻止本领大，电离效应显著。

(3) 平均电离能

α粒子通过物质时会因电离碰撞而损失其能量，同时在通过的路程上又会产生许多正负离子对（包括入射粒子的直接电离和δ射线的电离）。每产生一个离子对所需的平均能量叫作平均电离能，以 W 表示。不同物质中的平均电离能是不同的，但不同能量的α粒子在同一物质中的平均电离能近似为一常数。例如，在空气中的 W 值等于35eV。由此，我们可以估算α粒子穿过空气层时所产生的离子对数目。例如 ^{210}Po 的α粒子能量为5.3MeV，在空气中能量全部耗尽所产生的离子对数目 $N = \dfrac{5.3 \times 10^6 \mathrm{eV}}{35 \mathrm{eV}} = 1.51 \times 10^5$（个）。大约有15万个原子被电离，这是一个相当大的数目。

(4) 射程

一定能量的α粒子从它进入物质到其动能损失殆尽不再发生电离作用时所经过的路程叫作α粒子在该物质中的射程。因为α粒子质量很大［约 $7400m_e$（m_e 为电子质量）］，它同电子碰撞时不会明显改变其入射方向，故其通过物质时的径迹基本上是一条直线。

实际上，入射带电粒子在介质中的能量损失过程具有统计特征。例如，每次同电子碰撞转移能量的大小以及入射粒子损失完自己的动能所经历的碰撞次数等都是不确定的，这也导致α粒子的射程也具有统计涨落的特征。因此，我们所说的射程一般指平均射程。5.3MeV 的α粒子在标准状态空气中的平均射程 $\overline{R} \approx 3.84\mathrm{cm}$，这就是说4cm厚的空气层就把5.3MeV 的α粒子挡住了。α粒子电子阻止本领大，所以其射程也比较短，在空气中平均射程几厘米的 α 粒子在生物肌肉组织中的射程仅为 30~40μm。天然放射性物质发射的 α 粒子能量一般在 4~10MeV，人体皮肤的角质层就可把它挡住。因而绝大多数 α 辐射源不存在外照射危害问题。但是当它进入体内时，由于它的射程短和高的电离本领，会造成集中在辐射源附近的损伤，所以要特别注意防止 α 粒子进入体内。

4.1.3 β 射线（电子）与物质的相互作用

β 射线（电子）带有一个单位的电荷（±1），因此，同其他带电粒子一样，它通过物质时能够使物质原子或分子发生电离和激发；但由于电子质量很小，通常能量下其速度很快。它通过物质时会产生一些新现象，如轫致辐射和多次散射。

（1）电离和激发

电子通过物质时使物质的原子发生电离和激发的过程与 α 粒子的基本相同。但由于电子质量比 α 粒子小得多，在一定能量下电子速度很快，根据阻止本领与入射带电粒子速度平方的反比关系 $\left(\propto \dfrac{1}{v^2}\right)$ 可知，物质对电子的阻止本领比对 α 粒子小得多。

带电入射的粒子通过物质时在单位路程上所产生的离子对数目叫作比电离。比电离数值的大小与阻止本领有关。阻止本领越大，入射粒子单位路程上传递给物质的动能越多，产生的离子对数目也越多。例如，1MeV 的 α 粒子在标准状态空气中的比电离约为 $6×10^4$ 个离子对/cm，对 1MeV 的电子而言大约为 45 个离子对/cm。因此，电子对物质的电离效应比 α 粒子弱得多，所产生的比电离也较小。如前所述，1MeV 的 α 粒子和电子在空气中产生的比电离数值之比约 1300∶1。

（2）轫致辐射

由经典电磁理论可知，高速运动的带电粒子受到突然加速或减速会发射出具有连续能量的电磁辐射，通常称作轫致辐射。轫致辐射的能量最小值为 0，最大值为电子的最大动能。X 射线管和 X 射线机产生的 X 射线就是轫致辐射。核辐射 β 粒子在通过介质时，由于受到原子核库仑场的作用，其运动速度大小和方向都会发生变化。这表明有加速度存在，因此伴有轫致辐射产生，最大能量为 β 粒子的最大动能，这一过程如图 4-1 所示。

理论计算表明，入射带电粒子与吸收物质单个原子核作用引起的轫致辐射能量损失率正比于 $\left(\dfrac{Z}{M}\right)^2 × E$。其中 Z 是吸收物质的原子序数，M 和 E 分别是入射带电粒子的质量和能量。由此可知，电子的轫致辐射能量损失率比质子、α 粒子

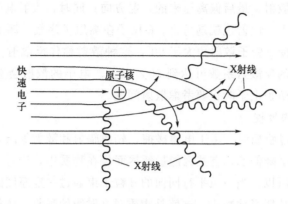

图 4-1 韧致辐射示意图

等大得多。所以对重带电粒子的韧致辐射能量损失一般忽略不计。由于韧致辐射损失与 Z^2 成正比，因此，在原子序数大的物质（如铅，$Z=82$）中，其韧致辐射能量损失比在原子序数小的物质（如铝，$Z=13$）中大得多。这一特性使得选择合适的材料阻挡 β 粒子很重要。如前所述，电离能量损失率与物质的原子序数 Z 成正比。从电离损失考虑，选用高 Z 元素材料来阻挡 β 粒子比较有效；然而，这会产生很强的韧致辐射，反而起不到防护作用。所以，从两方面考虑，应采用低 Z 元素材料来防护 β 粒子。最大能量为 1MeV 的 β 放射源，用铅（Pb）作为吸收体时，β 粒子由于韧致辐射损失的能量约为 3%，而用铝时，下降到约为 0.4%。

韧致辐射能量损失率与入射粒子能量 E 成正比，这与电离能量损失情况 $\left(\infty \dfrac{1}{E}\right)$ 正好相反。因此，当入射带电粒子能量低时，电离损失占优势；而能量高时辐射损失变得更为重要了。如果我们把两种能量损失率相等时的能量叫作临界能量，一般情况下，电子在介质中的临界能量可以由式(4-3) 表示：

$$E_0 = \frac{800}{Z}(\text{MeV}) \tag{4-3}$$

式中，Z 为物质的原子序数。若入射 β 射线的能量 $E_\beta < E_0$，则电离辐射损失为主；$E_\beta > E_0$，则韧致辐射损失为主。对于物质 Pb 和 Al 来说，临界能量分别为 10MeV 和 60MeV。对于常用的 β 放射源，电子能量不超过几兆电子伏。因此，主要的仍是电离损失。由电子加速器引出的电子束能量较高，束流强度较大，因此韧致辐射强度很强，故其为 X 射线源的一种重要方式。

(3) 电子的散射

β 粒子与靶物质原子核库仑场作用时发生弹性碰撞，只改变运动的方向而没有能量的损失，这就是电子的散射。由于电子质量小，电子的散射角可以很大，并且会发生多次散射，最后偏离原来的入射方向；同时，入射电子能量越低，靶物质原子序数越大，散射也就越厉害。β粒子在高原子序数、厚的散射体中，由于多次散射，能使β粒子散射角大于90°，这种散射称作反散射。低能电子在高原子序数物质上的反散射系数可达到50%以上。电子的散射会造成较大范围内的照射，所以在防护电子时也要考虑散射问题。

（4）β射线的吸收

当β粒子通过物质时，由于电离碰撞、轫致辐射和散射等因素的影响，其中有些β粒子的能量降低了，有些因能量耗尽而停在物质中，还有一些则偏离了原来的入射方向。所以，当一束平行同向的β粒子束通过一定厚度的物质时，在入射方向上其粒子数明显地减小，这就是物质对β射线的吸收。放射性核素所发射的β粒子具有从零到某一最高值的连续能量。能够全部吸收掉这些β粒子的物质层厚度相当于β粒子在该物质中的最大射程。应该注意的是，β粒子（电子）的射程与α粒子的射程有明显不同。α粒子穿过物质时的径迹基本上是一条直线，射程与所通过的路程基本相同。对于电子，其径迹十分曲折，经历的路程远远大于通过物质层的厚度。

根据β射线同物质的作用特征，我们可以得到如下几点结论：

① 对β射线的防护一般选用低原子序数的吸收物质，如铝、塑料和玻璃等。

② 对高能电子若用高原子序数屏蔽材料，可产生一定强度的X散射，造成外部照射的危害，应引起足够的注意。

③ 如β射线进入体内，会对组织器官造成一定的损伤，但比α射线引起的损伤小得多。

（5）正电子湮灭辐射

原子核β^+衰变时会有正电子产生。快速运动的正电子通过物质时，与负电子一样，与核外电子和原子核相互作用，产生电离损失、轫致辐射损失和弹性散射。能量相同的正电子和负电子在物质中的能量损失和射程大体相同。但自由正电子是不稳定的。正电子湮灭有两种过程：

直接湮灭：
$$e^+ + e^- \longrightarrow \gamma(0.511\mathrm{MeV}) + \gamma(0.511\mathrm{MeV})$$

形成正电子素再发生湮灭，即：
$$e^+ + e^- \longrightarrow (e^+ e^-) \longrightarrow \gamma(0.511\mathrm{MeV}) + \gamma(0.511\mathrm{MeV})$$

式中，$(e^+ e^-)$称为正电子素。

正电子素平均寿命约为$1.25 \times 10^{-10} \sim 1.4 \times 10^{-7}$s。因此，快速运动的正电子通过物质时除了发生与电子相同的效应外，还会产生0.511MeV的γ湮灭辐射，为此在防护上还要注意对γ射线的防护。

4.1.4 γ射线与物质的相互作用

能量在几十千电子伏和几十兆电子伏的γ射线通过物质时主要有光电效应、康普顿效应和电子对效应等三种作用过程。这三种效应的发生都具有一定的概率,通常以截面s表示作用概率的大小。若以s_{ph}表示光电效应截面,s_c表示康普顿效应截面,而s_p表示电子对效应截面,则γ射线与物质作用的总截面为

$$s = s_{ph} + s_c + s_p \tag{4-4}$$

(1) 光电效应

当γ光子通过物质时,与物质原子中束缚电子发生作用,光子把全部能量转移给某个束缚电子,使之发射出去,而光子本身消失了,这种过程叫光电效应。光电效应中发射出来的电子叫光电子,这一过程如图4-2所示。

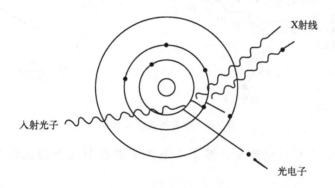

图4-2 光电效应过程示意图

在光电效应中,入射光子能量$h\nu$,其中一部分用来克服被击中电子的结合能,另一部分转化为光电子动能;原子核反冲能量很小,可以忽略不计。根据能量守恒定律,光电子动能E_e为

$$E_e = h\nu - B_i \quad (i = K, L, M \cdots\cdots) \tag{4-5}$$

式中,B_i为物质原子中第i壳层电子的结合能,i表示电子壳层的名称。

原子中束缚得越紧的电子参与光电效应的概率也越大,因此,K壳层上打出光电子的概率最大,L层次之,M、N层更次之。如果入射光子能量超过K层电子结合能,大约80%的光电效应发生在K层电子上。

发生光电效应时,若从原子内壳层上打出电子,在此壳层上就留下空位。原子处于激发态。这种激发态是不稳定的,并有两种退激方式:一种是外壳层电子向内层跃迁填充空位,发射特征X射线,使原子恢复到较低能量状态;另一过程是原子的退激直接将能量传递给外壳层中某一电子,使它从原子中发射出来,这个电子叫作俄歇电子。因此,发射光电子的同时,还伴随有特征X射线或俄

歇电子产生,这些粒子将继续与物质作用,转移它们的能量。

(2) 康普顿效应

入射 γ 光子同原子中外层电子发生碰撞,入射光子仅有一部分能量转移给电子,使它脱离原子成为反冲电子;而光子能量减小,变成新光子,叫作散射光子,运动方向发生变化,这一过程如图 4-3 所示。E_γ 和 E'_γ 分别为入射光子和散射光子的能量;θ 为散射光子和入射光子间的夹角,称作散射角;ϕ 为反冲电子的反冲角。

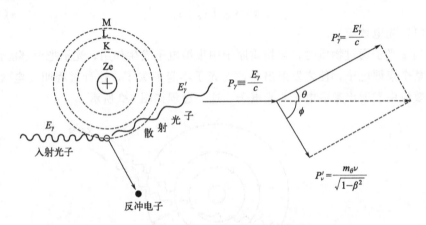

图 4-3 康普顿效应示意图

反冲电子具有一定动能,等于入射光子和散射光子的能量之差:$E_e = E_\gamma - E'_\gamma$。

反冲电子在物质中会继续产生电离和激发等过程,对物质发生作用和影响。散射光子有的可能从物质中逃走,有的留在物质中再发生光电效应或康普顿效应等,最终一部分被物质吸收,一部分逃逸出去。

(3) 电子对效应

当一定能量的 γ 光子进入物质时,γ 光子在与原子核库仑场作用下会转化为一对正负电子,这一现象称为电子对效应,如图 4-4 所示。发生电子对效应是有条件的,在原子核库仑场中,只有当入射 γ 光子的能量 $E_\gamma = h\nu^3 = 1.02\text{MeV}$ 时

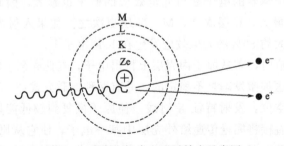

图 4-4 核库仑场中电子对效应示意图

才有可能发生电子对效应。入射光子的能量首先用于转化为正负电子对的静止能量（0.51MeV+0.51MeV=1.02MeV），剩下部分才能赋予正负电子以动能。根据能量守恒定律可得到如下关系：

$$h\nu = E_{e^+} + E_{e^-} + 2m_oc^2$$

式中，E_{e^+} 和 E_{e^-} 分别表示正、负电子的动能；m_oc^2 为电子的静止能量。

(4) γ射线的吸收

由上面讨论可知，射线进入物质主要通过光电效应、康普顿效应和电子对效应损失其能量。这些效应的发生使原来的γ光子或者不复存在，或者改变了能量而成为新的光子，偏离了原来的入射方向。因此，我们可以说，入射的γ光子一旦同介质发生作用就从入射束中移去；而只有那些没有同介质发生任何作用的γ光子才会沿着原来的方向继续前进。入射的γ光子束中的γ光子因同介质发生相互作用而被移去称作介质对γ光子的吸收。

假设单能平行窄束γ射线注量率为 I_0，垂直进入介质穿过厚度 x 后的注量率为 I，当其继续穿过厚度为 dx 的物质层时，注量率将减少 dI，这一过程如图4-5所示。

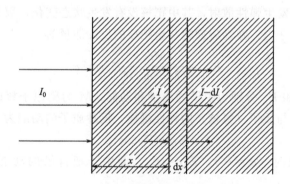

图4-5 γ射线通过物质被吸收示意图

对于无限小区间而言，dI 与光子在 x 处的注量率 I 和物质层厚度 dx 成正比，即

$$-dI = \mu I dx \tag{4-6}$$

式中，负号表示γ光子注量率随 x 增加而减少；μ 为比例系数。由初始条件 $x=0$，$I=I_0$，对式(4-6)两边积分得

$$I = I_0 e^{-\mu x} \tag{4-7}$$

由此可知，γ射线穿过物质时其注量率随着穿过的厚度 x 的增加而以指数衰减。μ 称作线性吸收系数，其单位为 cm^{-1}，它表示γ射线穿过单位厚度物质时发生相互作用的概率（或被吸收的概率）。它包含了光电效应、康普顿效应和电子对效应总的贡献。由于三种效应的作用概率都与入射光子的能量和作用物质的

原子序数有关，所以 μ 值也随 γ 光子能量 $h\nu$ 和介质原子序数 Z 而变化。γ 光子能量增大，吸收系数 μ 值减小；介质原子序数高、密度大的物质，线性吸收系数也高。

4.1.5 中子与物质的相互作用

中子不带电，不能直接引起物质原子的电离或激发。但由于不受原子核库仑场的作用，即使很低能量的中子也可深入到原子核内部，同原子核作用发生弹性散射、非弹性散射或引起其他核反应。这些过程的发生导致中子在物质中被慢化和被吸收，并产生一些次级粒子，如反冲质子、γ 射线、α 粒子以及其他带电粒子等。这些粒子都具有一定的能量，它们继续同物质发生各自相应的作用，最终使物质原子发生电离和激发。因此，中子也是一种电离辐射。

中子与原子核的作用分为两类：中子的散射——中子与原子核发生弹性散射与非弹性散射并产生反冲核；中子的俘获——中子被原子核俘获而形成复合核，再蜕变而产生其他次级粒子。

(1) 中子的散射

中子与靶核发生弹性散射，其中靶核没有发生状态变化，散射前、后，中子与靶核的总动能守恒。弹性碰撞转移给靶核的反冲能量为

$$E_M = \frac{4Mm_n}{(M+m_n)^2} E_n \cos^2\varphi \tag{4-8}$$

式中，m_n 和 E_n 分别为中子的质量和动能；M 为靶原子核的质量；φ 为反冲角。对于中子与质子（氢核）的弹性碰撞，反冲质子的动能为

$$E_M = E_n \cos^2\varphi \tag{4-9}$$

在对心碰撞时（$\varphi = 0°$），$E_M = E_n$，即中子把自己的动能全部转移给了氢核。

在非弹性散射中，中子部分能量被反冲核吸收，反冲核可能处于激发态，这时不仅有中子出射，而且会有 γ 射线发射。例如，中子与 C 原子核的非弹性散射会产生 4.43MeV 的 γ 射线。在中子引起的其他核反应中还会有质子和 α 粒子等发射出来，这些次级粒子在物质中通过电离效应损失其能量。

(2) 中子的俘获

中子进入原子核形成"复合核"后，可能发射一个或多个光子，也可能发射一个或多个粒子而回到基态。前者称为"辐射俘获"，而后者则相当于各种中子核反应。例如：

$$^1H + n \longrightarrow {}^2H + \gamma$$

$$^6Li + n \longrightarrow {}^3H + \alpha$$

有些重原子核（如 ^{235}U），在俘获一个中子后会分裂为两个或三个较轻的原

子核，同时发出 2~3 个中子以及很高的能量（约 200MeV），这就是裂变反应。

4.2 辐射防护中常用的辐射量和单位

电离辐射通过与物质的相互作用，把能量传递给受照物，并在其内部引起各种变化。辐射量和单位是为描述辐射场、辐射作用于物质时的能量传递及受照物内部变化的程度和规律而建立起来的物理量及其量度。也就是说，辐射量是一种能表述特定辐射的特征并能够加以测定的量。

有关辐射量和单位的基本概念，不但广泛地应用于辐射剂量学和辐射防护领域，而且广泛地应用于放射医学、放射生物学、辐射化学和辐射物理等领域。随着科学技术的发展，所使用的辐射量和单位逐渐增加，其概念和定义亦逐渐确切。

4.2.1 吸收剂量与吸收剂量率

吸收剂量在剂量学的实际应用中是一个非常重要的量。

(1) 吸收剂量

吸收剂量 D 是单位质量受照物质中所吸收的平均辐射能量。其定义为 $d\bar{\varepsilon}$ 除以 dm 所得的商，即

$$D = d\bar{\varepsilon}/dm \tag{4-10}$$

式中，$d\bar{\varepsilon}$ 为电离辐射授予质量为 dm 的物质的平均能量。

吸收剂量 D 的单位是 $J \cdot kg^{-1}$，专门名称是戈［瑞］（Gray），符号 Gy。$1Gy = 1J \cdot kg^{-1}$。

吸收剂量适用于任何类型的辐射和受照物质，并且是一个与一无限小体积相联系的辐射量，即受照物质中每一点都有特定的吸收剂量数值。因此，在给出吸收剂量数值时，必须指明辐射类型、介质种类和所在位置。

(2) 吸收剂量率

吸收剂量率 $\dot{D}$ 是单位时间内的吸收剂量，定义为 dD 除以 dt 所得的商，即

$$\dot{D} = dD/dt \tag{4-11}$$

式中，dD 为时间间隔 dt 内吸收剂量的增量。

吸收剂量率 $\dot{D}$ 的单位是 $J \cdot kg^{-1} \cdot s^{-1}$，亦即 $Gy \cdot s^{-1}$。

4.2.2 比释动能与比释动能率

(1) 比释动能

不带电粒子授予物质能量的过程可以分成两个阶段：第一阶段，不带电粒子

与物质相互作用释放出次级带电粒子，不带电粒子的能量转移给次级的带电粒子；第二阶段，带电粒子将通过电离、激发，把从不带电粒子那里得来的能量授予物质。吸收剂量是表示第二阶段的结果。为了表示第一阶段的结果，引进了另一种辐射量，即比释动能。

比释动能 K 定义为 $d\bar{\varepsilon}_{tr}$ 除以 dm 所得的商，即

$$K = d\bar{\varepsilon}_{tr}/dm \tag{4-12}$$

式中，$d\bar{\varepsilon}_{tr}$ 是不带电粒子在质量为 dm 的物质中释出的全部带电粒子的初始动能总和的平均值，它既包括这些带电粒子在轫致辐射过程中辐射出来的能量，也包括在该体积元内发生的次级过程所产生的任何带电粒子的能量。

比释动能 K 的单位与吸收剂量的单位相同，即 $J \cdot kg^{-1}$ 或 Gy。

比释动能只适用于不带电粒子，但适用于任何物质。它也是一个与无限小体积相联系的辐射量。在受照物质中每一点上都有它特定的比释动能数值。所以在给出比释动能数值时，也必须同时指出与该比释动能相联系的物质和该物质的部位。

（2）比释动能率

比释动能率 $\dot{K}$ 是 dK 除以 dt 所得的商，即

$$\dot{K} = dK/dt \tag{4-13}$$

式中，dK 为在时间间隔 dt 内比释动能的增量。

比释动能率 $\dot{K}$ 的单位与吸收剂量率相同，即 $J \cdot kg^{-1} \cdot s^{-1}$，亦即 $Gy \cdot s^{-1}$。

4.2.3 当量剂量与辐射权重因子

（1）当量剂量

相同的吸收剂量未必产生同等程度的生物效应，因为生物效应受到辐射类型与能量、剂量和剂量率大小、照射条件及个体差异等因素的影响。为了用同一尺度表示不同类型和能量的辐射照射对人体造成的生物效应的严重程度或发生概率的大小，辐射防护上采用了当量剂量这个辐射量。

在组织或器官 T 中的当量剂量可表示为

$$H_T = \sum_R W_R D_{TR} \tag{4-14}$$

式中，W_R 为与辐射品质相对应的加权因子，称为辐射权重因子，无量纲；D_{TR} 为按组织或器官 T 平均计算的来自辐射 R 的吸收剂量。

由于 W_R 无量纲，因此，当量剂量与吸收剂量的单位都是 $J \cdot kg^{-1}$。为了同吸收剂量单位的专门名称相区别，给予当量剂量单位一个专门名称——希沃特（Sievert），简称"希"，符号为 Sv。

(2) 辐射权重因子

辐射权重因子 W_R 是根据照射到身体上（或当辐射源在体内时由源发射）的辐射的种类与能量来选定的。W_R 值大致与辐射品质因子 Q 值相一致。所谓辐射品质，指的是电离辐射授予物质的能量在微观空间分布上的那些特征，传能线密度 L_D 即为描述辐射品质的方法之一。传能线密度 L_D 是特定能量的带电粒子在物质中穿过单位长度路程时，由能量转移小于某一特定值 D 的历次碰撞所造成的能量损失，D 称为能量截止值（eV）。L_D 的单位是 $J \cdot m^{-1}$，也可用 $keV \cdot mm^{-1}$ 为单位。

品质因子 Q，是辐射防护领域中为了以同一的尺度衡量各种辐射引起的有害效应程度而引进的一个系数，它的数值是根据辐射在水中的传能线密度的大小确定的。

ICRP（国际辐射防护委员会）指定的辐射权重因子 W_R 值列于表 4-1。需要注意的是，上述 W_R 值不适用于描述高剂量和高剂量率下所产生的急性辐射损伤，因此，当量剂量只限于在辐射防护所涉及的剂量范围内使用。

表 4-1 辐射权重因子[①]

辐射类型和能量范围[②]	辐射权重因子 W_R
光子,所有能量	1
电子和介子,所有能量[③]	1
中子,能量<10keV	5
10～100keV	10
>100keV～2MeV	20
>2～20MeV	10
>20MeV	5
质子(反冲质子除外),能量>2MeV	20
α粒子,裂变碎片,重核	20

① 所有数值均与照射到身体上的辐射有关，或就内照射源而言，与该源发出的辐射有关。
② 对于其他辐射，数值的选择参考 ICRP60。
③ 不包括结合在 DNA 内的核发射的俄歇电子。

4.2.4 有效剂量与组织权重因子

(1) 有效剂量

随机性效应概率与当量剂量的关系还与受照组织或器官有关。人体受到的任何照射，都不只涉及一个器官或组织。为了计算因受到照射而对有关器官和组织带来的总的危险，在辐射防护领域中，相对于随机性效应引进了有效剂量 E。

$$E = \sum_T W_T H_T \tag{4-15}$$

式中，H_T 为器官或组织 T 的当量剂量；W_T 为器官或组织 T 的组织权重因子，其推荐值列于表 4-2。

表 4-2 组织权重因子[①]

组织或器官	组织权重因子 W_T
睾丸	0.20
红骨髓	0.12
结肠	0.12
肺	0.12
胃	0.12
膀胱	0.05
乳腺	0.05
肝	0.05
食道	0.05
甲状腺	0.05
皮肤	0.01
骨表面	0.01
其余组织或器官[②③]	0.05

① 数值系按男女人数相等、年龄范围很宽的参考人群导出。按有效剂量定义，它们对工作人员、全体人口和男女两性都适用。

② 为计算用，本项还包括以下组织与器官：肾上腺、脑、上段大肠、小肠、肾、肌肉、胰、脾、胸腺及子宫。此表包括很可能受到选择性照射的器官，表中有些器官已知是易诱发癌的。如果以后还确知有其他器官有相当大的诱发癌的危险，则将规定一个 W_T，或列入组成其余器官的这份附加的清单。后者也可包括别的受到选择性照射的器官与组织。

③ 若该项中某一单个器官或组织受到超过 12 个规定了权重因子的器官的最大当量剂量，则该组织或器官取权重因子 0.025，而剩下的上列其余器官与组织的平均当量剂量亦取权重因子 0.025。这样，该项的 W_T 仍为 0.05。

(2) 组织权重因子

组织权重因子 W_T 是器官或组织 T 受照射所产生的危害与全身均匀受照射时所产生的总危害的比值，也就是说，它反映了在全身均匀受照情况下各有关器官或组织对总危害的相对贡献。

有效剂量表示了在非均匀照射下随机效应发生率与均匀照射下的发生率相同时所对应的全身均匀照射下的当量剂量。有效剂量也可表示为身体各器官或组织的双重加权的吸收剂量之和。将式(4-14) 代入式(4-15)，即可得

$$E = \sum_T \sum_R W_T W_R D_{T,R} \qquad (4\text{-}16)$$

辐射权重因子与辐射的种类和能量有关，但与器官或组织无关；同样地，组织权重因子与照射到身体的辐射种类和能量无关。这种简化仅仅是对真实的生物

学情况的近似。辐射权重因子与组织权重因子的数值是基于我们当前的放射生物学知识,以后还会不时地变化。

当量剂量与有效剂量是供辐射防护用的(包括大致地评价危险之用),它们只能在远低于确定性效应阈值的吸收剂量下提供估计随机性效应概率的依据。

由于组织权重因子无量纲,所以有效剂量的单位名称及符号与当量剂量相同。

4.3 辐射对人体的影响

核辐射照射人体可能会引起人体组织和器官的损伤,使生物体发生异常变化,从而表现出各种类型的生物效应。从人体吸收核辐射能量开始到各种生物效应显现以及生物体病变直至死亡,其间会经过一系列物理的、化学的和生物的变化。这些变化的根源在于组成人体基本单元的细胞的变化。本节先介绍辐射对人体细胞的作用和产生的损伤,以此为基础阐明发生的生物效应,然后给出一些基本的估计。

4.3.1 辐射对人体细胞的作用

(1) 细胞的组成和功能

人体的各种器官和组织都是由细胞组成的,细胞是构成生物体的最基本的单元,生命体的一切活动都是在细胞中进行的。细胞由细胞膜、细胞核和细胞质组成。图4-6为人体细胞的简化示意图。细胞膜位于细胞的最表面,它的作用是控制可溶性物质的摄取与排泄。细胞质是细胞质膜包围的除核区外的一切半透明、胶状、颗粒状物质的总称,含水量约80%。细胞质的功能是把摄取的养料分解转化为能量和小分子,进而转变成细胞本身生存或繁殖所需的复杂分子。细胞核由核膜、核仁和染色质组成。染色质由脱氧核糖核酸(DNA)和核蛋白组成。核仁是合成核糖核酸(RNA)的部位。细胞生存到一定阶段要发生分裂,产生子细胞。成人体内每秒至少有400万个细胞在分裂。正常情况下,子细胞从母细胞获得一组复制的染色体和相同的基因,细胞进行正常的生长和延续,保持人体组织和器官的活力。新细胞含有母体细胞带来的遗传信息,所以,胚胎以及随后发育成的后代就带有母(父)体的基因。

(2) 辐射对细胞的损伤

我们已经知道,辐射实际上是载有较高能量快速运动的带电或不带电的微观粒子流。它们通过介质时,直接或间接地使介质原子发生电离和激发,对于人体

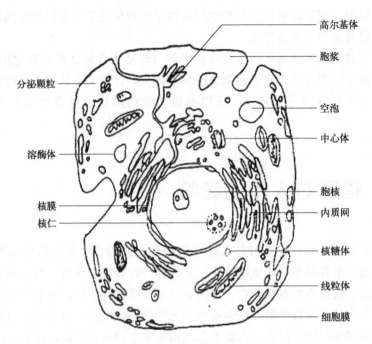

图 4-6 细胞组成简化示意图

细胞也不例外。当人体细胞受到辐射照射时，辐射同样也会使组成细胞的原子或分子发生电离或激发，可能引起细胞中许多重要分子的变化。这些变化有可能改变细胞原来的功能，例如细胞不能正常地发生线状分裂，或者引起基因化学成分的变化从而导致基因变异。基因行为的改动可能引起细胞遗传记忆的畸变或导致癌症发生。因此，可以说辐射对人体损伤最基本的原因在于辐射电离效应，使正常的原子和分子状态受到破坏而引起化学变化，导致细胞功能失常，诱发各种疾病。电离辐射对人体细胞的损伤有两种情况：直接损伤和间接损伤。直接损伤是由于电离辐射直接作用于 DNA、RNA 生物大分子上，致使这些分子中的链发生断裂，细胞成分受到破坏。间接损伤是由于电离辐射同人体中的一般分子作用导致产生活性很强的自由基和氧化物等，它们进一步同生物大分子作用，从而使这些生物大分子受到损伤和破坏，一般情况下间接损伤是主要过程。生命组织中主要成分是水，辐射间接损伤主要起因于水分子，其过程如下：

首先，水分子受到辐射照射发生电离形成水分子正离子和一个电子，即

$$H_2O \xrightarrow{辐射} H_2O^+ + e^-$$

另一方面，正常的水分子也具有吸附电子的能力，它可能捕获电离产生的电子而形成水分子负离子，即

$$H_2O + e^- \longrightarrow H_2O^-$$

分子离子是不稳定的，它们将转变成离子和自由基：

$$H_2O^+ \longrightarrow H^+ + OH \cdot$$

$$H_2O^- \longrightarrow H \cdot + OH^-$$

式中，正离子 H^+ 和负离子团 OH^- 将结合成水分子；而自由基 $H \cdot$ 和 $OH \cdot$ 因含有不成对的电子而在化学上高度活泼。

细胞中许多重要的生物大分子都有碳原子的骨架，在上面挂着许多基团如 —H、—CH_3、—OH 和 —COOH 等等。因此，这些生物分子可以认为是由有机基 R 和 H 原子组成，以 R—H 表示（H 代表有活性的氢原子；R 代表分子的其余部分）。辐射产生的自由基 $OH \cdot$ 同 R—H 分子发生作用：

$$R-H + OH \cdot \longrightarrow R + H_2O$$

在辐射作用处通常也都有氧的存在，因而可能产生过氧化物：

$$O_2 + H \cdot + H \cdot \Longrightarrow H_2O_2$$

在辐射作用并转移大能量的情况下，体内出现大量的具有强氧化能力的自由基和过氧化物。它们同细胞大分子作用，最终导致了细胞的损伤。

4.3.2 辐射对人体健康的影响

辐射对人体的作用会导致某些特有生物效应。效应的性质和程度主要决定于人体组织吸收的辐射能量。从生物体吸收辐射能量到生物效应的发生，乃至机体损伤或死亡，要经历许多性质不同的变化，以及机体组织、器官、系统及其相互关系的变化，过程十分复杂。

影响辐射生物学作用的因素很多，基本上可归纳为两个方面：一是与辐射有关的，称为物理因素；二是与机体有关的，称为生物因素。

(1) 物理因素

物理因素主要是指：辐射类型、辐射能量、吸收剂量、剂量率以及照射方式等。这里首先讨论辐射类型、剂量率、照射部位和照射的几何条件等对辐射生物学作用的影响。

① 辐射类型。不同类型的辐射对机体引起的生物效应不同，这种不同主要取决于辐射的电离密度和穿透能力。例如，若射线的电离密度大，但穿透能力很弱，则在外照射时，射线对机体的损伤作用很小。然而在内照射情况下，它对机体的损伤作用则很大。在其他条件相同的情况下，就 α 射线、β 射线和 γ 射线引起的辐射危害程度来说，外照射时，$\gamma > \beta > \alpha$；而内照射时，则 $\alpha > \beta > \gamma$。

② 剂量率及分次照射。通常，在吸收剂量相同的情况下，剂量率越大，生物效应越显著。同时，生物效应还与给予剂量的分次情况有关。一次大剂量急性照射与相同剂量分次慢性照射产生的生物效应是迥然不同的。分次越多，各次照

射间隔时间越长,生物效应就越小。

③ 照射部位和面积。辐射损伤与受照部位及受照面积密切相关。这是因为与各部位对应的器官对辐射的敏感性不同。另一方面,不同器官受损伤后对整个人体带来的影响也不尽相同。例如,全身受到 γ 射线照射 5Gy 时可能发生重度的骨髓型急性放射病;而若以同样剂量照射人体的某些局部部位,则可能不会出现明显的临床症状。照射剂量相同,受照面积愈大,产生的效应也愈大。

④ 照射的几何条件。外照射情况下,人体内的剂量分布受到入射辐射的角分布、空间分布以及辐射能谱的影响,并与人体受照时的姿势及其在辐射场内的取向有关。因此,不同的照射条件所造成的生物效应往往会有很大的差别。

除以上所述,内照射情况下的生物效应还取决于:进入体内的放射性核素的种类、数量,它们的理化性质,在体内沉积的部位,以及在相关部位滞留的时间。

(2) 生物因素

影响辐射生物学作用的生物因素主要是指生物体对辐射的敏感性。辐射生物学研究表明,当辐射照射的各种物理因素相同时,不同的细胞、组织、器官或个体对辐射的反应有着很大的差异,这是因为不同的细胞、组织、器官或个体对辐射的敏感程度是不同的。这里,把在照射条件完全一致的情况下,细胞、组织、器官或个体对辐射作用反应的强弱或速度,称为细胞、组织、器官或个体的辐射敏感性。在辐射生物学的研究中,辐射敏感性的判断指标多用研究对象的死亡率表示,有时也用所研究的生物对象在形态、功能或遗传学方面的改变程度来表示。

① 不同生物种系的辐射敏感性。表 4-3 列出了使受到 X 射线、γ 射线照射的不同种系的生物死亡 50% 所需的吸收剂量值。由表可见,种系的演化程度越高,机体结构越复杂,其对辐射的敏感性越高。

表 4-3 使不同种系的生物死亡 50% 所需的 X 射线、γ 射线的吸收剂量值 LD_{50}

生物种系	猴	大鼠	鸡	龟	大肠杆菌	病毒
LD_{50}/Gy	6.0	7.0	7.15	15.00	56.00	2×10^4

② 个体不同发育阶段的辐射敏感性。胎儿发育的不同阶段对 X 射线的辐射敏感性不同。不同辐射风险在胎儿的器官形成阶段和早期胎儿阶段最大,在孕 4~5 个月次之,孕 6~9 个月最小。怀孕前两周内如果女性接受了高于 100mGy 的 X 线照射,可能杀死胚胎,可是如果胚胎存活了,就不会有问题。妊娠 33 天以后到 3 个月末是致畸的敏感期,其间胎儿大量器官集中发育,但也有部分器官

的致畸敏感期会持续到孕晚期。在孕 8~25 周期间，中枢神经系统对辐射特别敏感，可导致 IQ（智商）的降低，严重时可导致严重的智力缺陷和小头畸形。胎儿接受的 X 线照射剂量如果低于 50mGy 是不会对胎儿造成健康影响的。但是 X 射线会增加胎儿出生后罹患恶性肿瘤（如儿童白血病）的风险。

③ 不同细胞、组织或器官的辐射敏感性。一般而言，人体内繁殖能力越强，代谢越活跃，分化程度越低的细胞对辐射越敏感。由于细胞具有不同的辐射敏感性，所以，不同组织也具有不同的敏感性。若以照射后组织的形态变化作为敏感程度的指标，则人体的组成按辐射敏感性的高低大致可分为：

a. 高度敏感：淋巴组织（淋巴细胞和幼稚淋巴细胞）；胸腺（胸腺细胞）；骨髓（幼稚红细胞、粒细胞和巨核细胞）；胃肠上皮（特别是小肠隐窝上皮细胞）；性腺（睾丸和卵巢的生殖细胞）；胚胎组织。

b. 中度敏感：感觉器官（角膜、晶状体、结膜）；内皮细胞（主要是血管、血窦和淋巴管内皮细胞）；皮肤上皮（包括毛囊上皮细胞）；唾液腺；肾、肝、肺组织的上皮细胞。

c. 轻度敏感：中枢神经系统；内分泌腺（包括性腺的内分泌细胞）；心脏。

d. 不敏感：肌肉组织、软骨和骨组织、结缔组织。

4.3.3　剂量与效应的关系

(1) 随机性效应和确定性效应

根据辐射效应的发生与剂量之间的关系，可以把辐射对人体的危害分为随机性效应和确定性效应两类。图 4-7 给出了根据实际资料并从安全角度出发，对随机性效应和确定性效应的定性描述。

随机性效应是指效应的发生概率（而非其严重程度）与剂量大小有关的那些效应，如图 4-7(a) 所示。其后果的严重程度说不上与所受剂量有什么关系，如图 4-7(c) 所示。图 4-7(a) 示出了对于低 LET 辐射以及剂量低于几戈瑞的这类效应的剂量响应关系。由于发生随机性效应的概率非常低，因此在一般放射性工作人员日常所受的那种小剂量情况下，随机性效应极少发生，资料极其缺乏。所以到目前为止，在一般辐射防护所遇到的剂量水平下，随机性效应发生的概率与剂量之间究竟是什么关系，尚未完全肯定。为了慎重起见，辐射防护中把随机性效应与剂量的关系简化地假设为"线性""无阈"。线性是指随机性效应的发生概率与所受剂量之间成线性关系。这一假设是从大剂量和高剂量率情况下的结果外推得到的。已有资料表明，这样假定对一般小剂量水平下的危险估计偏高，是偏安全的做法。无阈意味着任何微小的剂量都可能诱发随机性效应。这种假定势必导致应尽可能降低剂量水平的结论。这是一种尽可能安全的慎重的做法。

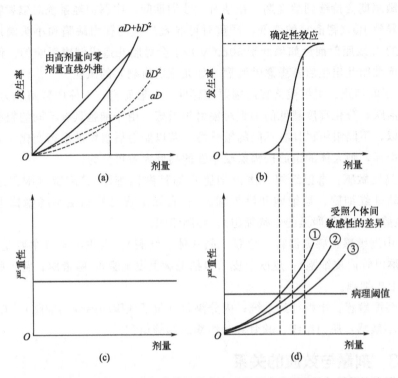

图 4-7　辐射的随机性效应和确定性效应发生的概率和严重性与剂量的关系

就辐射防护剂量评价目的而言，在辐射防护通常遇到的照射条件下，可假定随机性效应的发生概率 P 与剂量 D 之间存在着线性无阈关系，即 $P=aD$，a 是根据观察和实验结果定出的常数。依据这个假定，就可把一个器官或组织受到的若干次照射的剂量简单地相加在一起，用以量度该器官或组织受到的总的辐射影响。

辐射的确定性效应是一种有"阈值"的效应。受到的剂量大于阈值，这种效应就会发生，而且其严重程度与所受的剂量大小有关，剂量越大则后果越严重。换句话说，引起这种效应的概率在小剂量时为零，但在某一剂量水平（阈值）以上时则陡然上升到 1 (100%)。在阈值以上，效应的严重程度也将随剂量增加而变得严重，但是具体的阈值大小与每一个个体情况有关。图 4-7(b) 表示确定性效应的发生率与剂量的关系，在相当窄的剂量范围内，发生概率从 0 增加到 1。图 4-7(d) 表示确定性效应严重性与剂量有关，但对不同个体严重程度有差别。曲线①表示阈值低的个体情况，在比较低的剂量水平下已达病理阈值；曲线②表示有 50% 人员达到病理阈值的情况；曲线③则表示最不易发生这种确定性效应的个体情况。

表 4-4 给出了一些对辐射比较敏感的组织发生确定性效应的剂量阈值。需要

强调的是，确定性效应的剂量阈值是相当大的，在正常情况下一般不可能达到这种水平，只有在大的放射性事故下才有可能发生。

表 4-4　确定性效应的剂量阈值

组织与效应		单次照射阈值/Sv	多次照射的累积剂量的阈值/Sv
睾丸	精子减少	0.15	无意义
	永久性不育	3.5	无意义
卵巢	永久性绝育	2.5～6.0	6.0
眼睛晶状体	混浊	0.5～2.0	5.0
	视力障碍	5.0	>8.0
骨髓	血细胞暂时减少	0.5	无意义
	致死性再生不良	1.5	无意义

(2) 躯体效应和遗传效应

① 急性躯体效应。由辐照引起的显现在受照者本人身上的有害效应叫躯体效应。急性的躯体效应发生在短时间内受到大剂量照射的事故情况下，属于确定性效应。

辐射可以杀死人体组织的癌细胞，但同样能杀死人体组织内的正常细胞。人体组织中的细胞能不断分裂生长出新的细胞，毛发和指甲不断生长是由于其根部细胞不断分裂，血液细胞在不断地死亡并由分裂生成的新细胞所取代。辐射可以损伤细胞的分裂结构，使细胞不能分裂。当被直接杀死和分裂机构被损坏了的细胞不太多时，其他正常细胞分裂生成的新细胞可以取代它们，这种情况表现为辐射的损伤轻缓而且能被完全修复。

如果被直接杀死和分裂机构被破坏了的细胞数目太大，超过了某个阈值，损伤了的机体便无法用其他正常细胞分裂生成的新细胞来修复，整个机体组织就被破坏和严重损伤，发生足以观察到的损害，表现为急性的躯体效应。

② 遗传效应和远期效应。在辐射防护通常遇到的剂量范围内，遗传效应是一种随机性效应，表现为受照者后代的身体缺陷。

人体由细胞组成，每个成年人身体中大约有 5×10^{12} 个细胞，都是由一个受精卵细胞分裂长成的。细胞中有细胞核，外面是细胞质。细胞核内有 23 对染色体，每一条染色体由许多基因串联而成。细胞质中 70% 是水，其中有各种大分子——酶，这些酶的结构组成决定了细胞的生长和发育，而每一种酶的具体结构组成则取决于基因。当细胞分裂时，细胞核内的染色体和染色体上的基因全部复制两份传给两个子细胞。细胞的分裂是有高度规则性和方向性的，所以一个人类的受精卵不至于发育为其他什么动物。细胞分裂的规则性和方向性也取决于染色体和基因。所以，染色体和基因不论对细胞的生长发育还是对细胞分裂的规则性和方向性都起着决定性的作用。如果因某种原因，基因的结构发生了变化，必将在生物体上产生某种全新的特征，这就是突变。在自然环境下发生的突变叫自然突变，自然突变的存在是物种进化的根据。

动物实验结果表明，辐射也可以引起细胞基因突变。如果这种突变发生在母体的生殖细胞上，而且刚好由这个发生了突变的生殖细胞形成了受精卵，那么就会在后代个体上产生某种特殊的变化，这就是辐射的遗传效应。

遗传效应可以被利用。例如辐射育种就是利用辐射引起的细胞基因突变，配合其他的育种手段得到优良品种的。

人类在长期的历史发展过程中，经过自然选择，有益的适于生存的自然突变结果被保存了下来，并逐渐淘汰了有害的突变结果。从慎重的观点出发，一般认为在已有的人体细胞中，基因的非自然性突变基本上是有害的。所以，必须避免人工辐射引起的人体细胞内的基因突变。

使自然突变的概率增加一倍的剂量叫突变倍加剂量，大约为 (0.1~1)Gy，代表值为 0.7Gy。

辐射的远期效应是一种需要经过很长潜伏期才显现在受照者身上的效应，是一种随机性效应，主要表现为白血病和癌症。辐射能够诱发癌症和白血病已为实际调查材料所证实，尽管其具体机制不甚明了。一般的看法是由辐射使体细胞发生某种突变所致。

4.3.4 人体受到照射的辐射来源及其水平

人体受到照射的辐射来源有两类，即天然辐射源和人工辐射源。生活在地球上的人类每时每刻都受到天然存在的各种电离辐射的照射，这种照射通常称为天然本底照射。天然本底照射是迄今人类受到电离辐射照射的最主要来源。

近 40 多年来，核试验、核动力生产、医疗照射及放射性核素的应用和科学技术的发展，又使人类受到各种人工辐射源的照射。

(1) 天然本底照射

天然辐射源按其起因可分为三类：①宇宙射线，即来自宇宙空间的高能粒子流，其中有质子、α粒子、其他重粒子、中子、电子、光子、介子等；②宇生核素，它们主要是由宇宙射线与大气中的原子核相互作用产生的；③原生核素，即存在于地壳中的天然放射性核素。正常本底地区天然辐射源对人类造成的照射水平的估计值见表 4-5 所列。在正常本底地区，天然辐射源对成年人造成的平均年有效剂量约为 2.4mSv，其中内照射所致的有效剂量约比外照射高一倍；在引起内照射的各种辐射源中，^{222}Rn 的短寿命子体最为重要，由它们造成的有效剂量约为所有辐射源贡献的 55%。

表 4-5 正常本底地区天然辐射源致人体的年有效剂量（来自 UNSCEAR 1993）

辐照源	年有效剂量/mSv	占总计的百分数/%
宇宙线	0.38	15.8
宇生核素	0.01	0.4
陆地 γ 辐射	0.46	19.2
内照射放射性核素（氡除外）	0.23	9.6
氡及其子体	1.3	54.2
总计（舍入值）	2.4	100

世界上的个别地区，由于地表放射性物质的含量较高，其本底辐射水平明显地高于正常本底地区，这类地区通常称为高本底地区。从剂量学观点而言，最有名的高本底地区位于印度的喀拉拉邦和巴西的大西洋沿岸。在喀拉拉邦沿海岸宽约 55km 的地带，由地表辐射引起的空气吸收剂量率平均达 $1.3\text{mGy} \cdot \text{h}^{-1}$；而在巴西大西洋沿岸空气中的吸收剂量率最高可达 $28\text{mGy} \cdot \text{h}^{-1}$。在我国广东省阳江市的部分地区，由于地表土壤中铀、钍、镭的含量较高，其地表空气中的吸收剂量率平均也高达 $0.34\text{mGy} \cdot \text{h}^{-1}$。

生活在高海拔地区或在上述高本底地区的居民会受到较高剂量的外照射。居住在通风不良的室内，居民也会受到较高剂量的内照射。

天然辐射源所引起的全球居民的年集体有效剂量的近似值为 10^7 人·Sv。

天然本底照射的特点是它涉及地球上的全部居民，并以比较恒定的剂量率为人类所接受。因此，可将天然辐射源的照射水平作为基准，用以与各种人工辐射源的照射水平相比较。

（2）人工辐射

当今世界使人类受到照射的主要人工辐射源是：医疗照射，核爆炸和核动力生产。

① 医疗照射。当今，全球人口受到的人工辐射源的照射中，医疗照射居于首位。医疗照射来源于 X 射线诊断检查、体内引入放射性核素的核医学诊断以及放射治疗过程。

随着医疗保健事业的发展，接受医疗照射的人愈来愈多。据统计，在发达国家，接受 X 射线检查的频率约为 300～900 人次/（年·1000 居民），在发展中国家接受 X 射线检查的频率约为发达国家的 10%。小剂量的医疗照射，每次在 mGy 量级，大者可超过 mGy 量级。表 4-6 列出了各种 X 射线检查所致的有效剂量值。

全球由于医疗照射所致的年集体有效剂量约为天然辐射源产生的年集体有效剂量的 1/5。与此相应的世界居民的年人均有效剂量约为 0.4mSv。

表 4-6 各种 X 射线检查所致有效剂量（来自 UNSCEAR 1993）

单位：mSv

检查项目	发达国家		发展中国家
	1970—1979 年	1980—1990 年	1980—1990 年
胸部 X 射线照相术	0.25	0.14	0.04
胸部 X 射线荧光屏缩影术	0.52	0.52	
胸部 X 射线透视	0.72	0.98	0.29
四肢	0.02	0.06	0.03
腰骶椎	2.2	1.7	2.6
骨盆	2.1	1.2	2.0
髋骨及股骨	1.5	0.92	2.0
颅骨	0.50	0.16	0.13
腹部	1.9	1.1	0.22
下部胃肠道	9.8	4.1	5.0
上部胃肠道	8.9	7.2	1.6
胆囊造影术	1.9	1.5	1.6
尿路造影术	3.0	3.1	1.7
血管造影术	9.2	6.8	
乳房 X 射线照相术	1.8	1.0	
CT	1.3	4.3	

② 核爆炸。核爆炸在大气中形成的人工放射性物质是环境受到广泛污染的原因。核爆炸在大气中形成的人工放射性物质最初大多进入大气层的上部，然后从大气层上部缓慢地向大气层下部转移，最终降落到地面，称之为落下灰。当落下灰中的各种放射性核素存在于地面空气时，可通过吸入而引起内照射；当其沉降于植物上或土壤中时，则可引起外照射或通过食入引起内照射。核爆炸始于 1945 年，1954~1958 年及 1961~1962 年间大气中曾进行过大量的核试验。最后一次是在 1980 年 10 月。地下核试验目前仍在进行，但其造成的环境污染较小。虽然核爆炸可以产生几百种放射性核素，但其中多数不是产量很少就是在很短时间内已全部衰变。对全球居民的有效剂量负担贡献大于 1% 的只有 7 种，按对人体照射水平的递减顺序，它们是：^{14}C、^{137}Cs、^{95}Zr、^{90}Sr、^{106}Ru、^{144}Ce 和 ^{3}H。落下灰对居民的照射水平，因居住地所处的纬度而异。一般来说，南半球居民受

到的照射要比北半球低。表 4-7 列出了核爆炸给生活在南、北温带及全球居民造成的有效剂量负担值。表中数据表明，核爆炸对居民照射的主要途径是食入，其次是外照射。1980 年底前由大气层核爆炸造成的集体有效剂量负担总计为 3×10^7 人·Sv，相当于当今世界人口额外受到大约 4 年的天然本底辐射的照射。就核爆炸引起的人均年剂量而言，1963 年最大，相当于天然辐射源所致平均年剂量的 7%，1966 年则下降为 2% 左右，目前则低于 1%。

表 4-7　1980 年底以前进行的大气层核爆炸造成的有效剂量负担及其贡献途径

地点	有效剂量负担/mSv	贡献途径/%		
		食入	外照射	吸入
北温带	4.5	71	24	5
南温带	3.1	90	8	2
全世界	3.8	79	18	3

③ 核动力生产。据 1997 年的统计资料，当时全世界已有 31 个国家和地区的 437 座核反应堆在运行发电，正在建造的反应堆有一百多座，计划建造的还有近一百座。整个核能发电一年超过 23000 亿 kW·h，占世界总发电量的 17%。预计近一二十年内核动力发电能力不会有很大变化。

用核反应堆生产电能是以核燃料循环为先决条件的。核燃料循环包括：铀矿石的开采和水冶，转变成不同的化学形态；^{235}U 同位素含量的富集；燃料元件的制造；在核反应堆内的功率生产；受照燃料的后处理；核燃料循环不同阶段、不同装置间的核材料运输；最后，还要对放射性废物进行处置。

虽然核动力生产中产生的所有人工放射性核素几乎都存留在受照过的核燃料中，但是上述循环的每个环节都会有少量放射性物质被释放到周围环境中。由于其中大多数放射性核素的半衰期较短，在环境中的迁移速率较低，因此释放到环境中的放射性物质多半只在局部或本地区产生影响。当然，也有一些半衰期很长或在环境中弥散较快的放射性核素可分布到全球范围，从而在世界范围内使人类和环境受到照射和污染。

据粗略估算，目前的核燃料循环过程中，放射性排出物（不包括废物处置）对附近居民造成的集体有效剂量负担为 5.7 人·Sv，其中 98% 是在排放后 5 年内释出的。对全球居民造成的集体有效剂量负担为 670 人·Sv。表 4-8 给出了按现有的技术水平，核电生产持续到 2500 年时由核燃料循环所致的年集体有效剂量和人均有效剂量的预计值。由此可见，1980 年由核能生产所致的人均当量剂量只及天然辐射源照射水平的 0.005%，即使到 2500 年也不过是天然辐射源照射水平的 1%。

表 4-8　核电力生产持续到 2500 年时的年人均当量剂量预计值

项目	年份			
	1980	2000	2100	2500
年核电发电量预计值/GW	80	1000	10000	10000
年集体有效剂量/（人·Sv）	500	1000	200000	250000
世界人口/10^9	4	10	10	10
年人均当量剂量/mSv	0.1	1	20	25
占天然辐射源平均暴露量的比例/%	0.005	0.05	1	1

此外，从事核动力生产的职业人员接受的人工辐射的年有效剂量，大概与来自天然辐射源照射的平均值处于同一数量级。

人类除了受到上述三种主要人工辐射源的照射外，还受到由于工业技术发展增加的天然辐射源的照射（例如，燃煤发电、磷肥生产造成的环境放射性污染，空中旅行、宇宙航行导致的额外宇宙射线照射等）以及各种消费品（例如夜光钟、表，含铀、钍的制品，某些电子、电气器件等）的人工辐射源的照射。不过，由这些人工辐射源所致的全球居民的集体有效剂量负担与天然辐射源所致的相比，一般都很小，总计不过天然辐射源的 1%。

4.4　辐射防护标准及辐射防护的一般方法

辐射和放射性核素的应用已有百年的历史。虽然它能给人类带来巨大利益，但也会对人体健康造成一定程度的危害。为了既保障人们的健康与安全，又使辐射的应用工作得以顺利开展，必须确立辐射防护的基本原则，制定必要的辐射防护标准。随着科学技术的发展，以及人们对辐射危害认识的逐步深化，辐射防护标准也在日趋完善合理。所以，标准具有时效性。本节将介绍这方面的基本内容。

4.4.1　辐射防护标准简史

辐射防护标准的历史大致可分为下述几个阶段。

（1）红斑剂量阶段

1895 年，伦琴发现 X 射线后，同年就有人因从事 X 射线实验而发生皮炎，有的人由此受到严重的皮肤烧伤、毛发脱落、白细胞减少等机体损伤。1898 年，居里（Curie）夫妇发现了镭，他俩经常接触镭又缺乏防护而受到了辐射损伤。

早期付出的这些代价，引起了人们对辐射损伤和防护的关注。于是有人想制定辐射标准以控制辐射对人体的危害。由于当时缺乏辐射损伤及辐射剂量的基本知识，就以医生们在用 X 射线治疗过程中提出的一个"红斑剂量"的单位作为防护标准的定量描述而开始流行。它是以引起皮肤明显发红和出现红斑的辐射量来定义的。后来推算，一个红斑剂量相当于 600R❶ 的局部照射。

(2) 耐受剂量阶段

在 1925 年的第一届国际放射学大会（ICR）上，鉴于当时还缺乏一个国际公认的合适的剂量单位作为防护标准的定量描述，于是创立了国际放射学单位委员会［即现在的国际辐射单位和测量委员会（ICRU）的前身］进行这方面的研究。同年，英国马特斯切尔（Mutscheller）首先提出"耐受剂量"的概念，即以在 30 天内接受红斑剂量的百分之一来表示的一种剂量标准，约为 0.2R/天。1928 年，第二届国际放射学大会上，决定以"伦琴"作为 X 射线剂量的国际单位，并成立研究防护标准的第一个国际团体"国际 X 射线与镭防护委员会（IXRP）"［现在改称为"国际放射防护委员会（ICRP）"］。同时，将红斑剂量改为耐受剂量，并在 1934 年第一次提出关于耐受剂量水平的建议，即 0.2R/天（或 1R/周）。这个标准一直沿用到 1950 年。

Failla 曾解释说，对于个体平均而言，耐受剂量是不至于引起永久性生理危害效应的最大剂量。Sievert 在 1947 年把耐受剂量解释为可导致发生最小生物学效应剂量的 1/10～1/5 的剂量值。

很明显，耐受剂量概念是建立在对辐射急性皮肤损伤的确定性效应认识的基础上的。当时的防护对象仅是接受 X 射线或 γ 射线照射的职业人员，因此所关注的照射方式仅是外照射。而耐受剂量的原意是指低于这一剂量限值（即安全限）时效应是不会发生的，即有剂量阈。但生物学研究表明，并不能假设所有的效应都是有剂量阈值。例如生物基因，即使是非常低的剂量也会产生损伤效应。因此，认为耐受剂量的概念并不确切。

(3) 容许剂量阶段

1950 年，国际放射学大会提出用"容许剂量"概念来取代过去的耐受剂量概念，并建议把容许照射水平降低到 0.3R/周。另外，在内照射方面，对若干种放射性核素提出了确定最大容许浓度（即某些放射性核素在水和空气中的最大容许含量）的建议。1950 年，ICRP 对容许剂量的解释是：容许剂量是不使机体产生感知的辐射损伤的辐射限值；不被感知的辐射损伤，是指不会出现不适的机体损伤。

---

❶ 伦琴，照射量专用单位，现已废除。与现行的 SI 单位 C/kg（库仑/千克）的关系为 1R=2.58×10^{-4}C/kg。

1954年，ICRP对容许剂量进一步解释为：在人的一生中的任何时期，都不会对身体产生可感知的损伤。1956年，ICRP会议注意到了遗传效应和低剂量率下的长期照射的重要性。为此，会议建议把容许水平降低到0.1R/周，这个容许水平称为"最大容许剂量"。1958年，ICRP又进一步指出：人类的进化是与环境条件分不开的，且与这种环境条件有关的有害危险不能被排除。自然本底辐射的长期连续照射，可以想象也是会有某种危害的。然而，人类又需要在达到实践的正当化条件下，使用电离辐射。所以现实的问题是对于个人及群体不是不能容许伴有某种危险，而是要把这种危险限制到一定水平。表征这一水平的辐射剂量称为容许剂量。对个人的容许剂量，是指长期累积或一次照射所产生的效应以现有科技知识可以发现的身体损害或遗传危害的概率小到可以忽略的剂量。1959年，考虑到辐射应用日趋增多及受辐射照射的机会也随之增加等现实，ICRP第1号出版物中，正式公布了如下建议。即建议了居民的照射限量，并首次提出对居民的限制剂量为职业照射的1/10。1966年，ICRP第9号出版物建议将0.1R/周的最大容许剂量率改为全身均匀照射的最大容许剂量当量率为5rem❶/年。将关键器官分为四类，分别规定了不同的最大容许剂量当量值。对非职业性群体用年限制剂量当量加以控制，取为职业人员的1/10。这些标准基本上为各国所采纳，一直沿用到1977年。

事实上，ICRP在1954年以前对容许剂量的解释，旨在说明这种剂量限值的确定，是为了防止发生急性或慢性确定性效应。1958年的解释，对辐射产生的有害效应的认识有了进展，开始认识到辐射防护的重要性，不但要防止确定性效应的发生，而且还要将随机性效应限制在一定的容许水平上。

"最大容许剂量"这个名词也是不妥的，因为"最大容许"往往被人们理解为不可超过，超过了就误认为危险，不超过就误认为绝对安全。实际并非如此，实践表明个别人所受到的剂量即使在这个数值以下，也可能发生损伤，只不过发生损伤的概率很小而已。反之，稍超过这个数值并不一定有危险，仅是发生损伤的概率有所增大。由于"最大容许剂量"一词含义不确切，1977年以后ICRP不再使用这个专有名词。

（4）剂量限制体系阶段

ICRP于1990年通过了第60号建议书，它发展和完善了ICRP26（1977）的建议书。考虑到危险度的增加，将剂量限值做了进一步的降低；规范了各种名词和术语；将照射类型明确定为职业照射、医疗照射、公共照射三类，并分别规定了防护体系；明确提出了干预的防护体系等。除主要物理量和单位，以及剂量与效应已在前面叙述外，下面还将介绍剂量限制体系和剂量限值等。

---

❶ 雷姆，曾经使用过的剂量当量的单位。$1\text{rem}=10^{-2}\text{Sv}$。

4.4.2 辐射防护的基本原则

辐射防护关心的是:既要保护个人和他们的后代以及全体人类,又要允许进行那些可能产生辐射照射的必要活动。所以,辐射防护的目的在于防止有害的确定性效应,并限制随机性效应的发生率,使之达到可被接受的水平。

为了达到辐射防护的目的,辐射防护必须遵循辐射实践正当化、辐射防护最优化和限制个人当量剂量三项基本原则。这就是所谓的剂量限制体系,也称为辐射防护体系,又称为辐射防护三原则。

(1) 辐射实践的正当化

在施行伴有辐射照射的任何实践之前要经过充分论证,权衡利弊。只有当该项实践所带来的利益大于为其所付出的代价时,才能认为该项辐射实践是正当的。需要注意的是,这里所说的利益包括对于社会的总利益,不仅仅是某些团体或个人得到的好处。同样,代价也是指引进该项实践后的所有消极方面的总和,它不仅包括经济上的代价,而且还包括对人体健康及环境的所有损害,以及给社会心理方面带来的一切消极因素。由于利益和代价在群体中的分布往往不一致,付出代价的一方并不一定就是直接获得利益的一方,所以,这种广泛的利害权衡过程只有在保证每个个体所受的危害不超过可以接受的水平这一条件下才是合理的。在判断辐射实践正当化时,需要综合考虑政治、经济、社会等许多方面的因素,而需考虑的危害常常只是全部危害中的一小部分,所以实践的正当化远远超越辐射防护的范围,要在所有可以得到的方案中选出最佳方案,通常已超出辐射防护部门的职责范围。

对与辐射有关的实践活动的可行性分析在防护标准中占有突出的地位,并确定为一条基本原则,反映出人们对辐射实践是采取严肃慎重态度的。

(2) 辐射防护的最优化

辐射防护最优化在实际的辐射防护中占有重要的地位。在实施某项辐射实践的过程中,可能有几个方案可供选择,在对这几个方案进行选择时,应当运用最优化程序。也就是在考虑了经济和社会的因素之后,应当将一切辐射照射保持在可合理达到的尽可能低的水平 (as low as reasonably achievable,ALARA)。因此,辐射防护最优化原则也称为 ALARA 原则。在考虑辐射防护时,并不是要求当量剂量越低越好,而是在考虑到社会和经济因素的条件下使照射水平低到可以合理达到的程度。

ICRP 推荐用代价-利益分析方法来确定辐射防护的最优化,其目的在于确定某一个防护水平,达到此防护水平后,若再继续降低照射水平,则从经济和社会方面考虑就不适宜了,也就是说不合理了。

引进伴有辐射照射的某项实践(例如某种产品或作业)后,带来的纯利益 B

可用式(4-17) 表示：

$$B = V - (P + X + Y) \quad (4\text{-}17)$$

式中，V 为毛利益；P 为基本的生产代价；X 是为达到某种选定的防护水平而需付出的防护代价；Y 为在这种作业或者产品的生产、使用和废弃中所包含的危害代价。这里所说的危害代价，除纯粹经济上的代价以外，还包括社会的代价在内。

若能使式(4-17) 中的纯利益 B 达到极大，即可认为辐射照射已保持在可合理达到的尽可能低的水平。这里，独立的变量是与所考虑实践相关的集体当量剂量 S。因此，辐射防护最优化的条件是：

$$\frac{dV}{dS} - \left(\frac{dP}{dS} + \frac{dX}{dS} + \frac{dY}{dS}\right) = 0 \quad (4\text{-}18)$$

一般情况下，对于给定的实践来说，毛利 V 和生产代价 P 可认为是不随集体当量剂量 S 变化的，因而最优化主要取决于防护代价 X 和危害代价 Y。X 与集体当量剂量 S 呈函数关系，为降低集体当量剂量必然会增加一定的防护代价。Y 也与 S 呈函数关系。若只考虑健康危害，则按线性无阈假设，Y 与 S 成正比。

于是，根据式(4-18)，可找到这样一个集体当量剂量 S_0，在这个集体当量剂量下存在如下关系：

$$(dX/dS)_{S_0} = -(dY/dS)_{S_0} \quad (4\text{-}19)$$

即这种情况下为减少单位集体当量剂量所付出的防护代价刚好与所减少的危害相抵。这里的 S_0 即为与最优化条件对应的集体当量剂量。图 4-8 示出了最优化过程中各个量的变化及其相互关系。

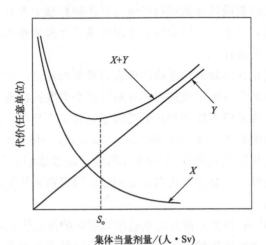

图 4-8　辐射防护最优化示意图

X—防护的代价；Y—健康损害的代价；S_0—最优化的集体当量剂量

在实际工作中，辐射防护最优化主要是在防护措施的选择、设备的设计和确定各种管理限值时使用。当然，最优化不是唯一的因素，但它是确定这些措施、设计和限值的重要因素。

(3) 限制个人当量剂量

由于利益和代价在群体中分布的不一致性，虽然辐射实践满足了正当化要求，辐射防护亦做到了最优化，但仍不能保证对每个人提供足够的防护。因此，对于给定的某项辐射实践，不论代价与利益的分析结果如何，必须用当量剂量限值对个人所受照射加以限制。

剂量限制体系的三项基本原则是一个有机的统一体，必须综合应用与考虑。在 ICRP 60 中提出了一个新的概念，即干预的防护体系。

为更好地实施辐射防护体系，可以采用控制与干预手段。有些人类活动增加了总的辐射照射，或者是由于采用了一整套新的辐射源、途径与个人，或者是由于改变从现有源到人的传播途径，从而增加了个人受到的照射或受到照射的人数，这种活动称为"实践"。其他一些人类活动能降低总的照射，例如移开现已存在的源、改变途径或减少受照人数，这种活动称为"干预"。

限制个人照射所需的措施，可以是控制实践，也可以是实施"干预"。可对源、环境或个人采取行动。对源采取的行动引起的混乱最少，除了由于事故而失效外，它可做到所需的有效程度，并影响所有与该源相联系的途径与个人。在极端情况下这种行动也许就是避免使用这个源。只要能用得上，宁可采取对源的控制。对环境或对人的措施是强加于人的，而且也许给社会带来不利，而这些不利不是都能预见得到的。由于只能用于某一些途径或个人，其有效程度将是有限的。

对职业照射的控制可通过三个方面施行：对源，通过限定其特性以及对其附近的屏蔽与围封；对环境，通过通风或附加的屏蔽；对个人，通过要求工作方式与使用防护衣具及器械。当然，并非在任何情况下都需要所有这些层次的控制。

在有些情况下，在考虑关于控制手段的决策时，源、途径及受照的个体均已存在。有时在复审原有实践时可以引入新的控制过程，但较常遇到的是这些新的控制过程构成干预。在大多数情况下，干预无法施用于源，而只好施用于环境以及人的行动自由。在开始制订干预计划前，必须表明所提出的干预将是正当的，即利多于害。

正当性判断与最优化过程都适用于防护行动，所以在作出决策时两者都应加以考虑。正当性判断是要判定干预的每个组成部分，即每个防护行动，以尽可能使得减少的剂量足以抵偿其不利之处。最优化过程是指决定干预行动的方法、规模及时期长短以谋取最大的净利益。简单地讲，若弊与利之间的差额用同样的量表示，例如代价，包括"忧虑"的社会代价在内，对每一项所采取的防护行动应为正值，而且在制定这项行动的细节中应使其达到最大值。干预的代价不仅包括经济的损失，有些防护或补救措施还可能带来非放射学方面的危险或严重的社会影响。例如，居民短期离家未必花费很多钱，但可能使家庭成员暂时分离而造成"焦虑"；长期撤离或永久移居既费钱，又可能给人们带来精神创伤。在考虑进行干预的许多情况中有不少是长期存在的，不要求紧迫行动。对于其他由事故引起的情况，如果不采取及时措施就可能造成严重照射，作出在应急情况下的干预的计划应作为正常运行手续中的不可分的一部分。

4.4.3 辐射防护标准和各种限值

辐射防护标准一般可分为：基本限值、导出限值、管理限值和参考水平四个级别。

ICRP 把照射分为职业照射、医疗照射、公众照射三类。本小节以介绍职业照射为主，对公众照射做一简略介绍，医疗照射不做介绍。除了前面已介绍的概念和术语外，在此主要介绍 ICRP 60（1990）的有关标准及基本限值部分。

基本限值是辐射防护标准中的基本标准，它包括有效剂量限值和次级限值两种。次级限值主要用于内照射，这里只介绍有效剂量限值。

(1) 剂量限值

① 职业照射。为了将随机性效应的发生概率限制到可以接受的水平，ICRP 60 推荐按 5 年平均。每年为 20mSv 的有效剂量限值，5 年为 100mSv，同时补充规定在这五年中任一年中的有效剂量不得超过 50mSv。在这个建议的剂量限值中隐含着对最优化的剂量约束值——一年中不应超过 20mSv。

有了对有效剂量的限制，即使假定有效剂量长时期接近限值，也能保证几乎除眼睛的晶状体和皮肤外的组织与器官不致产生确定性效应。对于外照射而言，眼睛的晶状体对有效剂量没有贡献，而皮肤则很可能受到集中在局部的照射，因此，对这些组织需要另设剂量限值。

对眼睛晶状体，ICRP 26 建议的年剂量限值为 150mSv。在 ICRP 41（1985）中给出的对视力受损（白内障）的年当量剂量阈值估计为">0.15Sv"，所以 ICRP 60 仍建议对眼睛晶状体的年当量剂量限值为 150mSv。

对于皮肤，情况更为复杂。对随机性效应，当量剂量可在整个皮肤面积上平均。有效剂量的限制可以对皮肤提供足够的保护而防止随机性效应，但还需要对局部照射附加限值以防止确定性效应，建议的年限值为在任何 $1cm^2$ 面积上平均 500mSv，而不论受照面积多大。

② 公众照射。ICRP 60 对公众的有效剂量的年限值建议为 1mSv。由于危害取决于多年累积的剂量，若硬性要求按年剂量控制，可能限制过严，限值最好有一些灵活性。建议公众限值应定为 1 年的有效剂量 1mSv，但在特殊情况下，只

要按 5 年平均不超过 $1\text{mSv} \cdot \text{a}^{-1}$，则在单独一年中可以有较高的有效剂量。这个限值隐含了在设计新设施中的防护最优化的约束值不应超过 $1\text{mSv} \cdot \text{a}^{-1}$。

公众的眼睛晶状体及局部面积的皮肤也需要限值，因为有效剂量的限值未必能防止对这些组织的确定性效应。由于总的照射时间可达职业照射的 2 倍，而且受照个人的敏感性也许要比人数较少的工作人群显示出更大范围的变化，因此这些组织的当量剂量非职业性限值应低于工作人员的限值。ICRP 采用了一个带有任意性的缩减因子 10，得出眼睛晶状体年限值为 15mSv。对皮肤的限值是在任何 1cm^2 皮肤上平均为 50mSv，而不论受照射的皮肤面积多大。

以上这些限值列于表 4-9。无论是职业性放射性工作人员还是公众中的个人，上述的年限值均指一年内的外照射当量剂量与同年内摄入放射性核素产生的待积有效剂量之总和，但不包括天然本底照射和医疗照射。

表 4-9 建议的剂量限值（公众）①

项目		剂量限值	
有效剂量		$20\text{mSv} \cdot \text{a}^{-1}$ 在规定的 5 年内平均②	$1\text{mSv} \cdot \text{a}^{-1}$③
年当量剂量	眼睛晶状体	150mSv	15mSv
	皮肤④	500mSv	50mSv
	手和足	500mSv	—

① 限值是指在规定期间内有关的外照射剂量与该期间的内照射摄入量的 50 年（对儿童算到 70 岁）的待积剂量之和。
② 另有在任一年内有效剂量不得超过 50mSv 的附加条件。对孕妇职业照射加以进一步限制。
③ 在特殊情况下，假如每 5 年内平均不超过 $1\text{mSv} \cdot \text{a}^{-1}$，在单独一年内有效剂量可允许大一些。
④ 对有效剂量的限制足以防止皮肤的随机性效应，对局部照射则需设附加限值以防止确定性效应。

(2) 附加限制

① 对未孕妇女的职业照射控制的依据与对男性的相同。但对已怀孕或可能怀孕的妇女，则需要考虑旨在保护未出生儿童的附加控制。胎儿比已出生的个体更易遭受辐射所致的确定性效应，并可能对日后癌症的诱发因素更为敏感。现已清楚，如果母亲所受的照射不超过上述职业照射的剂量限值，则不论照射在时间上的分布如何，不会对活产儿产生确定性效应（包括显著的智力发育迟缓）。对母亲的事故性较高照射，对胎儿的危害可能比对母亲的更大。孕妇不得担任事故性大剂量与摄入量具有较大概率的工作。

② 应急职业照射的限制。直接来自事故的职业照射只能通过工厂的设计及其防护系统和事先准备好的应急程序来限制。除了直接由事故引起的照射外，还有应急队在应急和补救行动中所受的照射。在严重事故中容许比正常情况下的控制放宽一些。除了救生行动不大可能由剂量学评价来限制外，这种放宽是指在控

制事故和紧急的补救工作中的有效剂量不得超过大约 0.5Sv，而皮肤的当量剂量不得超过 5Sv。当应急情况已被控制住时，补救工作应作为实践中遇到的职业照射的一部分来处理。

4.4.4 剂量限值的安全评价

在辐射防护领域要区分四个术语：变化、损伤、损害和危害。变化可能有害，也可能无害；损伤表示某种程度的有害变化，例如对细胞，但未必是对受照射的人有害；损害指临床上可观察到的有害效应，表现于个体（躯体效应）或其后代（遗传效应）；危害是一个复杂的概念，结合了损害的概率、严重程度与显现时间，它不易用单一变量表示。理应把其他形式的危害也考虑在内，但本书在使用这个术语时只指健康危害。用危害一词来表达有害健康的效应的发生概率以及对该效应严重程度的判断。危害有许多方面，使得选用单个的量来表示危险是不合适的，所以要采用一个多维的概念。危险的主要分量为以下随机量：可归因致死癌的概率、非致死癌的加权概率、严重遗传效应的加权概率以及如果发生伤害所损失的寿命。关于随机性效应概率与剂量学量间的关系，可用概率系数，例如死亡概率系数为剂量增量引起的死亡数与该剂量增量大小之商。这里所讲的剂量为当量剂量或有效剂量。这种系数必然是针对一个特定的人群。

每单位有效剂量引起的致死癌症的概率称为标称致死概率系数。它适用于所有剂量率下的小剂量与低剂量率下的大剂量。

职业人群与公众的随机性效应的标称概率系数值列于表 4-10。

表 4-10 随机性效应的标称概率系数　　　单位：$10^{-2}Sv^{-1}$

受照人群	危害			总计
	致死癌	非致死癌	严重遗传效应	
成年工人	4.0	0.8	0.8	5.6
全人口	5.0	1.0	1.3	7.3

根据统计，职业性放射工作人员每年所接受的平均当量剂量不超过年限值的 1/10。因为年当量剂量的分布通常遵从对数正态函数分布，即大多数工作人员受照剂量是很低的，接近或超过限值的人数很少，其算术平均值为 2mSv。与此相应的职业照射的致死癌的平均死亡率为

$$2\times 10^{-3}(Sv)\times 4\times 10^{-2}(Sv^{-1})=80\times 10^{-6}$$

即每百万人平均死亡 80 人。为判断辐射工作所致危险度的可接受水平，一种正确的分析方法是把这种危险度同其他被认为是安全程度较高的职业的危险度相比较。表 4-11 列出了人类在各种情形下的危险度。从表可见，安全性较高的其他职业（如服务行业、制造业人员、公务员等）的平均死亡率（一般指平均每年由

职业危害造成的死亡率）不超过 1×10^{-4}。事实上，在大多数非辐射职业中，除事故死亡外，还有为数远不止此的职业伤残。而职业性辐射工作人员，如果所受照射限制在当量剂量限值以下，很少会引起其他类型的损伤或疾病。所以，可以相信辐射工作的安全程度，无论如何不会低于安全标准较高的那些行业。

表 4-11　各种类型危险度的比较

自然性		疾病性		交通事故		我国不同产业(1980)			
类别	危险度	类别	危险度	类别	危险度	类别	危险度	类别	危险度
天然辐射	10^{-5}	癌（我国）	5×10^{-4}	大城市车祸（我国）	10^{-4}	农业	10^{-5}	冶金	3×10^{-4}
洪水	2×10^{-6}	癌（世界）	10^{-3}	路面事故重大伤害	10^{-3}	商业	10^{-5}	电力	3×10^{-4}
风灾	10^{-5}	自然死亡（英国 20～50 岁）	10^{-3}	航运事故	10^{-5}	机械	3×10^{-5}	石油	5×10^{-4}
地震	10^{-6}	流感	10^{-3}			纺织	2×10^{-5}	化工	3×10^{-4}
雷击	10^{-6}					林业	5×10^{-5}	建材	2×10^{-4}
						水利	10^{-4}	煤炭	10^{-3}

公众中的个人在日常生活中总会受到各种环境危害，例如交通事故，2020 年我国机动车交通事故发生约 24 万件，约 6 万人死亡，20 多万人受伤。辐射危险只占总危险极小的一部分。ICRP 认为每年死亡率不超过 10^{-5} 的辐射危险度大概可被公众中的个人所接受，即表 4-11 中天然辐射水平的危险度。表 4-9 中公众剂量限值为 $1\text{mSv}\cdot\text{a}^{-1}$，公众中个人实际受到的平均照射水平约为 0.1mSv，根据表 4-10 可知全人口的致死癌的危害为 $5.0\times10^{-2}\text{Sv}^{-1}$，因此，公众中个人的危险度相当于 5×10^{-6}。所以，公众的剂量限值的安全程度也是很高的。

4.4.5　外照射防护与内照射防护的一般方法

随着核能工业的发展以及核电站的建立，产生放射性的物质和设备已遍及生产、科研、教育、卫生、生活等各个领域。正如水能载舟，亦能覆舟，放射性核素等在为人类带来福音的同时，也会对人类产生危害。因此，人们对辐射防护的重视日趋增强。

辐射防护是一门研究防止电离辐射对人体危害的综合性边缘学科。

国家有关辐射防护方面的标准，是一切从事辐射工作的单位、场所和个人都必须严格遵守的。在屏蔽计算时就要用到标准中的有关剂量限值。

辐射对人体的照射方式分外照射和内照射两类。当放射性核素经由食入、吸入、皮肤黏膜或伤口进入体内时，在体内衰变释放出粒子等作用于机体的称为内照射；体外电离辐射源释放出粒子作用于机体的称为外照射。与此相应，辐射防护也分为外照射防护和内照射防护两类。表 4-12 概括了内、外照射的不同特点。

表 4-12　内、外照射的不同特点

照射方式	辐射源类型	危害方式	常见致电离粒子	照射特点
内照射	多见于开放源	电离、化学毒性	α、β	持续
外照射	多见于封闭源	电离	高能 β、γ、X、n	间断

需要注意的是，这两种照射的防护原则和措施是很不相同的。

(1) 外照射防护的基本方法

根据外照射的特点，外照射防护的基本原则是尽量减少或避免射线从外部对人体的照射，使之所受照射不超过国家规定的剂量限值。

① 减少接触放射源的时间。人体所受辐射的累积剂量随着接触放射源时间的延长而增加。因此，在保证按要求完成工作任务的前提下，应尽可能地缩短人员与放射源接触的时间，这称为时间防护。具体方法很多，如：在操作放射源之前，做好充分的准备，操作时力求熟练、迅速；在剂量较大，操作时间又很长时，可采用轮班操作；限制每人的操作时间，从而减少每个操作人员所接受的剂量；避免在放射源旁边做不必要的停留。

② 增大与放射源的距离。离放射源越远，人体所受的剂量也越少。对发射 γ、X 射线的点状源来说，当空气和周围物质对射线的吸收、散射可以忽略时，某一点上的照射量率与放射源的距离平方成反比。例如距离某点状源 10cm 处的照射量率为 $1C \cdot kg^{-1} \cdot h^{-1}$，在 50cm 处则为 $0.04C \cdot kg^{-1} \cdot h^{-1}$。可见，增大距离后，人员所受的剂量明显地减少了，这称为距离防护。具体的方法也是多种多样的，如：用各种长柄的操作器械和机械手进行远距离操作；人员经常活动的场所与放射源之间保持足够的距离，操作台也要与放射源有一定的间隔，等等。

③ 设置屏蔽。在操作强放射源时，单靠缩短时间和增大距离往往还满足不了安全防护的要求，此时需要在人体与放射源之间设置一种或几种具有足够厚度的防护屏障，使之在某一指定点上由源产生的当量剂量率降低到有关标准所规定的限值以下，这称为屏蔽防护。选择哪种屏蔽材料、取用多大厚度，除决定于射线种类和能量、源的活度及工作时间等因素外，还要从实际出发注意选择价格便宜、获取方便的材料。根据防护要求不同，屏蔽物可以是固定式的，也可以是移动式的。固定式的如墙壁、局部防护墙、地板、天花板、防护门、观察窗及水井等；移动式的如铅砖、各种包装容器和屏风等。

时间、距离和屏蔽一般称为外照射防护三要素。它适用于对所有具有外照射意义的辐射源（如：X、β、γ 等）的防护。但在具体运用时，常常是综合使用的。

另外，应当注意到任何辐射与空气相互作用，会产生臭氧、氢氧化物等有害气体。而高能带电粒子束、光子束或中子束照射到物质上，可能会产生感生放射性。所以，在应用外照射辐射源时，除外照射防护外，还需注意采取相应的措施，防止内照射、有害气体等对人体的损害。

(2) 内照射防护的基本方法

没有包壳，并有可能向周围环境扩散的放射性物质，称为开放型或非密封放射性物质。从事开放型放射性物质的操作，称为开放型放射工作。进行开放型放射工作时，除了考虑缩短操作时间、增大与源的距离和设置防护屏障，防止放射性射线对人体过量外照射外，还应考虑防止放射性物质进入人体所造成的内照射危害。

除了从事开放型放射工作，放射性废物向环境的排放、放射性物质泄漏事故等，也都有可能导致放射性物质进入人体内产生照射。此外，在核反应堆、粒子加速器一类的辐射设施中，即使没有放射性物质向外扩散和泄漏，也会因强辐射照射使空气组成成分和空气中尘埃诱发感生放射性，因此，同样存在着对人体产生内照射的可能。

与外照射不同，在内照射情况下，人员即使脱离了造成内照射的环境，已经进入体内的放射性物质所发出的辐射依然会造成对人体的照射。在其他因素相同的情况下，由贯穿能力较弱的 α、β 辐射引起的内照射危害远比贯穿能力较强的 X、γ 辐射引起的内照射危害要大。

内照射对人体健康的危害，除了与放射性核素的半衰期、发射的辐射类型和能量有关外，还取决于进入人体的放射性物质的数量、理化状态以及它们在体内蓄积的部位和滞留的时间。

内照射防护的基本方法是制定各种规章制度，采取各种有效措施，尽可能地隔断放射性物质进入人体的各种途径，使摄入量减少到尽可能低的水平。

内照射防护的一般措施是"包容、隔离"和"净化、稀释"。

包容是指在操作过程中，将放射性物质密闭起来，如采用通风橱、手套箱等。在操作强放射性物质时，应在密闭的热室内用机械手操作。对于工作人员，可用工作服、鞋、帽、口罩、手套、围裙以及气衣等方法，将操作人员围封起来，以防止放射性物质进入体内。

隔离就是分隔。根据放射性核素的毒性大小、操作量多少和操作方式等，对工作场所进行分级、分区管理。

净化就是采用吸附、过滤、除尘、凝聚沉淀、离子交换、蒸发、储存衰变、去污等方法，尽量降低空气和水中放射性物质的浓度及物体表面放射性污染水平。如空气净化就是根据空气被污染性质的不同，选用吸附、过滤、除尘等方法降低空气中放射性气体、气溶胶和放射性粉尘的浓度。再如在放射性废水排放前应根据污水性质和被污染的放射性核素特点，选用凝聚沉淀、离子交换、贮存衰变等方法进行净化处理，以降低废水中放射性物质的浓度。

稀释就是在合理控制下利用干净的空气或水使被污染的空气或水中的放射性浓度降低到控制水平以下。

在污染控制中，包容、隔离是主要的，特别是放射性毒性高、操作量大的情况下更是如此。虽然稀释是一种消极的办法，但对于毒性小、操作水平低的情况，还是比较经济和可行的。

在开放型放射操作中，"包容、隔离"和"净化、稀释"往往联合使用。如在病毒性放射操作中，要在密闭手套箱中进行，把放射性物质包容在一定范围内，以限制可能被污染的体积和表面。同时，要在操作的场所进行通风，把工作场所中可能被污染的空气通过过滤净化经烟囱排放到大气中，从而使工作场所空气中的放射性浓度控制在一定水平以下。这两种方法配合使用，可以得到良好的效果。

第5章

实验室仪器设备使用安全

实验室设备的使用安全,主要指使用者的人身安全和实验设备的安全。其中,最重要的是人身安全。人身安全在任何时候、任何场合永远是第一位的。维护实验室仪器设备操作使用过程中的人身安全,保证实验仪器设备的工作稳定、准确运行,需要坚持"安全第一,预防为主"的基本指导原则。另外,仪器设备需要得到保护,也是实验仪器操作人员的义务和责任。

高校实验室常用的仪器设备有玻璃仪器、机电设备、振动设备、搬运设备、高温低温设备、高能设备及大型贵重分析测试仪器等,见表5-1。这些装置都有一定的危险性,如果操作不当或失误,可能会引起较大的安全事故。因此,在使用仪器设备时须做好充分的预防措施并按照规程进行谨慎操作。

表 5-1 实验室常用仪器设备及引发事故种类

仪器类型	事故种类	仪器示例
玻璃仪器	割伤、灼烫	烧杯、烧瓶、玻璃棒
机电设备	绞、碰、碾、割、触电等	机床、压力机等
振动设备	绞、碰伤等	球磨机、混料机等
搬运设备	碰伤、碾伤等	行车、地牛、叉车等
高压设备	由气体、液体的压力造成的伤害,继而发生火灾、爆炸等事故	高压钢瓶、高压反应釜
高温装备	烧伤、烫伤等	高温炉、烘箱等
低温装备	冻伤	冷冻机、液氮罐等
高能装备	触电、辐射	激光器等
大型仪器设备	触电、辐射、爆炸等	XRD衍射仪、核磁共振仪等

通常情况下导致事故发生的基本原因可以归纳为人的原因、设备的原因以及环境的原因。

人的原因：
① 操作者本身素质和生理、心理缺陷及不安全行为等；
② 管理、决策的失误或组织的缺陷。

设备的原因：
① 设备设施的本质安全性，如结构不稳定、无安全装置、安全关键件失效等；
② 有毒有害物质及易燃易爆、电离及非电离辐射等。

环境的原因：
① 实验现场的色彩、照明、温度与湿度、振动、噪声及有害物质的泄漏；
② 空间、距离、工艺布置、逃难和避难条件等。

本章将从人身安全和设备安全入手，分类对实验室常用设备的安全使用给出有益的建议和安全注意事项。其中，使用实验室仪器设备的一般注意事项如下：

① 建立设备台账，做好设备使用详细记录；
② 电路容量必须与设备匹配，同时注意设备接地要求；
③ 做好危险性设备的安全警示标示，设备运行过程中须有人值守；
④ 须按照仪器设备操作规程和使用说明使用；
⑤ 使用高温、高压及高速装置时，须做好充分的防护措施，谨慎操作；
⑥ 对于仪器装置的性能不了解或不熟悉时，须在使用前认真准备，尽可能核对并熟悉仪器装置的各功能及操作要领，掌握基本操作后，方可进行操作；
⑦ 仪器装置使用后须收拾妥当；如发现不妥，须马上进行检查和修理，或把情况报告给管理者；
⑧ 及时将废旧、破损仪器设备进行报废（对含有放射源的设备报废时，须告知相关人员并进行特殊处置）。

5.1 仪器设备管理制度

实验室常用实验仪器设备大多数属于通用、标准、有安全防护和保障的仪器设备。这些设备安全系数较高，按照正确的操作规程使用，是有安全保障的。但是在意外情况下，仍存在一定的风险。

为了保障实验室仪器设备的安全和正常运行，实验室须制订管理制度并且要求所有操作人员遵守。其仪器设备管理宗旨是为搞好实验教学、科研与综合利用，提供物资条件及良好环境，不断提高教学、科研质量与仪器设备的使用率，达到资源共享的目的。

5.1.1 通用设备安全管理制度

通用仪器设备的安全管理通则：
① 实验室的仪器设备实行统一管理，分级负责的原则。
② 实验室仪器设备采取个人负责制，管理责任要落实到人，被指定的责任人要做好仪器设备管理工作，必须负责仪器日常的维护保养，有故障后及时反映并联系维修。
③ 仪器设备的日常管理：
a. 定期清点、核对仪器设备的实有数是否与其账、卡相符；
b. 定期保养、清洁、检查仪器设备，保证其完好率；
c. 随时注意观察仪器设备的正常运行情况，如发现问题，要采取措施及时妥善处理；
d. 注意平时的整洁卫生和水、电、门窗安全；实验工作后检查用电、加热设备，关闭电源，拔下电源插头，确保断电。
④ 仪器设备的使用管理规则：
a. 使用人应按照仪器使用手册使用，使用过程中要严格按照操作规范进行，切勿贪图省时省力而走捷径；
b. 实验室按计划在实验前检查、准备好仪器设备（涉及实验室、准备室），保证实验的顺利进行；
c. 公用仪器设备应遵守先后的原则，有序使用。
⑤ 仪器设备安全防范注意事项：
a. 认真阅读仪器设备技术资料，了解仪器的功能及使用，经过培训并得到主管人员许可后才可以使用仪器设备于指定的用途；
b. 清楚仪器各开关、按钮的位置及用途，以便在紧急的情况下立即完成停机；
c. 操作仪器过程中，严格按照要求着装，确保符合防护、安全要求；
d. 确保仪器设备的安全装置正常有效运行时方可进行实验操作，如对仪器设备某工作部分的安全性有怀疑，应立即停机检查；
e. 当在仪器运行过程中，闻到焦煳味，发现设备冒烟、部件严重发烫等现象时，须立即切断电源停止实验，采用有效保护措施，并立即报告主管人员查明原因；
f. 在清洗、维修仪器时，应先断电并确保无人能开启仪器设备；
g. 对于实验室总开关须明确其位置，便于在必要时截断全部电源；
h. 电器插座应使用三角插座，接地良好；损坏的电线、插头、插座要及时更换；移动电器前必须先关闭所有电器开关；

i. 打火机等火源火种不得带入实验室；实验室不得使用明火，工作需要时，须有严密的安全措施，专人值守，用后熄火降温，不留后患。

j. 实验室安全事故应急总体原则是：先救人，后救物；先救治，后处理；先制止，后教育；先处理，后报告。

5.1.2 特种设备安全管理制度

特种设备是指由国家认定的，因设备本身和外在因素的影响而容易发生事故，并且一旦发生事故会造成人身伤亡及重大经济损失的危险性较大的设备。《特种设备质量监督与安全监察规定》中所称的"特种设备"包括电梯、起重机械、厂内机动车辆、压力容器、压力管道、客运索道、游艺机和游乐设施、防爆电气设备等。特种作业范围包括带电作业、电焊氧焊作业、锅炉操作、叉车操作、起重吊装作业、压力容器操作等。

国家十分重视特种设备的安全监察与管理工作，对于特种设备的安全监察由各级质量技术监督部门完成，安全监察依据2003年3月11日国务院颁布的《特种设备安全监察条例》(国务院令第373号)和2009年5月1日起施行的《国务院关于修改〈特种设备安全监察条例〉的决定》(国务院令第549号)进行，特种设备的安全监察内容包括特种设备的生产（含设计、制造、安装、改造、维修)、使用、检验及报废的全过程。

特种设备安全监察的总体要求是：应使用符合安全技术规范要求的特种设备，按要求及时办理特种设备的注册登记；不得使用非法制造的、报废的、经检验检测不合格的、安全附件和安全装置不全或者失灵的、有明显故障或者有异常情况等事故隐患的特种设备。

特种设备生产（购买、转让、安装、改造、维修）要有许可。新特种设备的购置，要选择具有相应制造许可的单位生产的合格产品，并要详细核对产品质量合格证明、监督检验证书等相关技术文件。二手特种设备的购买，应索取相关技术文件，并经特种设备监督检验机构检验合格并符合安全使用要求方可购买。特种设备转让时原使用单位持"注册登记表"和"使用合格证"到特种设备监督检验机构办理转让手续，并将特种设备相关技术资料转交给新使用单位，接收单位重新按注册登记办理程序申请注册登记。特种设备安装、改造、维修，要选择具有相关施工资质的单位，并报当地质量技术监督管理部门，完工后经特种设备监督检验机构检验合格方可投入使用。

特种设备使用要注册登记，并进行定期保养和检验。特种设备在投入使用前或者投入使用后30日内，使用单位应携带相关资料到当地质量技术监督管理部门注册登记，未经注册登记的特种设备不准投入使用。特种设备使用单位要对在用特种设备、特种设备的安全附件、安全保护装置、测量调控装置及相关附属仪器仪表进行定期检查和日常维护保养；在进行自行检查和日常维护保养时发现异常情况，应当及时处理；特种设备出现故障或者发生异常情况，使用单位应当对其进行全面检查，消除事故隐患后，方可重新投入使用；在用特种设备要定期进行检验，检验的周期为一年或两年，检验由特种设备监督检验机构完成，使用单位要在特种设备检验到期前一个月内向检验部门提出申请，经检验合格的特种设备由检验机构发放检验合格证，只有经检验合格的特种设备才能继续使用。

特种设备停用要申请，报废要注销。特种设备需要停止使用的，使用单位要自行封存设备，并在封存的 30 日内向当地质量技术监督部门提出书面申请，经批复后正式停用；未办理停用手续的，仍需进行定期检验；重新启用停用的特种设备，应当申请检验，经检验合格并取得检验合格证后，凭相关资料到质量技术监督部门申请重新启用。特种设备报废时，使用单位要将特种设备注册登记表交回质量技术监督部门，办理注销手续，并将特种设备解体后报废。

5.2 常用实验仪器设备使用安全

5.2.1 玻璃仪器使用安全

(1) 玻璃仪器安全使用通则

玻璃仪器在实验过程中经常使用，由玻璃器具造成的事故很多，大多数为割伤和烫伤。

玻璃仪器（图 5-1）按玻璃的性质不同可以简单地分为软质玻璃仪器和硬质玻璃仪器两类。软质玻璃承受温差的性能、硬度和耐腐蚀性都比较差，但透明度

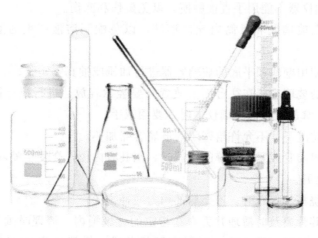

图 5-1 玻璃仪器

比较好，一般用来制造不需要加热的仪器。硬质玻璃是一种硼硅酸盐玻璃，具有良好的耐受温差变化的性能，用它制造的仪器可以直接加热。

硬质玻璃的硬度较高，质脆，抗压不抗拉，导热性差，稍有损伤或局部加温都易造成断裂或破碎，其裂纹常呈贝壳状，锋利。所以在使用玻璃仪器时需采取适当的安全防范措施，防止仪器意外破损，将危险性降至最低。

一般玻璃器皿使用安全操作规程：

① 建立购进、借出、破损登记制度。

② 器皿按照种类、规格顺序存放，并尽可能倒置（既可自然控干，又能防尘）。

③ 使用前检查玻璃仪器是否有破损。不要使用有缺口或裂缝的玻璃器皿。特别是在用于减压、加压或加热操作的场合，更要认真进行检查。

④ 剪切或加工玻璃管及玻璃棒时，必须戴防割伤手套。

⑤ 使用较大玻璃器皿（容量大于1000mL）时应戴胶质手套；拿取盛有热水或烘干的容器时应戴线手套，如属于较大容器，应在线手套外加戴胶纸手套；所盛内容物的量不得超过玻璃器皿的最大标示容量。

⑥ 连接橡胶管和玻璃管，或将温度计插入橡胶塞时，先用水、甘油或润滑脂等润滑一下，边旋转边插入，如果感觉过紧可用锉刀等工具扩孔。

⑦ 玻璃管及玻璃棒的断面要用锉刀锉平或用喷灯熔融，使其断面圆滑，不易造成割伤，而后再使用。

⑧ 在组装烧瓶等实验装置时，安装力适中，不过于用力，也防止夹具拧得过紧致容器破损。

⑨ 加热和冷却时，要避免骤热、骤冷或局部加热。例如，不要将加热的玻璃器皿放在过冷的台面上，以防止温度急剧变化而造成玻璃破裂。同时，加热和冷却后的玻璃仪器不能用手直接触摸，以免烫伤和冻伤。

⑩ 不能在玻璃瓶和量筒内配制溶液，以免配制溶液产生的溶解热使容器破损。

⑪ 不能使用壁薄和平底的玻璃容器进行加压或抽真空实验。

⑫ 壁薄的玻璃容器在往台面上放置时要轻拿轻放，进行搅拌操作时避免局部用力过大。拿放较重的玻璃仪器时，要用双手。

⑬ 一般情况下，不允许给密闭的玻璃容器加热。

⑭ 打开封闭管或紧密塞着的容器时，因其有内压，会发生喷液或爆炸事故，应小心慢慢打开。

⑮ 洗涤烧杯、烧瓶时，不要局部用力或冲击。

⑯ 玻璃碎片要及时清理并丢弃在指定的垃圾桶内。清理时戴上厚手套用纸包起来后丢在专用利器盒内。利器盒不能装满，锐器达到80%后，应关闭利

器盒盖并用胶带封严,贴上标签后送至指定地点统一回收处理。

常用玻璃器皿的主要应用、使用注意事项如表 5-2 所示。

表 5-2 常用玻璃器皿的主要应用、使用注意事项

名称	主要应用	使用注意事项
烧杯	配置、加热溶液;溶解样品;煮沸水等	
锥形瓶	加热处理试样和容量分析滴定;用作气体发生的反应器;用作蒸馏过程中液体接收器	加热前擦干外壁,避免直火加热,加热时使其受热均匀,不可烧干,加热时内容物不得超过容积的 2/3
碘量瓶	碘量法或其他生成挥发性物质的定量分析	
烧瓶	加热及蒸馏液体	加热前擦干外壁,避免直火加热,加热时使其受热均匀,不可烧干,加热时内容物不得超过容积的 2/3;需用铁架台和铁夹固定后方可加热
凯氏烧瓶	消解有机物质	加热前擦干外壁,避免直火加热,瓶口方向勿对向自己及他人;需用铁架台和铁夹固定后方可加热
量筒、量杯	量取液体	不能加热,不可用作反应容器
容量瓶	配置准确体积的标准溶液或被测溶液	非标准的磨口塞需保持原配;只能水浴加热
滴定管	容量分析滴定操作	旋塞要密合;不能加热;不能长期存放碱液;碱式管不能放会与橡胶作用的滴定液;使用时用滴定台和蝴蝶夹固定
移液管	精密地移取定量液体	不能加热;上端和尖端不可磕破
刻度吸管	移取各种不同量的液体	不能加热;上端和尖端不可磕破
试剂瓶	细口瓶用于存放液体试剂;广口瓶用于盛装固体试剂,也可用来装配气体发生器;棕色瓶用于存放见光易分解的试剂	不能加热;不能在瓶内配制操作过程中放出大量热量的溶液;磨口塞保持原配;盛放碱液的瓶子应使用橡胶塞,以免日久打不开
滴瓶	盛装需滴加的试剂	不能加热;不能在瓶内配制操作过程中放出大量热量的溶液;使用时胶头在上,管口在下;滴管管口不能深入受滴容器;滴管专用,严禁吸取其他试剂;滴管必须与滴瓶配套使用
漏斗	过滤液体,向容器中倾倒液体	漏斗颈破损则不得使用
分液漏斗	分开两种互不相容的液体;用于萃取分离和富集(多用梨形分液漏斗);制备反应中加液体(多用球形及滴液漏斗)	不可加热;磨口旋塞必须原配密合;下层液体从漏斗管流出,上层液体从上倒出;静止时使用铁架台和铁圈

续表

名称	主要应用	使用注意事项
试管	在常温或加热时,用作少量物质的反应容器;盛放少量固体或液体;用于收集少量气体;离心试管可在离心机中借离心作用分离溶液和沉淀	试管作反应器时液体不超过试管容积的1/2,加热时不超过1/3;加热时使用试管夹,加热前试管外壁要擦干,加热液体时管口禁止对人,并将试管倾斜与桌面成45°,加热固体时,管底应略高于管口;直立放置时使用试管架
比色管	比色、比浊分析	不可直火加热;非标准磨口塞必须原配;注意保持管壁透明,不可用去污粉刷洗,直立放置时使用比色管架
冷凝管	用于冷却蒸馏出的液体。蛇形管适用于冷凝低沸点液体蒸气,空气冷凝管用于冷凝沸点150℃以上的液体蒸气	不可骤冷骤热;注意从下口进冷却水,上口出水;连接及拔除胶管时应用水润湿连接部位,戴手套谨慎操作;使用时须用铁架台和铁夹固定
蒸发皿	蒸发液体、浓缩液体或干燥固体物质	加热前擦干外壁,避免直火加热,加热时使其受热均匀,不可烧干,加热时内容物不得超过容积2/3
坩埚	溶液的蒸发、浓缩或结晶;灼烧固体物质	可直火加热;高温时须使用坩埚钳拿取;瓷坩埚不可骤冷;新坩埚用稀盐酸煮沸5min后方可使用
干燥器	保持烘干或灼烧过的物质的干燥;也可干燥少量制备的产品	底部放变色硅胶或其他干燥剂,盖磨口处涂适量凡士林;不可将过热的物体放入;当放入热的物体后要及时开盖以免盖子跳起或冷却后负压打不开盖子

(2) 几种特殊玻璃仪器的使用注意事项

① 玻璃反应釜。玻璃反应釜(图5-2)抗酸腐蚀性能优良,一般用作反应器或贮罐,绝大部分在有机酸介质条件下使用,其安全使用事项如下。

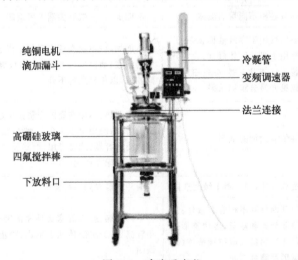

图 5-2 玻璃反应釜

a. 在玻璃反应釜中进行不同介质的反应，应首先查清介质对主体材料有无腐蚀。

b. 装入的反应介质应不超过釜体容积的 2/3。

c. 安装时将爆破泄放口通过管路连接到室外。

d. 每次开机时，要求任何按钮都应在初始状态。在每次工作完毕后将旋钮旋回最小位置，防止下次开机时电流太大对控制仪造成大的损坏。

e. 运转时如隔离套内部有异常声响，应停机放压，检查搅拌系统有无异常情况。定期检查搅拌轴的摆动量，如摆动量太大，应及时更换轴承或滑动轴套。

f. 夹套导热油加热，在加导热油时注意勿将水或其他液体掺入当中，应不定期地检查导热油的油位。

g. 定期对各种仪表及爆破泄放装置进行检测，以保证其准确可靠地工作，设备的工作环境应符合安全技术规范要求。

h. 工作时或结束时，严禁带压拆卸。严禁在超压超温的情况下工作。在工作的状态下打开观察窗观察釜内介质的反应变化情况，应短时间快速观察，观察完毕后速将观察窗关闭。

i. 反应釜长期停用时，釜内外要清洗擦净，不得有水及其他物料，并存放在清洁干燥无腐蚀的地方。

② 旋转蒸发仪。旋转蒸发仪（图 5-3）可以用来回收、蒸发有机溶剂。利用一台电机带动蒸馏瓶旋转，由于蒸馏器在不断旋转，可免加沸石而不会暴沸。同

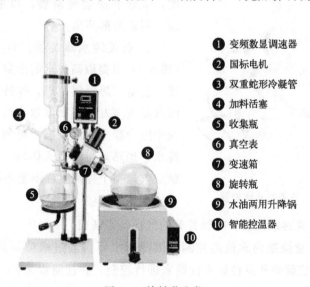

❶ 变频数显调速器
❷ 国标电机
❸ 双重蛇形冷凝管
❹ 加料活塞
❺ 收集瓶
❻ 真空表
❼ 变速箱
❽ 旋转瓶
❾ 水油两用升降锅
❿ 智能控温器

图 5-3　旋转蒸发仪

时，由于不断旋转，液体附于蒸馏器的壁上，形成一层液膜，加大了蒸发的面积，使蒸发速度加快。

使用时应注意：

a. 各接口、密封面、密封圈以及接头安装前，都需要涂一层真空脂。

b. 通电前必须加水，不允许无水干烧。

c. 蒸馏瓶内溶液不宜超过容量的1/2，对贵重溶液应先做模拟试验，确认仪器适用后再转入正常使用。

d. 如果真空度太低，应注意检查各接头、真空管和玻璃瓶的气密性。

e. 使用时要先抽小真空（约0.03MPa），再开旋转，以防蒸馏烧瓶滑落；停止时，先停旋转，手扶蒸馏烧瓶，通大气，待真空度降到0.04MPa左右再停真空泵，以防蒸馏瓶脱落及溶液倒吸。

f. 根据溶剂设定水浴温度，不确定应该多少摄氏度时须有人在场，以便在发生暴沸时进行减压。

g. 蒸馏完毕，先停止旋转，通大气，不能直接关闭真空泵，要打开加料管旋塞，解除内部压力，同时托住蒸馏瓶。然后关真空泵，最后取下蒸馏烧瓶。

h. 旋蒸对空气敏感的物质时，需要在排气口接上氮气球，先通氮气排出旋转蒸发仪内空气，再接上样品瓶旋蒸。蒸馏完毕，放氮气升压，再关泵，然后取下样品瓶封好。

i. 如果样品黏度比较大，应放慢旋转速度，最好手动缓慢旋转，以能形成新的液面，利于溶剂蒸出。

③ 石英纯水蒸馏器。石英纯水蒸馏器（图5-4）是提取高纯水的全封闭石英玻璃仪器。它基于热辐射原理，保持液相温度低于沸点温度蒸发冷凝而制取高纯水。在提纯过程中因冷凝空间温度高，可制取无菌无热超纯水，加热丝封闭在壳体内，接触水但不接触空气，整个提纯过程不受环境污染。

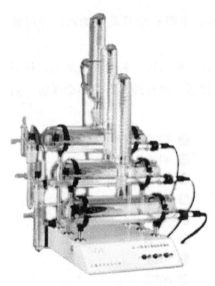

图5-4 石英纯水蒸馏器

注意事项：

a. 使用前观察水位器、冷凝管等的气孔是否畅通。

b. 必须注意烧瓶内水位的控制。因冷却水不再经过水位器而直接排放掉，烧瓶水位只能依赖烧瓶及控制水位器来进行控制，在任何情况下，烧瓶内水都不允许放净。

c. 使用过程中应多观察仪器状态，出现异常情况，如噪声过大、不产纯水等，应及时关机。

d. 仪器工作时，不要触摸玻璃部分，以免烫伤。

5.2.2 机电设备使用安全

实验室常用的机电设备有：加工机床（如车床、铣床、钻床、磨床、锯床等）、振动设备（如球磨机、离心机、恒温摇床等）、磁力加热搅拌器、电焊机等。这些设备都有高速机械动力部件，使用不当容易造成机械损伤、触电等危害，严重的可能造成人身伤害。这类设备的安全防范主要是在机械传动部分，所以使用这些设备时必须遵守以下安全规程：

① 操纵仪器设备时，要用标准的工具。

② 确保设备安全防护设施工作正常可靠，工作前须预先检查并启动，然后开启设备。设备运行结束停稳后才能关闭或移开安全防护设施。

③ 发生安全报警时必须立即停机检查，清除安全隐患。

④ 机电设备安装必须稳固可靠，严格避免在机电设备运行时，因基体振动而造成设备与支撑基础间的相对移动。

⑤ 对机电设备进行检查、维修、给油或清扫等作业时，要把启动装置锁上或挂上标志牌。同时，还要熟悉并正确使用安全装置的操作方法。

⑥ 停电时，一定要切断电源开关并拉开离合器等装置，以防再送电时发生事故。

⑦ 指示机械的构造或运转等情况，要用木棒之类东西指明，决不可使用手指。

⑧ 焊接（电焊或气焊）时，要由熟练人员操作。

⑨ 工作服必须做得合适，使其既不会被机械卡着，又能便于人员轻便灵活地进行操作。把工作服袖口、底襟收小较好。穿安全靴较好，决不可穿木板鞋、拖鞋或皮鞋。一般不戴手套，最好戴帽子、防护面罩及防护眼镜。

以下介绍部分实验室机电设备使用的安全事项，其余机电设备可参照试用。

（1）机床（以切削加工为主）

机床是指制造机器的机器，亦称工作母机或工具机，习惯上简称机床。它一般分为金属切削机床、锻压机床和木工机床等。现代机械制造中加工机械零件的方法很多，除切削加工外，还有铸造、锻造、焊接、冲压、挤压等，但凡属精度和表面粗糙度要求较高的零件，一般都需在机床上用切削的方法进行最终加工。此部分主要针对切削机床的注意事项进行介绍。常见的切削机床主要有钻床、车床、铣床、磨床等。其注意事项见表5-3。

表 5-3　机床使用注意事项

工具	使用规则
钻床	用老虎钳或夹具,把加工材料夹持固定(加工小件物品时,如果用手压住是很危险的)。要待钻床停止转动后,才可取下钻头及加工材料。同时,要把卡紧夹头用的把手,将夹头卡紧,使其不能旋转。切削下来的金属粉末,温度很高,不可接触身体
车床	用卡盘,最好用夹具把加工材料牢固固定。材料要求匀称,以使旋转均衡。车刀要牢固装于正确的位置上。操作时,进刀量、物料进给量及切削速度要合适。加工过程中,要进行检测或清理车刀时,一定要停车进行。如果机械和刀口出现异常振动或发出噪声等情况,要立刻停止作业,进行检查
铣床	用夹具等工具牢固地夹住加工材料。在运转过程中,铣刀被材料卡住而使机器停止转动时,要立刻切断电源开关,然后请熟练操作人员指导,排除故障。切不可强行进刀或加快切削速度
磨床	因切削粉末飞扬,故操作时要戴防护眼镜或防护面具。安装或调整磨石,要由熟练人员进行。使用前,一定要先试车,检查磨石是否破裂及固定螺栓有无松动。支承台与磨石之间要保持2mm的间隙。若间隙过宽,材料及手指等易被卷入。此外,因磨石高速旋转着,操作时,注意防止身体靠近磨石的前面。 不能使用磨石的侧面进行加工。加工小件物品时,可用钳子之类工具将其固定
锯床	锯床属发生事故多的机械之一。因此,在使用前要特别仔细检查。要正确地固定加工材料。中途发现加工不合规格要求时,一定要先切断电源,然后才进行调整。在操作过程中,不要离开现场

(2) 金相制备用机电设备

① 线切割机床（图 5-5）。线切割是数控电火花线切割加工的简称。其基本原理是利用移动的金属丝作工具电极,并在金属丝和工件间通以脉冲电流,利用脉冲放电的瞬时高温熔蚀作用对工件进行切割加工。线切割机主要由机床、数控系统和高频电源这三部分组成,适合加工高强度、高韧性、高硬度、高脆性、磁性材料,以及精密细小和形状复杂的零件。根据电极丝的运行速度不同,电火花线切割机床通常分为两类：

图 5-5　线切割机床示意图

一类是慢走丝（也叫低速走丝）电火花线切割机床。电极丝做低速单向运动,一般走丝速度低于 0.2mm/s,精度达 0.001mm 级,表面质量也接近磨削水平。电极丝放电后不再使用,工作平稳均匀、抖动小、加工质量较好。而且采用先进的电源技术,实现了高速加工,最大生产率可达 $350mm^2/min$。

另一类是快走丝（也叫高速走丝）电火花线切割机床（WEDM-HS），其电极丝（一般采用钼丝，规格有：0.18mm、0.2mm、0.22mm、0.25mm）高速往复运动，钼丝速度为 8~10m/s 可调，钼丝可重复使用，加工速度快、分中方便而得名（其精度为 0.05~0.08mm）。

线切割机床安全操作规程：

a. 开机前充分了解机床性能、结构、正确的操作步骤。

b. 检查机床的行程开关和换向开关是否安全可靠，不允许带故障工作。

c. 应在机床的允许规格范围内进行加工，不要超重或超行程工作。

d. 工作前操作者穿戴各种劳保用品，确保工作安全。注意：不允许戴手套操作机床。

e. 加工前应检查工作液箱中的工作液是否足够、水管和喷嘴是否畅通，不应有堵塞现象。

f. 检查程序坐标方向是否与工件安装坐标方向一致。

g. 加工中禁止触摸工件、丝架，以免触电。

h. 加工结束，应将工作区域清理干净，夹具和附件等应擦拭干净，放回工具箱，并保持完整无损。

i. 驱动器工作时禁止插拔软盘。

j. 发生故障，应立即关闭高频电源，分析原因，电箱内不准放入其他物品，尤其是金属器材。

线切割机床安全要求：

a. 工作前准备工作：

ⓐ 机床开始工作前预热，检查润滑系统是否正常工作，如长时间未使用，采用手动方式向各部分供油润滑；

ⓑ 检查丝杆运动机构、冷却液系统是否正常；

ⓒ 检查电源工作是否正常，并调整好相关参数；

ⓓ 检查工件是否卡紧，保持工件与高频电源极板的良好接触。

b. 工作过程中安全注意事项：

ⓐ 机床断丝后或更换钼丝、紧丝、穿丝等状态下，必须将短丝保护开关开于"O"处；

ⓑ 机床储丝筒在上丝、卸丝时，须切断电源，防止误操作；

ⓒ 上丝操作时，应将钼丝放进导轮内及导电块上，防止断丝；

ⓓ 手潮湿或有油污时禁止操纵控制面板上的开关和按钮；

ⓔ 机床运转中，操作者不得离开工位。

c. 工作完成后注意事项：

ⓐ 清除切屑、擦拭机床，保持环境与机床的清洁状态；

ⓑ 依次关掉机床操作面板上的电源和总电源；

ⓒ 打扫现场卫生，填写设备使用记录。

② 金相预磨、抛光设备。即金相磨抛设备（图5-6），通常是电动机固定在底座，通过对试样施加压力，在转动的磨、抛光盘上进行表面处理。

其注意事项和操作规程如下。

a. 研磨：

ⓐ 打开电源开关，将金相砂纸粘贴或扣压在磨抛盘上。如果是带背胶的砂纸，则先在磨抛盘上涂上少量机油后再将砂纸粘贴在磨抛盘上。

图5-6 金相单盘磨抛机

ⓑ 打开给水阀使清水不断地流入旋转的磨抛盘中，但水量不宜过大，只需连续不断地流入即可。

ⓒ 面板中的旋钮打到"慢速"，启动机器。

ⓓ 将切割或镶嵌好的试样用力持住，并轻轻靠近砂纸，待试样和砂纸接触良好并无跳动时，可用力压住试样进行研磨。

ⓔ 力度大约在不使研磨面因摩擦过热而烧伤组织为佳（大约2kgf[1]），工作结束，面板中的旋钮打到"停止"，电动机停止运转，关闭给水阀，拔下插头，关闭系统电源，关闭系统总水阀。

b. 抛光：

ⓐ 打开电源开关，将抛光织物粘贴或扣压在磨抛盘上。如果是带背胶的抛光织物，则先在磨抛盘上涂上少量机油后再将抛光织物粘贴在磨抛盘上。需要注意，所粘贴织物必须平整地贴在磨抛盘上，然后在织物表面滴上适量的抛光液或抛光膏和水才能进行抛光工作。

ⓑ 选用较薄的织物作为抛光织物时，应将抛光织物润湿后平铺于磨抛盘上，采用随机附件（套圈）将织物紧扣在磨抛盘盘面上使用。

ⓒ 将调制好的抛光剂涂于织物。

ⓓ 面板中的旋钮打到"快速"，启动机器。

ⓔ 将研磨好的试样用力持住，并轻轻靠近磨抛盘，最初先将试样按向磨抛盘的中心位置，边抛光边向外平移试样。

ⓕ 操作中感觉织物黏性很大时，应将抛光剂再调稀一些。

---

[1] $1\text{kgf}=9.80665\text{N}$。

ⓖ 当抛光织物有破损时，应及时更换，以免损坏试样。

ⓗ 工作结束，面板中的旋钮打到"停止"，电动机停止运转，关闭给水阀，拔下插头，关闭系统电源，关闭系统总水阀。

③ 砂轮机（图 5-7）。注意事项如下：

a. 清洁设备时需拔掉电源；

b. 出现故障时切勿擅自分解设备，应请专业人员检修，以免遭电击；

c. 防护罩损坏时严禁使用；

d. 禁止砂轮机在无人使用、无人看管的情况下空转；

e. 突然停电，应断开开关；

图 5-7 砂轮机示意图

f. 运转中砂轮片破损，应立即切断电源，检查无问题后更换新砂轮片。

操作规程：

a. 启动前，检查机械各部螺钉、防护罩、砂轮表面有无裂纹破损，砂轮有无松动等，确认完整良好；检查设备周边是否有易燃易爆物品，以防火花飞溅造成火灾及人员伤亡；佩戴护目镜、安全面罩等；严禁戴手套或用棉纱等包裹试样进行操作；提示其他人员保持一定距离；严禁用通用砂轮研磨较大较长物料、薄铁板、软质材料及木制品等。

b. 砂轮转速稳定后方可磨削（空转 3min 无异响），磨削试样时，须站在砂轮侧面或斜侧面，不可正对砂轮，以防砂轮片破碎飞出伤人。严禁在砂轮侧面磨削（倒角除外）。

c. 磨试样时，应使试样缓慢接近砂轮，严禁用力过猛或冲击，更不准用身体顶着试样在砂轮下面或侧面磨样。磨小件时，应选用合适夹具夹稳试样进行操作，严禁直接手持。打磨一会儿后用水冷却，防止烫伤及对试样有影响，但砂轮不得沾水过多以防湿水后失去平衡而发生事故。

d. 严禁两人同时使用一片砂轮打磨工件。

e. 使用完毕，待砂轮停止转动后再离开。

f. 新砂轮片敲击声音清脆，严禁使用损坏的砂轮。

g. 安装砂轮片时，不得用铁锤等进行敲击。

h. 新装砂轮启动时，应先试转 5min，确认砂轮机主轴等转动平稳、无振动或其他不良现象后使用。

④ 金相切割机。金相切割机（图 5-8）是在金相分析时对制样进行切割制备时使用的切割设备，由于金相制样的不同要求，对切割样品时的进刀方向、夹持方向、进刀速度和冷却方式都有一定的要求，因此设计有各种形式的切割机。

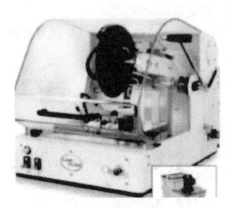

图 5-8　金相切割机示意图

金相切割机操作流程：

a. 准备工作。接通进水管，将插头插入电源插座，启动电机，检查电机轴的旋转方向。

b. 砂轮片拆卸及更换。将罩壳上的螺钉松下，取下罩壳。旋转流水盘上的螺钉，取下流水盘。将扳手开口处嵌入轴套的两平面上，一端搁在底座的前端。用另一扳手逐个旋下夹紧螺母，取下砂轮片。按相反方法把砂轮片装上，在砂轮片的两侧应垫上两张厚纸片做成的垫片。新装的砂轮片应先空转一段时间，以保证安全工作。

c. 试样的装夹。用撑板支持锯架使其不下落。将试样放在锯架钳口的前面，夹紧试样。

d. 试样的切割。调节旋钮和冷却管，使冷却液流的方向及大小适合切割的要求。

e. 使用后应及时清理机内积聚的切屑及垃圾，保证排水畅通。

注意事项：

a. 工件须夹持平稳、牢靠，严禁未夹紧切割；

b. 严禁使用已经残缺或有裂纹的砂轮片，切割时尽量避免火星四溅，远离易燃易爆危险物品；

c. 切割中设备如出现抖动、异响等情况，应立即停机检查；

d. 砂轮片未停之时严禁将手伸进切割区取样或进行其他操作；

e. 严禁戴手套操作，佩戴护目镜；

f. 严禁在疲劳、酒后或服药等身体不适情况下操作切割机。

⑤ 振动设备：实验室行星式球磨机。

行星式球磨机（图 5-9）是粉碎、混合、研磨、纳米材料分散、新产品研制，和金属、非金属、有机、中草药等高新技术粉体材料制备的常用装置。配用低温真空球磨罐，可在低温真空状态下磨制温敏或热塑性样品。研磨产品最小粒度可至 $0.1\mu m$ 甚至纳米级。

罐中磨球在高速运动中相互碰撞，研磨和混合样品，试料在研磨罐内高速翻滚，对物料产生强力剪切、冲击、碾压，达到粉碎、研磨、分散、乳化物料的目的。

球磨机安全使用规程：

a. 通常球磨罐重量（罐＋配球＋试样＋辅料）要基本一致，以保持运转平稳，减小振动引起的噪声，延长设备使用寿命。样品不足时，对称使用。

b. 装料最大容积为球磨罐容积的三分之二，余下的三分之一作为运转空间。

c. 装料要满足设备的最大进料尺寸要求，并保证研磨样品与所使用的研磨罐和研磨球材质相匹配。

d. 球磨机正式工作前的检查：确认变频器工作正常后，盖上球磨机保护罩，安全开关被接通，按运行命令键 RUN，运行指示灯亮，球磨机开始试运转；将球磨机转速调到最高额定速度并运转一段时间，确认球磨机运转声音平稳正常。

图 5-9　行星式球磨机

e. 在确认变频器和球磨机一切正常后，将装有磨料、磨球的球磨罐装上球磨机，盖上保护罩，再按照正常操作步骤操作，进行研磨工作。

f. 当研磨介质溢出磨罐槽时，说明使用转速偏高，应降速。开始操作时，转速可高一些；一段时间后转速可降低一些，提高球磨效率。

g. 球磨机正常运转中突然出现异响，应立即关机，检查球磨是否松动，打紧螺栓后重新启动球磨机。

h. 球磨机正常运行中球磨异常（振动、金属摩擦声、异味等）、球磨声突然减轻或消失时，立即关机并拔掉电源线，检修。

i. 实验完毕，关闭电源开关，做好记录并整理实验室。

⑥ 离心机。离心机是利用离心力，分离液体与固体颗粒或液体与液体的混合物中各组分的机械。它主要用于将悬浮液中的固体颗粒与液体分开，或将乳浊液中两种密度不同，又互不相溶的液体分开（例如从牛奶中分离出奶油）；也可用于排除湿固体中的液体，例如用洗衣机甩干湿衣服；特殊的超速管式分离机还可分离不同密度的气体混合物；利用不同密度或粒度的固体颗粒在液体中沉降速度不同的特点，有的沉降离心机还可对固体颗粒按密度或粒度进行分级。图 5-10 所示为冷冻离心机，在实验室的样品分离和制备工作中是必不可少的工具。

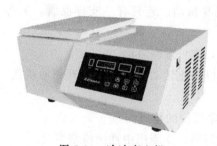

图 5-10　冷冻离心机

离心机一般操作步骤：

a. 使用各种离心机时，必须事先在天平上精密地平衡离心管和其内容物；平衡时质量之差不得超过各个离心机说明书上所规定的范围，每个离心机不同的转头有各自的允许差值；转头中绝对不能装载单数的管子，当转头只是部分装载时，管子必须互相对称地放在转头中，以便使负载均匀地分布在转头的周围。

b. 要在低于室温的温度下离心时，转头在使用前应放置在冰箱或置于离心机的转头室内预冷。

c. 离心过程中不得随意离开，应随时观察离心机上的仪表是否正常工作，如有异常的声音应立即停机检查，及时排除故障。

d. 每个转头各有其最高允许转速和使用累积限时，使用转头时要查阅说明书，不得过速使用。每一转头都要有一份使用档案，记录累积的使用时间，若超过了该转头的最高使用限时，则须按规定降速使用。

e. 装载溶液时，要根据各种离心机的具体操作说明进行。根据待离心液体的性质及体积选用合适的离心管，有的离心管无盖，液体不得装得过多，以防离心时甩出，造成转头不平衡、生锈或被腐蚀，而制备性超速离心机的离心管，则常常要求必须将液体装满，以免离心时塑料离心管的上部凹陷变形。每次使用后，必须仔细检查转头，及时清洗、擦干；转头是离心机中须重点保护的部件，搬动时要小心，不能碰撞，避免造成伤痕；转头长时间不用时，要涂上一层上光蜡保护；严禁使用显著变形、损伤或老化的离心管。

离心机安全使用注意事项：

实验室常用的电动离心机转动速度快，特别要防止：在离心机运转期间，不平衡或试管垫老化而使离心机边工作边移动，以致从实验台上掉下来；或因盖子未盖，离心管因振动而破裂后，玻璃碎片旋转飞出，造成事故。因此使用离心机时，必须注意以下操作。

a. 离心机套管底部要垫棉花或试管垫。

b. 电动离心机如有噪声或机身振动，应立即切断电源，及时排除故障。

c. 离心管必须对称放入套管中，防止机身振动。若只有一支样品管，另外一支要用等质量的水代替。

d. 启动离心机时，在盖上离心机顶盖后，方可慢慢启动。

e. 分离结束后，先关闭离心机，在离心机停止转动后，方可打开离心机盖，取出样品，不可用外力强制其停止运动。

f. 严禁离心具有爆炸性或易发生剧烈化学反应的物质。

g. 当心腐蚀性的化学品，如果离心腔被污染，立刻用中性清洗液清洗。

h. 离心机运行时严禁敲打或移动。

⑦ 真空泵。实验室中的很多教学科研实验都需要在真空条件下进行，真空机组（图 5-11）是常用的实验设备之一。真空泵是获得真空的主要设备，针对不同的真空实验要求，要使用不同的真空泵或真空机组。所以，真空泵和真空机组又往往是作为其他大型精密科学实验装置的一个基本组成部分而存在。真空泵

的工作压强应该满足真空设备的极限真空及工作压强要求。如：真空镀膜要求 1×10^{-5} mmHg（1mmHg=133.3224Pa）的真空度，选用的真空泵的真空度至少要达到 5×10^{-6} mmHg。通常选择泵的真空度要高于真空设备真空度半个到一个数量级。更多的真空科学实验装置通常要求真空度越高越好。

真空机组要满足科学实验装置（图5-12）的要求，通常都要采用两级串联方式才能获得高真空。前级泵都是采用旋片式真空泵抽到低真空（$10^{-5}\sim10^{-6}$ mmHg），再通过分子泵或扩散泵抽到高真空（$10^{-8}\sim10^{-9}$ mmHg）。

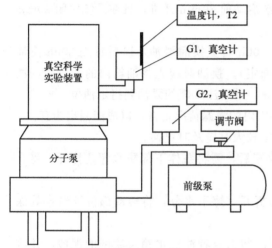

图 5-11 真空机组示意图　　图 5-12 真空机组在科学实验装置中的应用

旋片式真空泵安全操作规程：

a. 检查真空泵管路及结合处有无松动现象。用手转动真空泵带轮，试看真空泵转动是否灵活。检查泵的操作环境，避免异物、杂物落在泵上。

b. 开机前检查油位、油质是否达到启动要求，若泵油不够则需添加，并确定在正常油位，润滑油应及时更换或补充。注意：油箱内绝对不能混有不同牌号的真空泵油。为防止因返油与反转而喷油，应先开启泵口，按规定转向把泵内存油用手盘到油箱中。同时查看油位，应在油标中心以上，但不要满油标，多了要放出。

c. 真空室内过滤网应完整，集水室通向真空泵的回水管上的旋塞开启应灵活，指示仪表应正确，进出水管应按出厂说明书要求连接。打开冷却水开关，检查冷却水回路，运行正常。

d. 点动电机，试看电机转向是否正确。

e. 启动电机，系统启动 15min 后查看排气压力，检查排气口无喷油现象。

当真空泵正常运转后，打开出口压力表和进口真空表，视其显示适当压力后，逐渐打开闸阀，同时检查电机符合情况。

f. 尽量控制真空泵的流量在标牌上注明的范围内，以保证真空泵在最高效率点运转，才能获得最大的节能效果。

g. 注意启动及运转声响和温升情况。真空泵在运行过程中，轴承温度不能超过环境温度35℃，最高温度不得超过80℃。

h. 如发现真空泵有异常声音，应立即停车检查原因。

i. 真空泵要停止使用时，先关闭闸阀、压力表，然后停止电机。在操作介质含有适量水分的情况下，泵要在系统启动前30min开机，且在系统关闭30min后停机。

j. 真空泵工作第一个月内，工作100h后更换润滑油，以后每隔500h换油一次（视操作介质、工作环境等因素而定）。换油时应先将油箱内的油放完，注入少量新油，开机半分钟后再将油放完，最后注入新的泵油到指定油位。

k. 经常调整填料压盖，保证填料室内的滴漏情况正常，以成滴漏出为宜。

l. 定期检查轴套的磨损情况，磨损较大时应及时更换。

m. 真空泵在寒冬季节使用时，停车后，需将泵体下部防水螺塞拧开，将介质放净，防止冻裂。

n. 真空泵长期停用，需将泵全部拆开，擦干水分，将转动部位及结合处涂以油脂装好，妥善保管。

o. 工作结束后，要记住关闭循环冷却水或者冲洗水箱及滤网的泥沙，并应放尽水箱内存水。

p. 冬季工作结束或存放不用时，应把真空泵内的冷却水放尽。

分子泵安全操作注意事项：

分子泵的安全操作大都与科学实验装置密切相关，并在科学实验装置的使用说明书里有详细的说明和要求，所以，在使用前必须认真阅读其使用说明书，并严格按照其技术要求操作。通常情况下，基本操作原则和要求如下。

a. 分子泵的气路接口的快接法兰的螺杆应朝上，以防松弛造成漏气。

b. 在大气状态下不能开启分子泵，必须在气压低于10Pa时才能打开其相应的高真空阀门，开启分子泵。

c. 分子泵必须与其专用的电源配套，同时具有良好的接地；分子泵及其配套电源的维修必须由专业人员进行；湿手不能操作开关；不能带电接触电源后面板的接线及端子。否则可能发生产品损坏、人员受伤、触电或干扰。

d. 分子泵电源必须断开15min以上，才能对其进行检查或接线。

e. 分子泵的日常维护：必须在分子泵已停止转动、电源已断开、泵内气压已经与大气平衡后方可进行换油、查水等操作。

f. 经常检查分子泵油量，应处于油标上下限之间，不得低于油标下限，以保证轴承的良好润滑。油标为红色标志线。

g. 正常抽空过程中须经常检查分子泵温度，听是否有异常振动和声音。

h. 当工作室的真空度始终抽不到位时，应检查旋片泵的电磁阀工作是否正常。

i. 在开分子泵前必须打开冷却水阀；在分子泵的叶轮停止运转后，必须及时关闭冷却水。

j. 每次停机后，务必清洁各分子泵的进气口处，使其保持干净，以避免不必要的损坏。

k. 当出现循环水报警信息时，应检查冷却水路是否通畅，确保水路顺畅后，方可再次打开分子泵。而当出现其他报警信号时，严禁再次启动分子泵，待后续处理。

l. 在分子泵出现问题而不能使用时，应暂停生产，手动充大气后，更换备用的分子泵。

m. 当始终达不到分子泵启动条件时，应检查前级泵和电磁阀工作是否正常。当分子泵出现故障时，须根据故障提示作相应处理。

n. 分子泵是高旋转机械，动静片间间隙很小，不能抗过大的冲击，所以在分子泵运转过程中，不得对其进行猛烈冲撞和振动。

o. 分子泵工作 4000h 以上或一年必须换油一次。

p. 分子泵润滑油采用不易裂变的、低饱和蒸气压的专用分子泵润滑油。润滑油应洁净，严禁污物、杂质和尘埃落入。必要时应对润滑油进行过滤。

q. 换润滑油时，油池应清洗干净。第一次使用时，泵工作 1000h 后，润滑油即应更换；正常工作后，每工作 4000h 即应更换，即使工作时间不足 4000h，一年内也至少更换一次。如果泵经常烘烤，或大负载工作，或抽除侵蚀性气体，润滑油充注及更新时间间隔应缩短。

r. 泵污染的标志是即使漏气和脱附气率没有长时间变化，甚至长时间烘烤也不能恢复其真空性能，这时应对泵进行清洗。清洗需由专业技术人员处理，严禁不经培训而私自拆泵。

真空机组安全操作基本原则：

a. 严格按照所用科学实验装置使用说明书给出的具体要求和规程操作，不能擅自改动。

b. 电源和阀门的开启顺序应是先开低真空系统后开高真空系统，并随时监测气压，达不到高真空开启条件时不得开启高真空系统，且高真空阀门开启要缓慢、平稳。

c. 电源和阀门的关闭顺序与上一条刚好反过来，要先关高真空系统后关低真空系统。

d. 真空系统使用结束或平时不用时，都要封闭真空腔，并将其抽成真空，关闭所有真空阀，最后才能关真空机组，使所用科学实验装置的真空腔始终处于真空状态。

e. 不同的科学实验装置对真空系统的使用还有自己的特殊要求，具体应用时要特别注意。

5.2.3 搬运装置使用安全

在科研、生产工作过程中，搬运是必不可少的一项活动。在仪器设备、物品，特别是危险化学品的搬运装卸过程中容易发生伤害，为了减少和避免伤害事故的发生，就须熟知相应的安全知识，规范自己的操作，确保人身和设备安全。

通常，按照搬运方式一般可分为人力装卸搬运和机械装卸搬运两种。

人力装卸搬运作业中的危险因素主要有：

① 单人搬运装卸的物体抓握不牢从手中滑落，发生砸伤事故；

② 单人搬运较重物体时用力过猛，发生扭伤事故；

③ 多人抬运物体时行动不统一，导致物体滑落，发生砸伤事故；

④ 搬运物体时由于路面湿滑或路面有障碍物，出现滑倒、绊倒，发生摔伤、砸伤事故等。

装卸搬运工作中的危险因素，主要针对叉车、地牛、手推车以及起重机装卸。

叉车是工业搬运车辆，是指对成件托盘货物进行装卸、堆垛和短距离运输作业的各种轮式搬运车辆。ISO/TC110（国际标准化组织工业车辆技术委员会）称之为工业车辆。它常用于仓储大型物件的运输，通常使用燃油机或者电池驱动。

叉车的技术参数是用来表明叉车的结构特征和工作性能的。主要技术参数有：额定起重量、载荷中心距、最大起升高度、门架倾角、最大行驶速度、最小转弯半径、最小离地间隙以及轴距、轮距等。

（1）半自动叉车（图5-13）

① 操作者必须熟悉设备的一般结构及性能，严禁超性能使用设备。

② 使用前检查各控制和驱动装置、操作手柄、踏板、轮子及紧固件，如发现损坏或有缺陷，应在修理后操作；无法修理的应报废，不得使用。

图5-13 叉车

③ 车辆安全装置必须齐全完好，各部件灵敏有效。

④ 搬运时货叉须全部插入货物下面，并使货物均匀地放在货叉上，不允许用单个叉尖挑物。

⑤ 不准人站在货叉下或在货叉下行走。

⑥ 起重前必须了解货物的重量，货重不得超过叉车的额定起重量。

⑦ 起重包装货物时应注意检查货物包装是否牢固，不要搬运未固定或松散堆垛的货物，小心搬运尺寸较大的货物。

⑧ 根据货物大小尺寸，调整货叉间距，使货物均匀分布在两叉之间，避免偏载；货物装入货叉后，尽可能将货物降低，然后方可行驶。启动时保持适当的启动速度，不应过猛。

⑨ 车辆运行中，车速控制在 5～10km/h，严禁高速行车，转弯时应减速，以保证安全。切勿在行驶过程中紧急制动、紧急转弯。

⑩ 在使用时，必须注意通道及环境，行驶时应注意行人，避免撞到他人、设备或其他物品。

⑪ 保持标准行驶状态，货叉离地行驶时货叉离地 10～20cm，停止时降至地面。行驶在较差道路情况下作业时，其载重要适当减轻，并应降低行驶速度。

⑫ 驾驶人员离车时，将货叉下降着地，车底固定轮锁好。

⑬ 升降货物时一般应在竖直位置进行；在进行人工装卸时，必须用车底固定轮锁定制动，使货叉稳定。

⑭ 车辆的行走与提升不允许同时操作。

(2) 地牛（手动液压托盘车）（图 5-14）

① 作业前，应检查液压缸有无泄漏、滑轮装置是否有效。

② 在装载时，严禁超载/偏载（单叉作业）使用，所载物品重量必须在搬运车允许负载范围内。

③ 不允许重载长期静置停放物品。

④ 严禁将货物从高处落到地牛上。

图 5-14 地牛

⑤ 地牛必须完全放入货架下面，将货物叉起，保持货物的平稳后才能进行拉运动作。

⑥ 禁止装载不稳定的松散包装的货物。

⑦ 在搬运过程中将货叉放到尽量低的位置，以免货物摔落。

⑧ 下降货叉时，严禁将手和脚伸到货叉下面。

⑨ 操作时严禁速度过快（不超过 3km/h，成年人正常行走速度为 5km/h），

转弯时减速。

⑩ 在斜坡上使用时，操作者不得站在地牛正前方，避免地牛失控因速度过快撞人。

⑪ 严禁载人或在滑坡上自由下滑。

⑫ 地牛的载重量不得超过其额定的最大载重量（一般为2～3t）。

⑬ 在使用时，必须注意通道及环境，避免撞到他人、设备和其他物品。

⑭ 不用时，必须空载降低货叉到最低位置，且存放在规定的地方，禁止堵塞安全通道。

⑮ 损坏的地牛必须进行维修或报废，不得再继续使用。

⑯ 操作者视线受阻时严禁作业。

(3) 手推车（图5-15）

① 作业前，应检查车胎气压是否正常、车轴等转动部件是否灵活、扶手是否完好，发现问题及时修理。

② 装载货物时，应有人负责稳住手推车扶手，防止车辆翘头，货物滑落。

③ 货物重量不得超过板车车胎的额定负荷，车胎不得暴晒，防止车胎爆胎。

④ 货物必须在车辆上摆放平衡，较大或散装物件要选用合适的绳索捆扎牢固，应有专人监护。

图5-15 手推车

⑤ 运输货物时，车身应保持平衡，货物伸出车身部分不得拖地。

⑥ 货物装载高度应符合各部品限位高度的要求，码放禁止超高，禁止超过操作者视线。

⑦ 操作时严禁速度过快（不超过3km/h，成年人正常行走速度为5km/h），转弯时减速。

⑧ 对于手推车应推动操作，不应拉动操作，拉动易造成脚部磕伤。

⑨ 在使用时，必须注意通道及环境，不能撞到他人、设备和其他物品。

⑩ 损坏的手推车必须进行维修或报废，不得使用。

⑪ 到达目的地后或不使用时，车辆不得随意停放，不得堵塞安全通道。

(4) 起重机械

① 起重机械的结构及工作原理如下。

起重机械由驱动装置、工作机构、取物装置、控制操纵系统和金属结构等组成。

a. 驱动装置。驱动装置是用来驱动工作机构的动力设备。常见的驱动装置有电力驱动、内燃机驱动和人力驱动等形式。电力驱动是现代起重机的主要驱动形式,几乎所有的在有限范围内运行的有轨起重机、升降机等都采用电力驱动。对于可以远距离移动的流动式起重机(如汽车起重机、轮胎起重机和履带起重机)多采用内燃机驱动。人力驱动适用于一些轻小起重设备,也用作某些设备的辅助、备用驱动和意外状态(或事故状态)的临时动力。

b. 工作机构。工作机构包括起升机构、运行机构、变幅机构和旋转机构,被称为起重机的四大机构。

• 起升机构。起升机构是用来实现物料的垂直升降的机构,是任何起重机不可缺少的部分,因而是起重机最主要、最基本的机构。

• 运行机构。运行机构是通过起重机或起重小车运行来实现水平搬运物料的机构,有无轨运行和有轨运行之分,按其驱动方式不同分为自行式和牵引式两种。

• 变幅机构。变幅机构是臂架起重机特有的工作机构。变幅机构通过改变臂架的长度和仰角来改变作业幅度。

• 旋转机构。旋转机构使臂架绕着起重机的垂直轴线做回转运动,在环形空间移动物料。

c. 取物装置。取物装置是通过吊、抓、吸、夹、托或其他方式将物料与起重机联系起来进行物料吊运的装置。防止吊物坠落,保证作业人员的安全和吊物不受损伤是对取物装置安全的基本要求。

d. 金属结构。金属结构是以金属材料轧制的型钢(如角钢、槽钢、工字钢、钢管等)和钢板作为基本构件,通过焊接、铆接、螺栓连接等方法按一定的组成规则连接,承受起重机的自重和载荷的钢结构。金属结构是起重机的重要组成部分,它是整台起重机的骨架,将起重机的机械、电气设备连接组合成一个有机的整体。

e. 控制操纵系统。通过电气、液压系统控制操纵起重机各机构及整机的运动,进行各种起重作业。控制操纵系统包括各种操纵器、显示器及相关线路。

f. 起重机械的安全装置。安全装置对起重机正常工作起安全保护作用。主要有超载限制器、起重力矩限制器、行程限位器、缓冲器等。

• 超载限制器。它防止起重机超负荷作业。在起重作业过程中,当起重过载量超过起重机额定起重量的10%时,超载限制器将起作用,自动切断起升动力源,停止工作,从而起到超载限制的作用。

• 起重力矩限制器。起重力矩限制器就是一种综合起重量和起重机运行幅度两方面因素,以保证起重力矩始终在允许范围内的安全装置。

• 行程限位器。行程限位器是防止起重机驶近轨道末端而发生撞击事故,或两台起重机在同一条轨道上发生碰撞事故,所采用的安全装置。

• 缓冲器。缓冲器是一种吸收起重机与物体相碰时的能量的安全装置，在起重机的制动器和终点开关失灵后起作用。

② 常见起重机械事故如下。

a. 重物坠落。吊具或吊装容器损坏、物件捆绑不牢、挂钩不当、电磁吸盘突然失电、起升装置的零件故障（特别是制动器失灵、钢丝绳断裂）等都会引发重物坠落。

b. 起重机失稳倾翻。起重机失稳有两种类型：一是由于操作不当（例如超载、臂架变幅或旋转过快等）、支腿未找齐或地基沉陷等原因，倾翻力矩增大，导致起重机倾翻；二是由于坡度或风载荷作用，起重机沿路面或轨道滑动，导致脱轨翻倒。

c. 挤压。起重机轨道两侧缺乏良好的安全通道或与建筑结构之间缺少足够的安全距离，使运行或回转的金属结构机体对人员造成夹挤伤害；运行机构的操作失误或制动器失灵引起溜车，造成碾轧伤害等。

d. 高处跌落。人员在离地面大于 2m 的高度进行起重机的安装、拆卸、检查、维修或操作等作业时，从高处跌落造成跌落伤害。

e. 触电。起重机在输电线附近作业时其任何组成部分或吊物与高压带电体距离过近，感应带电或触碰带电物体，都可能引发触电伤害。

f. 其他伤害。其他伤害是指：人体与运动零部件接触引起的绞、碾、戳等伤害；液压起重机的液压元件破坏造成高压液体的喷射伤害、飞出物件的打击伤害；装卸高温液体金属、易燃易爆有毒腐蚀等危险品时由于坠落或包装捆绑不牢而破损引起的伤害等。

5.3　电梯的使用安全

(1) 电梯的基本构造

电梯并非独立的整体设备，它是由机械部分、电气系统和安全保护装置共同组成的一个机电组合体。

电梯机械部分由曳引系统、导向系统、轿厢与重量平衡系统及门系统四部分组成。曳引系统输出和传递动力，导向系统保证轿厢和对重在井道沿着固定滑道运行，轿厢系统承受重量拉人载物。门系统实现轿门、厅门（层门）的自动开关。

电梯的电气系统主要是电梯的控制系统，实现对电梯的有效控制，使其按照人们的意图进行运行和变速，做到电梯的平稳运行。

电梯的安全装置主要是保护电梯运行安全的。

为保证电梯的安全性，除了在结构的合理性、电气控制和拖动的可靠性方面充分考虑外，还针对各种可能发生的危险设置了专门的安全装置，以防止电梯可能发生的挤压、撞击、剪切、坠落、电击等潜在危险。

电梯的安全保护装置包括限速器、安全钳、缓冲器、门锁等各种保护开关。限速器是在电梯轿厢的运行速度达到限定值时，发出电信号并产生机械动作切断控制电路并迫使安全钳动作的安全装置。安全钳是由限速器作用而引起动作，迫使轿厢或对重装置滞停在导轨上，同时切断控制回路的安全装置。缓冲器是用来吸收轿厢动能的一种弹性缓冲安全装置。门锁系统用于防止厅、轿门不正常开关造成的伤害事故。

（2）常见电梯事故

① 困人事故。在电梯发生的意外事故中，困人是最常见的一种。电梯困人对乘客其实没有什么危险，因为轿厢内有良好的通风，有求救警铃或者电话，有应急照明。只要乘客放松心情，保持冷静，采取正当措施，就不会受到伤害。只要维修人员正确操作，及时解困，就不会发生人身伤害事故。在现实中常因为乘客被困而未能得到及时解救或救援人员施救方法不当，才引发人身伤害事故。

② 人身伤害事故：

a. 坠落。比如因层门未关闭或从外面将层门打开，轿厢又不在此层，造成受害人失足从层门坠入井道。

b. 剪切。比如当乘客踏入或踏出轿门瞬间，轿厢突然启动，使受害人在轿门与层门之间的上下门槛处受到剪切伤害。

c. 挤压。常见的挤压事故：一是受害人被挤压在轿厢围板与井道壁之间；二是受害人被挤压在底坑的缓冲器上，或是人的肢体部分（比如手）被挤压在转动的轮槽中。

d. 撞击。常发生在轿厢冲顶或蹲底时，使受害人身体撞击到建筑物或电梯部件上。

e. 触电。受害人的身体接触到控制柜的带电部分或施工过程中人体触及设备的带电部分及漏电设备的金属外壳。

f. 烧伤。一般发生在火灾事故中，受害人被火烧伤。

（3）电梯的乘坐安全

① 禁止携带易燃、易爆或带腐蚀性的危险品乘坐电梯。

② 勿在轿门和层门之间逗留；严禁倚靠在电梯的轿门或层门上；严禁撞击、踢打、撬动或以其他方式企图打开电梯的轿门和层门。

③ 在电梯开关门时不要直接用手或身体阻碍门的运动，这样可能导致撞击的危险。正确的方法是按压与轿厢运行方向一致的层站召唤按钮或轿厢操纵箱开

门按钮。

④ 发生火警时，切勿搭乘电梯。

⑤ 进入电梯前一定要看清脚下是否为真实的地板，防止发生高空坠落事故。

⑥ 离开电梯时一定要确保电梯正常停靠在平层位置上。乘客被困在轿厢内时，严禁强行扒开轿门以防发生人身剪切或坠落伤亡事故。

⑦ 电梯因停电故障等原因发生乘客被困在轿厢内的事故时，乘客应保持镇静，及时与电梯管理人员取得联络。

⑧ 乘客发现电梯运行异常时，应立即停止乘用并及时通知维保人员前来检查修理。

⑨ 乘坐客梯时注意载荷，如发生超载，应自动减员以免因超载而发生危险。

⑩ 当电梯门快要关上时不要强行冲进电梯；不要背靠厅、轿门站立，以防门打开时摔倒，并且不要退步出电梯。

⑪ 七岁以下儿童、精神病患者及其他无民事行为能力者搭乘电梯时，应当有健康成年人陪同。

⑫ 注意电梯安全警示，文明乘坐电梯。

5.4　压力容器使用安全

压力容器的用途十分广泛，在石油化工、能源、科研和军工等各部门都起着重要作用。高校实验室内常用到的压力容器主要有高压反应釜、多功能气氛压力烧结炉、热等静压烧结炉、高温自蔓延反应炉以及各种压力储罐等。由于密封、承压及介质等因素，压力容器一旦遭遇温度升高或机械撞击等意外，内部压力超过容器能够承受的压力极限，易发生爆炸、燃烧等危及人员、设备、财产的安全及污染环境的事故，所以实验室中压力容器的使用安全历来是实验室安全防范工作最重要的部分之一。

这里所说的压力容器，主要是指那些容易发生事故，而且事故的危害性较大，须由专门机构进行监督，并按规定的技术管理规范进行制造和使用的压力容器。

我国规定，同时具备以下三个条件的容器才属于《压力容器安全技术监察规程》的管制范围：

① 最高工作压力大于或等于 0.1MPa（不包括液体静压力，以下同）；

② 内直径（对于非圆形截面指其最大尺寸）不小于 0.15m，且容积大于或等于 0.025m³；

③ 盛装介质为气体、液化气体或最高工作温度高于或等于标准沸点的液体。

目前,压力容器按照压力大小可以分为:

低压容器(代号 L):$0.1\text{MPa} \leqslant p < 1.6\text{MPa}$;

中压容器(代号 M):$1.6\text{MPa} \leqslant p < 10\text{MPa}$;

高压容器(代号 H):$10\text{MPa} \leqslant p < 100\text{MPa}$;

超高压容器(代号 U):$p \geqslant 100\text{MPa}$。

按照实际应用可以分为:

反应压力容器(R):用于完成介质物理、化学反应,如反应釜、合成塔等;

换热压力容器(E):用于完成介质的热量交换,如余热锅炉、热交换器等;

分离压力容器(S):用于完成介质的流体压力平衡缓冲和气体净化分离,如分离器、过滤器等;

储存用压力容器(C,其中球罐代号为B):用于储存气体、液体、液化气体等介质。

按照安全技术管理分类:我国《压力容器安全技术监察规程》根据压力容器的压力高低、介质的危害程度以及在生产中的作用大小,将压力容器分为三类,以利于安全技术监督和管理。第一类:普通低压容器;第二类:中压容器,盛装易燃、有毒介质的低压容器和高温使用的低压容器;第三类:高压容器,毒性极度或高度危害的中压容器、$PV \geqslant 0.2\text{MPa} \cdot \text{m}^3$ 的低压容器、毒性中等且 $PV \geqslant 0.5\text{MPa} \cdot \text{m}^3$ 的中压容器、$PV \geqslant 10\text{MPa} \cdot \text{m}^3$ 的中压贮存容器,其中,P 代表压力,V 代表体积。

5.4.1 压力容器的安全附件

压力容器的主要安全附件有安全阀、爆破片、压力表等。

(1)安全阀

安全阀(图 5-16)是压力容器上最常用的安全泄压装置,它通过阀的自动开启排出介质来降低容器内的过高压力。

其优点是:只排出压力容器内高于规定值的部分压力,当容器内的压力降到正常压力值时则自动关闭,使压力容器和安全阀重新工作,从而不会使压力容器一旦超压就得把全部介质排出而造成浪费和生产中断;安全阀的结构特点使其安装和调整比较容易。

它的缺点是:密封性较差,即使比较好的安全阀在其正常工作的工作压力作用下也难免会发生轻微的泄漏;

图 5-16 安全阀

由于弹簧等惯性作用，阀门的开启有滞后现象，因而泄压反应较慢；当介质不洁净时，阀芯和阀座会粘连，使安全阀达到开启压力而打不开或使安全阀不严密，没达到开启压力就已泄漏。同时，安全阀对压力容器的介质有选择性，它适用于比较洁净的介质，如空气、水蒸气、水等，不宜用于有毒性介质，更不适用于可能发生剧烈反应而使容器内压力急剧上升的介质。

对安全阀有以下要求：

① 安全阀应选用经省级以上（含省级）安全监察机构批准的企业的合格产品。

② 安全阀的选用必须符合压力容器的设计需要。

③ 对易燃介质或毒性程度为极度、高度或中度危害的介质的压力容器，应在安全阀的排出口装设导管，将排放介质引到安全地点，并进行妥善处理，不得直接排入大气。

（2）爆破片

爆破片又称防爆膜、防爆片，是一种断裂型的泄压装置，如图 5-17 所示。利用膜片的断裂来泄压，泄压后爆破片不能继续有效使用，压力容器也被迫停止运行。

图 5-17　爆破片

爆破片适用于安全阀不可靠的浆状、有黏性、腐蚀性工艺介质中。另外，爆破片惯性小，可对急剧升高的压力迅速做出反应；在发生火灾或其他意外时，在主泄压装置打开后，可用爆破片作为附加泄压装置，严密无泄漏，适用于盛装昂贵或有毒介质的压力容器；便于维护、更换。

其局限性主要表现在：

① 当爆破片爆破时，工艺介质损失较大，所以常与安全阀串联使用以减少工艺介质的损失。

② 不宜用于经常超压的场合。

③ 爆破特性受温度及腐蚀介质的影响。

（3）压力表

压力表（图 5-18）是一种测量压力大小的仪表，可用来测量容器内的实际压力值。操作人员可以根据压力表指示的压力对容器进行操作，将压力控制在允许的范围内。

选用压力表时压力表必须与压力容器内

图 5-18　压力表

的介质相适应。低压容器使用的压力表的精度不得低于 2.5 级；中压及高压容器使用的压力表的精度不得低于 1.5 级；压力表刻度极限值应为最高工作压力的 1.5～3.0 倍，表盘直径不应小于 100mm。

5.4.2 气瓶

气瓶是一种专用于运输气体的贮装容器。广义上来讲，它包括不同压力、不同容积、不同结构形式和不同材料的，用以贮运永久性气体、液化气体和溶解气体的一次性或可重复充气的移动式压力容器。《气瓶安全技术监察规程》（TSG R0006—2014）中对气瓶的定义是指在正常环境下（-40～60℃）使用的、公称容积为 0.4～3000L、公称工作压力为 0.2～35MPa（表压）且压力与容积的乘积大于或者等于 1MPa·L，盛装压缩气体、高（低）压液化气体、低温液化气体、溶解气体、吸附气体、标准沸点等于或者低于 60℃ 的液体以及混合气体（两种或者两种以上气体）的无缝气瓶、焊接气瓶、焊接绝热气瓶、缠绕气瓶、内部装有填料的气瓶以及气瓶附件。

由于气瓶的内压很大（有的高达 15MPa），而且有些气体易燃或有毒，所以在使用气瓶时要特别注意安全。

(1) 气瓶盛装气体的分类

瓶装气体分为单一气体、混合气体和特种气体三大类。

① 单一气体，指瓶内仅充装一种气体，又常被称为工业纯气。单一气体又可再分为永久性气体、液化气体和溶解气体三类。

a. 永久性气体。永久性气体是指临界温度小于 -10℃ 的气体。这类气体在气瓶使用温度范围内，在充装、储运、使用过程中，不发生气、液相变，总是呈现气态。

b. 液化气体。液化气体是指临界温度大于或等于 -10℃ 的气体。液化气体又可再细分为高压液化气体和低压液化气体两种。

• 高压液化气体。高压液化气体是指临界温度大于或等于 -10℃，且小于 70℃ 的气体。高压液化气体在充装时为液态，在允许的工作温度下储存和使用时，气体在瓶内的状态会随着环境状态的变化而变化，即低于或等于临界温度时，瓶内的介质为气、液两态共存，高于临界温度时为气态。

• 低压液化气体。低压液化气体的临界温度大于 70℃，在气体充装、储运和使用过程中，瓶内气体均为气、液两相共存状态（主要是液态），液体的密度会随温度而变化。

c. 溶解气体。在一定的压力下，溶解于气瓶内的溶剂中的气体称为溶解气体。目前我国的溶解气体只有一种，即溶解乙炔。

乙炔的临界温度为 36.3℃，其三相点压力较低，仅为 0.13MPa，常温下极易液化。由于加压的乙炔的热力学性质很不稳定，极易发生分解和聚合反应。若像永久气体或液化气体那样装瓶，稍给能量，如过分振动撞击，即会发生爆炸。因此，必须将气态乙炔溶解于气瓶内的溶剂中。另外，乙炔瓶内还应充填有硅酸钙质的多孔材料，乙炔实际上是溶解在多孔材料内的溶剂（常见为丙酮）中。据此，使乙炔稳定，从而达到安全充装、储运、使用的目的。

② 混合气体。混合气体包括自然合成和人工配制的混合气（二元或多元混合气）。其中：含可燃气体组分在 2%（体积分数或质量分数）以上者为可燃性混合气；含自燃性气体组分在 0.5%（体积分数或质量分数）以上者为自燃性混合气；含剧毒气组分在 0.5%（体积分数）以上者为剧毒性混合气；含腐蚀性气体组分时，不论其浓度多少，均视为腐蚀性混合气。

③ 特种气体。特种气体是指满足特种需要的气体，包括单一气体和混合气体。

高校实验室涉及 N_2、O_2、H_2、Ar、Ne、CH_4、Kr、SF、SF_6、F（5%）、4.55%NO+N、CO、CO_2、SO_2 等种类繁多的气体，这些很多是危险气体。因此，实验室的防爆、防漏、防燃非常重要，一旦出现事故，损失惨重。

(2) 气瓶的结构及附件

气瓶因储存、盛装物质不同而具有不同结构，一般有瓶体、胶圈、瓶箍、瓶帽等部件。其中，瓶帽是瓶阀的防护装置，它可避免气瓶在搬运过程中因碰撞而损坏瓶阀，保护出气口螺纹不被损坏，防止灰尘、水分或油脂等杂物落入阀内。其要求：有良好的抗撞击性；不得用灰口铸铁制造；无特殊要求的，应配固定式瓶帽，同一工厂制造的同一规格的固定式瓶帽，重量允差不超过 5%。

瓶阀的作用是控制气体的进出，一般是用黄铜或钢制造。为有效地防止可燃气体与非可燃气体的错装，一般充装可燃气体的钢瓶的瓶阀，其出气口螺纹为左旋；盛装助燃气体的气瓶，其出气口螺纹为右旋。另外，对瓶阀有以下要求：

① 瓶阀材料应符合相应标准的规定，所用材料既不与瓶内盛装气体发生化学反应，也不影响气体的质量。

② 瓶阀上与气瓶连接的螺纹，必须与瓶口内螺纹匹配，并符合相应标准的规定。瓶阀出气口的结构，应能有效地防止气体错装、错用。

③ 氧气和强氧化性气体气瓶的瓶阀密封材料，必须采用无油的阻燃材料。

④ 液化石油气瓶阀的手轮材料，应具有阻燃性能。

⑤ 瓶阀阀体上如装有爆破片，其公称爆破压力应为气瓶的水压试验压力。

⑥ 同一规格、型号的瓶阀，重量允差不超过 5%。

⑦ 非重复充装瓶阀必须采用不可拆卸方式与非重复充装气瓶装配。

⑧ 瓶阀出厂时，应逐只出具合格证。

为了防止气瓶在遇到火灾等高温情况时瓶内气体受热膨胀而发生破裂爆炸，气瓶一般装有安全泄压装置。常见的泄压附件有爆破片和易熔塞：爆破片装在瓶阀上；易熔塞一般装在低压气瓶的瓶肩上。在此，需要注意的是：

① 剧毒介质气瓶禁止装设安全泄压装置；
② 液化石油气瓶一般不设安全泄压装置；
③ 其他气瓶均应设置相应的安全泄压装置；
④ 永久气体的爆破片可以装配在瓶阀上。

同时，为了方便辨别气瓶内的介质和瓶内气体的性质，避免错装和错用，常在气瓶外表喷涂颜色标记（瓶色、字样、字色和色环）。另外，气瓶有制造钢印标记和检验钢印标记，以识别气瓶，见图 5-19。国内常用的气瓶颜色标记见表 5-4（GB/T 7144—2016《气瓶颜色标志》）。

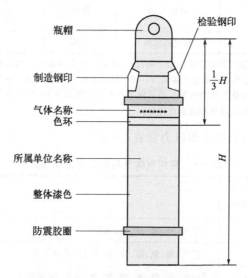

图 5-19 气体钢瓶及颜色喷涂位置

表 5-4 实验室常用气瓶的颜色标志

气体	气瓶颜色	字样	字色	色环
氧气	淡蓝	氧	黑	$p=20$,白色环一道 $p=30$,白色环二道
氢气	淡绿	氢	大红	$p=20$,淡黄色环一道 $p=30$,淡黄色环二道
氮气	黑	氮	淡黄	$p=20$,白色环一道 $p=30$,白色环二道
氩气	银灰	氩	深绿	$p=20$,白色环一道 $p=30$,白色环二道

续表

气体	气瓶颜色	字样	字色	色环
乙炔	白	乙炔不可近火	大红	
氮气	淡黄	液氮	黑	
氯气	深绿	液氯	白	
氟	白	氟	黑	
二氧化碳	铝白	液化二氧化碳	黑	$p=20$,黑色环一道
甲烷	棕	甲烷	白	$p=20$,淡黄色环一道 $p=30$,淡黄色环二道
丙烷	棕	液化丙烷	白	
乙烯	棕	液化乙烯	淡黄	$p=15$,白色环一道 $p=20$,白色环二道
硫化氢	白	液化硫化氢	大红	

注：表内的 p 代表气瓶的公称工作压力（单位：MPa），对于盛装永久气体的气瓶，系指在基准温度（一般为20℃）时，所盛装气体的限定充装压力；对于盛装液化气体的气瓶，系指温度为60℃时瓶内气体压力的上限值。盛装高压液化气体的气瓶，其公称工作压力不得小于8MPa。盛装有毒和剧毒危害的液化气体的气瓶，其公称工作压力的选用应适当提高。

常用气体气瓶的公称工作压力如表 5-5 所示。

表 5-5 常用气体气瓶的公称工作压力

气体类别	公称工作压力/MPa	常用气体
压缩气体 $T_c^①\leqslant-50℃$	35	空气、氢、氮、氩、氖、氦等
	30	空气、氧、氢、氮、氩、氖、氦、甲烷、天然气等
	20	空气、氧、氢、氮、氩、氖、氦、甲烷、天然气等
	15	空气、氧、氢、氮、氩、氖、氦、甲烷、煤气、氟、二氟化氧、一氧化碳、一氧化氮、氘(重氢)、氚等
高压液化气体 $-50℃\leqslant$ $T_c\leqslant-65℃$	20	二氧化碳(碳酸气)、乙烷、乙烯
	15	二氧化碳(碳酸气)、一氧化二氮(笑气、氧化亚氮)、乙烷、乙烯、硅烷(四氢化硅)、磷烷(磷化氢)、乙硼烷等
	12.5	氙、一氧化二氮(笑气、氧化亚氮)、六氟化硫、氯化氢、乙烷、三氯氟甲烷(R-13)、三氟甲烷(R-23)、六氟乙烷(R-116)、1,1-二氟乙烯(偏二氟乙烯)(R-1132a)、氟乙烯(R-1141)、三氟化氮等
	8	六氟化硫、三氯氟甲烷(R-13)、1,1-二氟乙烯(偏二氟乙烯)(R-1132a)、六氟乙烷(R-116)、氟乙烯(R-1141)、三氟溴甲烷(R-13B1)等

续表

气体类别	公称工作压力/MPa	常用气体
低压液化气体及混合气体 $T_c > 65℃$	5	溴化氢、硫化氢、碳酰二氯(光气)、硫酰氟等
	4	二氟甲烷(R-32)、五氟乙烷(R-125)、溴三氟甲烷(R-13B1)、R-410A
	3	氨、二氟氯甲烷(R-22)、1,1,1-三氟乙烷(R-143a)、R-407c、R-404A、R-507A 等
	2.5	丙烯
	2.2	丙烷
	2.1	液化石油气
	2	氯、二氧化硫、氟化氢(无水氢腐蚀)、环丙烷、六氟丙烯、偏二氟乙烷(R-152a)、氯三氟乙烯(R-1113)、氯甲烷(甲基氯)、二甲醚、二氧化氮、溴甲烷(甲基溴)、1,1,1,2-四氟乙烷(R-134a)、七氟丙烷(R-227e)、2,3,3,3-四氟丙烯(R-1234yf)、R-406A、R-401A 等
	1.6	二甲醚
	1	正丁烷、异丁烷、异丁烯、1-丁烯、1,3-丁二烯、一氟二氯甲烷(R-21)、四氟二氯乙烷(R-114)、二氟氯乙烷(R-142b)、二氟溴氯甲烷(R-12B1)、氯乙烷、氯乙烯、溴乙烯、甲胺、二甲胺、三甲胺、乙胺、乙烯基甲醚、环氧乙烷、八氟环丁烷(R-C318)、(顺)2-丁烯、(反)2-丁烯、三氯化硼(氯化硼)、甲硫醇(甲硫甲烷)、三氟氯乙烷(R-133a)等
低温液化气体 $T_c \leqslant -50℃$		液化空气、液氩、液氧、液氦、液氮、液氢、液化天然气

① T_c 代表临界温度。

图 5-20 和图 5-21 中标注有钢印标志：制造钢印标记和检验钢印标记。由于气瓶的钢印标记是识别气瓶的依据，钢印标记必须准确、清晰、完整，以永久标

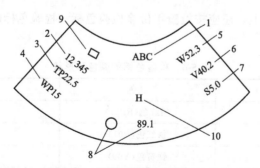

图 5-20 气瓶的制造钢印标记
1—气瓶制造单位代号；2—气瓶编号；3—水压试验压力，MPa；4—公称工作压力，MPa；
5—实际质量；6—实际容积；7—瓶体设计壁厚，mm；8—制造单位检验标记和制造年月；
9—监督检验标志；10—寒冷地区用气瓶标记

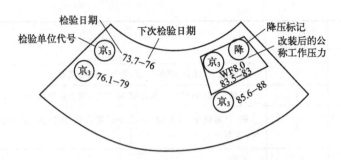

图 5-21 打印在瓶肩上的气瓶检验钢印标记

记的形式打印在瓶肩或不可拆卸附件上。应尽量采用机械方法打印钢印标记。

① 制造钢印标记（图 5-20）是由制造厂用钢印打印在气瓶肩部、筒体、瓶阀护罩上的，标示有关设计、制造、充装、使用、检验等技术参数的印章。

② 检验钢印标记（图 5-21）是由检验单位用钢印打印在气瓶肩部、筒体、瓶阀护罩上或打印在套于瓶阀尾部金属标记环上（图 5-22）的印章。

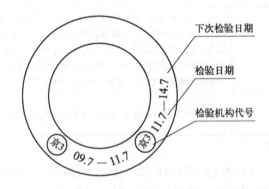

图 5-22 打印在金属检验标记环上的气瓶检验钢印标记

检验钢印标记上，还应按检验年份涂检验色标。检验色标的颜色和形状如表 5-6 所示。

表 5-6 检验色标的颜色和形状

检验年份	颜色	形状
2020	粉红色(RP01)	椭圆形
2021	铁红色(R01)	椭圆形
2022	铁黄色(Y09)	椭圆形
2023	淡紫色(P01)	椭圆形
2024	深绿色(G05)	椭圆形
2025	粉红色(RP01)	矩形

续表

检验年份	颜色	形状
2026	铁红色（R01）	矩形
2027	铁黄色（Y09）	矩形
2028	淡紫色（P01）	矩形
2029	深绿色（G05）	矩形
2030	粉红色（PR01）	椭圆形

注：1. "颜色"一列括号内的符号和数字表示该颜色的代号。
2. 椭圆形的长轴约为 80mm，短轴约为 40mm；矩形尺寸约为 80mm×40mm。
3. 检验色标每 10 年为一个循环周期。

（3）气瓶的验收

① 采购和使用有制造许可证的企业的合格产品或充装气瓶。检查气瓶有无定期检验，有无钢印；不使用超期未检的气瓶；检查气瓶出厂合格证；检查外表是否有清晰可见的外表涂色；检查是否存在腐蚀、变形、磨损、裂纹等严重缺陷；检查气瓶气嘴有无变形、开关有无缺失、附件（防震圈、防护瓶帽、瓶阀、气瓶手轮）是否齐全并符合安全要求。

② 对检查不合格的气瓶不得接收。

③ 气瓶使用单位应指定气瓶现场管理人员，在接收气瓶时以及在气瓶使用过程中定期对气瓶的外表状态进行检查。

④ 对有缺陷的气瓶，应与其他气瓶分开，并及时更换或报废。

（4）气瓶的搬运

① 由掌握气瓶安全知识的专人负责气瓶安全工作。

② 制定事故应急处理措施，配备必要的防护用品。

③ 轻装轻卸，严禁抛、滑、滚、碰。

④ 搬运气瓶时，要旋紧瓶帽，以直立向上的位置来移动，注意轻装轻卸，禁止从瓶帽处提升气瓶。

⑤ 近距离（5m 内）移动气瓶时，应手扶瓶肩转动瓶底，并且要使用手套。移动距离较远时，应使用专用小车搬运，特殊情况下可采用适当的安全方式搬运。

⑥ 禁止用身体搬运高度超过 1.5m 的气瓶到手推车或专用吊篮等里面，可采用手扶瓶肩转动瓶底的滚动方式。

⑦ 卸车时应在气瓶落地点铺上软垫或橡胶皮垫，逐个卸车，严禁溜放。

⑧ 装卸氧气瓶时，工作服、手套和装卸工具、机具上不得沾有油脂。

⑨ 当提升气瓶时，应使用专用吊篮或装物架。不得使用钢丝绳或链条吊索。

严禁使用电磁起重机和链绳。

⑩ 氧气瓶不管是满瓶还是空瓶都不能同可燃气体储存在一起。

⑪ 除了氧气瓶不准接触油脂外，与氧气接触的附件（如减压阀、焊接炬、输气胶管等）都不能接触油脂。

⑫ 搬运瓶体时使用专用推车。

(5) 气瓶的使用

① 使用气瓶前，使用者应对气瓶进行安全状况检查，不符合安全技术要求的气瓶严禁入库和使用；使用时必须严格按照使用说明书的要求使用气瓶。检查重点：a. 对盛装气体进行确认，检查盛装气体是否符合作业要求；b. 检查瓶体是否完好；c. 检查减压器、流量表、软管、防回火装置是否有泄漏、磨损及接头松懈等现象。

② 气瓶应在通风良好的场所使用。

a. 如果在通风条件差或狭窄的场地里使用气瓶，应采取相应的安全措施，以防止出现氧气不足，或危险气体浓度加大的现象。

b. 安全措施主要包括强制通风、氧气监测和气体检测等。

③ 气瓶应立放使用，严禁卧放，并应采取防止倾倒的措施。

④ 严禁敲击、碰撞气瓶。严禁在气瓶上进行电焊引弧。

⑤ 气瓶必须固定上部、单独固定到墙上、放置在框内或防倾倒装置上，固定气瓶经常用到的是铁链或结实的带子。

⑥ 禁止将气瓶与电气设备及电路接触，与气瓶接触的管道和设备要有接地装置。在气、电焊混合作业的场地，要防止氧气瓶带电，如地面是铁板，要垫木板或胶垫加以绝缘。

⑦ 气瓶瓶阀或减压器有冻结、结霜现象时，不得用火烤，可将气瓶移入室内或气温较高的地方，或用40℃以下的温水冲浇，再缓慢地打开瓶阀。

⑧ 夏季应防止暴晒。

⑨ 严禁用温度超过40℃的热源对气瓶加热。

⑩ 开启或关闭瓶阀时，应用手或专用扳手，不准使用其他工具，以防损坏阀件。对于装有手轮的阀门不能使用扳手。如果阀门损坏，应将气瓶隔离并及时维修。

⑪ 开启或关闭瓶阀应缓慢，特别是对于盛装可燃气体的气瓶，以防止产生摩擦热或静电火花。

⑫ 打开气瓶阀门时，人要站在气瓶出气口侧面。

⑬ 气瓶使用完毕后应关闭阀门，释放减压器压力，并盖好瓶帽。

⑭ 氧气瓶和乙炔气瓶使用时应分开放置，至少保持5m间距，且距明火10m以上。

⑮ 气瓶及附件应保持清洁、干燥，防止沾染腐蚀性介质、灰尘等。氧气瓶阀不得沾有油脂，焊工不得用沾有油脂的工具、手套或油污工作服去接触氧气瓶阀、减压器等。

⑯ 乙炔气瓶使用前，必须先直立 20min，然后连接减压阀使用。

⑰ 使用乙炔气瓶的现场，乙炔气的存储不得超过 $30m^3$。

⑱ 乙炔气瓶不得放在橡胶等绝缘体上。

⑲ 乙炔气瓶使用过程中，开闭乙炔气瓶瓶阀的专用扳手应始终装在阀上。

⑳ 乙炔气瓶瓶阀出口处必须配置专用的减压器和回火防止器。减压器必须带有夹紧装置与瓶阀结合。

㉑ 正常使用时，乙炔气瓶的放气压降不得超过 0.1MPa/h，如需较大流量，应采用多只乙炔气瓶汇流供气。

㉒ 暂时中断使用时，必须关闭焊、割工具的阀门和乙炔气瓶瓶阀。严禁手持点燃的焊、割工具调节减压器或开、闭乙炔气瓶瓶阀。

㉓ 瓶内气体不得用尽，必须留有剩余压力。压缩气体气瓶的剩余压力应不小于 0.05MPa，液化气体气瓶应留有不少于 0.5%～1.0% 规定充装量的剩余气体。

㉔ 关紧阀门，防止漏气，使气压保持正压。

㉕ 禁止自行处理气瓶内的残液。

㉖ 在可能造成回流的使用场合，使用设备上必须配置防止回流的装置，如单向阀、止回阀、缓冲器等。

㉗ 气瓶投入使用后，不得对瓶体进行挖补、焊接修理。严禁将气瓶用作支架等其他用途。

㉘ 气瓶使用完毕，要妥善保管。气瓶上应有状态标签（"空瓶""使用中""满瓶"标签）。

㉙ 严禁在泄漏的情况下使用气瓶。

㉚ 使用过程中发现气瓶泄漏，要查找原因，及时采取整改措施。

㉛ 严禁擅自更改气瓶的钢印和颜色标记。

（6）气瓶的保存

① 气瓶宜存储在室外带遮阳、雨篷的场所，存储场所应通风、干燥，防止雨（雪）淋、水浸，避免阳光直射。

② 存储在室内时，建筑物应符合有关标准要求。

③ 气瓶存储室不得设在地下室或半地下室，应与办公、居住区域保持 10m 以上距离。

④ 气瓶的放置地点不得靠近热源，严禁明火，不得有地沟、暗道和底部通风孔，并且严禁任何管线穿过。

⑤ 存储可燃、爆炸性气体气瓶的库房内照明设备必须防爆，电气开关和熔断器都应设置在库房外，同时应设避雷装置。

⑥ 禁止将气瓶放置到可能导电的地方。

⑦ 气瓶应分类存储：

a. 空瓶和满瓶分开，氧气或其他氧化性气体与燃料气瓶和其他易燃材料分开。

b. 乙炔气瓶与氧气瓶、氯气瓶及易燃物品分室，毒性气体气瓶分室，瓶内介质相互接触能引起燃烧、爆炸或产生毒物的气瓶分室。并在附近设置防毒用具或灭火器材。

c. 气瓶放置应整齐，盖好瓶帽。立放时，要妥善固定；横放时，头部朝同一方向。

⑧ 易燃气体气瓶储存场所的 15m 范围以内，禁止吸烟、从事明火和生成火花的工作，并设置相应的警示标志。

⑨ 乙炔气的储存量超过 30m^3 时，应用非燃烧材料隔离出单独的储存间，其中一面应为固定墙壁。

⑩ 乙炔气的储存量超过 240m^3 时，应建造耐火等级不低于二级的存储仓库，与建筑物的防火间距不应小于 10m，否则应以防火墙隔开。

⑪ 气瓶应直立存储，用栏杆或支架加以固定或扎牢，禁止利用气瓶的瓶阀或头部来固定气瓶。

⑫ 支架或扎牢应采用阻燃的材料，同时应保护气瓶的底部免受腐蚀。

⑬ 气瓶（包括空瓶）存储时应将瓶阀关闭，卸下减压器，盖上并旋紧气瓶帽，整齐排放。

⑭ 盛装不宜长期存放或限期存放气体（如氯乙烯、氯化氢、甲醚等）的气瓶，均应注明存放期限。

⑮ 盛装容易发生聚合反应或分解反应气体的气瓶，如乙炔气瓶，必须规定存储期限，根据气体的性质控制储存点的最高温度，并应避开放射源。

⑯ 气瓶存放到期后，应及时处理。

⑰ 气瓶在室内存储期间，特别是在夏季，应定期测试存储场所的温度和湿度，并做好记录。

⑱ 存储场所最高允许温度应根据盛装气体性质而确定，储存场所的相对湿度应控制在 80% 以下。

⑲ 存储毒性气体或可燃性气体气瓶的室内储存场所，必须监测储存点空气中毒性气体或可燃性气体的浓度。如果浓度超标，应强制换气或通风，并查明危险气体浓度超标的原因，采取整改措施。

⑳ 如果气瓶漏气，首先应根据气体性质做好相应的人体保护。

㉑ 在保证安全的前提下，关闭瓶阀，如果瓶阀失控或漏气点不在瓶阀上，应采取相应紧急处理措施。

㉒ 应定期对存储场所的用电设备、通风设备、气瓶搬运工具和栅栏、防火和防毒器具进行检查，发现问题及时处理。

5.4.3 高压反应釜

高压反应釜是实验室常见的高压设备，高压反应釜一旦发生事故，常伴随反应液体的高速飞溅，使人体、实验装置及设备等受到重大损伤。使用安全注意事项如下：

① 高压反应釜应放置在符合防爆要求的高压操作室内。工作过程中，要打开换气扇，保证通风良好。

② 熟悉设备的使用压力、最高使用温度等条件。使用压力最好在其标明压力的 1/2 以内，并经常校正压力计。严禁在超温超压的情况下使用。釜内有压力时，严禁扭动螺母或敲击高压釜。

③ 氧气用的压力计，要避免与其他气体用的压力计混用。

④ 温度计要准确插到反应溶液中，放入的原料不可超过其有效允许容量范围，也不要空装使用。

⑤ 釜内部及衬垫部位要保持清洁。

⑥ 正反螺母连接处（进气管、排气管及压力表与釜盖连接的支管处），只准旋动螺母，不得使两密封面相对转动。

⑦ 如有漏气现象，立即停止实验，严禁高温扭动螺母。

⑧ 对于不耐强酸的反应釜，反应液中禁用盐酸、硫酸、硝酸等强酸；另外，所加反应溶液或者反应物不得与装载介质反应，以免造成危险。

5.5 高温装置使用安全

在实验中，使用高温或低温装置的机会很多，并且还常常与高压、低压等严酷的操作条件组合。在这样的条件下进行实验，如果操作错误，除发生烧伤、冻伤等事故外，还会引起火灾或爆炸等事故。因此，操作时必须十分谨慎。

使用高温装置的一般事项包括如下几点：

① 注意防护，避免高温对人体造成伤害。

② 熟悉高温装置的使用方法，并细心地进行操作。

③ 对于使用高温装置的实验，要求在防火建筑内或配备有防火设施的室内

进行，并保持室内通风良好。

④ 按照实验性质，配备最合适的灭火设备，如粉末灭火器、泡沫灭火器或二氧化碳灭火器等。

⑤ 不得已而必须将高温炉之类高温装置置于耐热性差的实验台上进行实验时，装置与台面之间要保留 1cm 以上的间隙，以防台面着火。

⑥ 按照操作温度的不同，选用合适的容器材料和耐火材料。选定时要考虑到所要求的操作气氛及所接触物质的性质。

⑦ 高温实验禁止接触水。在高温物体中一旦混入水，水即急剧汽化，发生所谓水蒸气爆炸。高温物质落入水中时，也同样会产生大量爆炸性的水蒸气而四处飞溅。

使用高温装置时，人体的安全防护知识包括如下几点：

① 常要预计到衣服有被烧着的可能。因而，要选用能简便脱除的服装。

② 要使用干燥的手套。如果手套潮湿，导热性即增大。同时，手套中的水分汽化变成水蒸气会有烫伤手的危险，故最好用难于吸水的材料做手套。

③ 需要长时间注视赤热物质或高温火焰时，要戴防护眼镜。使用视野清晰的绿色防护眼镜比用深色的好。

④ 对发出很强紫外线的等离子流焰及乙炔焰的热源，除使用防护面具保护眼睛外，还要注意保护皮肤。

⑤ 处理熔融金属或熔融盐等高温流体时，还要穿上皮靴之类的防护鞋。

5.5.1 箱式高温炉

箱式高温炉是实验室常用的加热设备。使用时要注意如下方面。

① 高温炉要放在牢固的水泥台上，周围不应放有易燃易爆物品，更不允许在炉内灼烧有爆炸危险的物体。

② 高温炉要接有良好的地线，其电阻应小于 5Ω。

③ 使用时切勿超过箱式高温炉的最高温度。

④ 装取试样时，一定要切断电源，以防触电。

⑤ 装取试样时，炉门开启时间应尽量短，以延长电炉使用寿命。

⑥ 不得将沾有水和油的试样放入炉膛，不得用沾有水和油的夹子装取试样。

⑦ 一般根据升温曲线设定升温步骤。低温手动升温时，注意观察电流值，不可过大。

⑧ 对以硅碳棒、硅碳管为发热元件的高温炉，与发热元件连接的导线接头接触要良好，发现接头处出现"电焊花"或有"嘶嘶"声时，要立即停炉检修。

⑨ 不得随便触摸电炉及周围的试样。

5.5.2 马弗炉

① 马弗炉（图 5-23）应放于坚固、平稳、不导电的平台上。通电前，先检查马弗炉电气性能是否完好、接地线是否良好，并注意是否有断电或漏电现象。

② 使用温度不得超过马弗炉最高使用温度。

③ 灼烧沉淀时，按规定的温度进行，不得随便超过。

④ 保持炉膛清洁，及时清除炉内氧化物之类的杂物；熔融碱性物质时，应防止熔融物外溢，以免污染炉膛；炉膛内应垫一层石棉板，以减少坩埚的磨损并防止炉膛污染。

⑤ 热电偶不要在高温状态或使用过程中拔出或插入，以防外套管炸裂。

图 5-23　马弗炉

⑥ 不得连续使用 8h 以上。

⑦ 要保持炉外清洁、干燥；炉子周围不要放置易燃易爆及腐蚀性物品。

⑧ 禁止向炉膛内灌注各种液体及易溶解的金属。

⑨ 不用时应开门散热，并切断电源。

⑩ 马弗炉内热电偶所反映的指示温度，应做定期校正。

5.5.3 加热浴

（1）水浴

当加热的温度不超过 100℃ 时，最好使用水浴（图 5-24），加热较为方便。但是必须指出：当用到金属钾、钠的操作以及无水操作时，决不能在水浴设备上进行，否则会引起火灾。

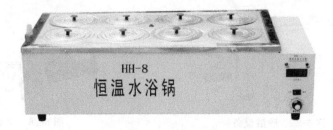

图 5-24　水浴设备

使用水浴时勿使容器触及水浴器壁和底部，防止局部受热。

水浴时，由于水的不断蒸发，要适当、及时添加热水，使水浴中的水面经常保持稍高于容器内的液面。

(2) 油浴

当加热温度在 100～200℃ 时，宜使用油浴，油浴的优点是使反应物受热均匀，反应物的温度一般低于油浴温度 20℃ 左右。常用油浴的用油及使用注意事项有如下几点。

① 甘油，可以加热到 140～150℃，温度过高时则会炭化。

② 植物油（如菜油、花生油等），可以加热到 220℃，常加入 1% 的对苯二酚等抗氧化剂，便于久用。若温度过高，油会分解，达到闪点时油可能会燃烧起来，所以使用时要小心。

③ 石蜡油，可以加热到 200℃ 左右，温度稍高并不分解，但较易燃烧。

④ 硅油，在 250℃ 时仍较稳定，透明度好，安全，是目前实验室里较为常用的油浴用油之一，但其价格较贵。

使用油浴加热时要特别小心，防止着火，当油受热冒烟时，应立即停止加热。油浴中应挂温度计观察油浴的温度和有无过热现象，同时便于调节控制温度，油浴温度不能过高，否则受热后有溢出的危险。

使用油浴时要竭力防止可能引起油浴燃烧的因素出现。

加热完毕取出反应容器时，仍用铁夹夹住反应器离开油浴液面，悬置片刻，待容器壁上附着的油滴完后，再用纸片或干布擦干器壁。

(3) 砂浴

砂浴一般采取用铁盆装干燥的细海砂（或河砂），把反应器埋在砂中的形式。砂浴特别适用于加热温度在 220℃ 以上者。但砂浴升温较慢，传热慢，且不易控制。因此，砂层要薄一些，砂浴（图 5-25）中应插入温度计，温度计水银球要靠近反应器。

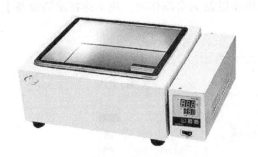
图 5-25　砂浴设备

图 5-26　电热套

(4) 电热套

电热套是用玻璃纤维包裹着电热丝织成帽状的加热器（图 5-26），由于不使用明火,因此不易着火,并且热效应高,加热温度用调压变压器控制,最高温度可达400℃左右,是有机实验室中常用的一种简便、安全的加热装置。需要强调的是,如果易燃液体(如酒精、乙醚等)洒在电热套上,会有引起火灾的危险。

5.5.4 感应电炉

感应电炉(感应加热炉)采用电磁感应加热原理,借助感应器生成交变磁场,产生同频率的感应电流,利用感应电流产生的电阻热达到加热的目的。用感应电炉作业时,操作疏忽或不当,易造成铁液飞溅、炉气爆炸、控制电路起火等事故。为此,操作者必须严格遵守操作规程,搞好安全文明生产,并掌握感应电炉安全操作的基本知识,及时、有效地防止与排除事故,确保生产的安全与正常进行。

注意事项:

① 开炉前要检查电气设备、水冷却系统、感应器铜管等是否完好,否则禁止开炉。

② 炉膛熔损超过规定时应及时修补。严禁在熔损过深的坩埚内进行熔炼。

③ 送电和开炉应有人负责,送电后,人员严禁接触感应器和电缆。不得擅自离开岗位,要注意感应器和坩埚外部情况。

④ 装料时,应检查炉料内有无易燃易爆等有害物品混入,如有则应及时除去。严禁冷料和湿料直接加入金属液中。熔化液充满至上部后严禁大块料加入,以防结盖。

⑤ 补炉和捣制坩埚时严禁铁屑、氧化铁混杂,捣制坩埚必须密实。

⑥ 浇注场地及炉前地坑应无障碍物,无积水,以防金属液落地爆炸。

⑦ 金属液不允许盛装得过满,手抬包浇注时,二人应配合一致,走路应平稳,不准急走急停,浇注后余料要倒入指定地点,严禁乱倒。

⑧ 实验室应保持清洁,严禁将易燃易爆物品和其他杂物带进室内,室内禁止吸烟。

5.6 低温装置使用安全

在低温操作的实验中,作为获得低温的手段,有采用冷冻机和使用适当的冷冻剂两种方法。如,将冰与食盐或氯化钙等混合构成的冷冻剂,大约可以冷却到-20℃的低温,且没有大的危险性。但是,采用-70~-80℃的干冰冷冻剂以及

−180~−200℃的低温液化气体时，则有相当大的危险性。因此，操作时必须十分注意。

5.6.1 冷冻机

使用冷冻机（图 5-27）应注意的事项包括如下几点。

图 5-27　冷冻机

① 操作室内，禁止存放易燃易爆等化学危险品，并严禁烟火。

② 冷冻系统所用阀门、仪表、安全装置必须齐全，并定期校正，保证经常处于灵敏准确状态，水、油、氨管道必须畅通，不得有漏水、漏油、漏氨现象。

③ 机器运行中，操作者应经常观察各压力表、温度表、氨液面、冷却水情况，并听机器运转声音是否正常。

④ 机器运转中，不准擦拭、抚摸运转部位或调整、紧固承受压力的零件。

⑤ 机器运转过程中，发现严重缺水或特别情况时，应采取紧急停车的措施：立即按下停止按钮，迅速将高压阀关闭，然后关上吸气阀、节流阀，15min 后停止输入冷却水，并立即找有关人员检查处理。

5.6.2 低温液体容器

低温液体定义为正常沸点在 −150℃ 以下的液体。氩、氦、氢、氮和氧都是在低温以液体状态运输、操作和储存的最常用的工业气体。

(1) 低温液体的潜在危险

所有低温液体都可能涉及来自下列性质的潜在危险。

① 所有低温液体的运输、储存温度都极低。低温液体和它们的蒸气能够迅速冷冻人体组织，而且能导致许多常用材料（如碳素钢、橡胶和塑料）变脆甚至在压力下破裂。容器和管道中的温度在液化空气沸点（−194℃）或低于此温度时能够浓缩周围的空气，导致局部的富氧空气。

极低温液体，如氢和氦甚至能冷冻或凝固周围空气。

② 所有低温液体在蒸发时都会产生大量的气体。例如，在 101325Pa 下，单位体积的液态氮在 20℃ 时蒸发成 694 个单位体积的氮气。如果这些液体在密封容器内蒸发，它们会产生能够使容器破裂的巨大压力。

③ 除了氧以外，在封闭区域内的低温液体会通过取代空气导致人员窒息。

在封闭区域内的液氧蒸发会导致氧富集，能支持和大大加速其他材料的燃烧，如果存在火源，会导致起火。

(2) 使用液化气体及液化气体容器的注意事项

① 操作必须熟练，一般要由两人以上一起进行实验。初次使用时，必须在有经验人员的指导下进行操作。

② 一定要穿防护衣，戴防护面具或防护眼镜，并戴皮手套，即穿戴全套防护用具，以免液化气体直接接触皮肤、眼睛或手脚等部位。

③ 使用液态气体时，液态气体经过减压阀应先进入一个耐压的大橡胶袋和气体缓冲瓶，再由此进入到要使用的仪器，这样来防止液态气体因减压而突然沸腾气化、压力猛增而发生爆炸的危险。

④ 使用液化气体的实验室，要保持通风良好。实验的附属用品要固定。

⑤ 液化气体的容器要放在没有阳光照射、通风良好的地点。

⑥ 处理液化气体容器时，要轻快稳重。

⑦ 装冷冻剂的容器，特别是用新的真空玻璃瓶装冷冻剂时容易破裂。所以要注意，不要把脸靠近容器的正上方。

⑧ 如果液化气体沾到皮肤上，要立刻用水洗去，而沾到衣服上时，要马上脱去衣服。

⑨ 发生严重冻伤时，要请专业医生治疗。

⑩ 如果有实验人员窒息了，要立刻把他移到空气新鲜的地方进行人工呼吸，并迅速找医生抢救。

⑪ 由于发生事故而引起液化气体大量气化时，要采取相应的措施进行处理。

(3) 使用不同低温液化气体的注意事项

① 使用液态氧时，绝对不允许与有机化合物接触，以防燃烧。

② 使用液态氢时，对已气化放出的氢气必须极为谨慎地把它燃烧掉或放入高空，因空气中含有少量氢气（约5%）也会发生猛烈爆炸。

③ 使用干冰时，因二氧化碳在钢瓶中是液体，使用时先在钢瓶出口处接一个既保温又透气的棉布袋，在液态二氧化碳迅速而大量地放出时，因压力降低，二氧化碳在棉布袋中结成干冰，然后再将其与其他液体混合使用。

干冰与某些物质混合，即能得到 $-60 \sim -80℃$ 的低温。但是，与其混合的大多数物质为丙酮、乙醇之类的有机溶剂，因而要求有防火的安全措施。并且，使用时若不小心，用手摸到用干冰冷冻剂冷却的容器时，皮肤往往会被粘冻于容器上而不能脱落，引起冻伤。

④ 充氨操作时应将氨瓶放置在充氨平台上。氨瓶嘴与充氨管接头连接时，必须垫好密封垫，接好后，检查有无漏氨现象。打开或关闭氨瓶阀门时，必须先打开或关闭输氨总阀。充氨量应不超过充氨容积的80%。冷冻机房必须配备氨

用防毒面具，以备氨泄漏时使用。

5.7 高能及辐射装置使用安全

5.7.1 激光

激光器（图 5-28）能放出强大的激光光线（可干涉性光线），所以人员要避免用眼睛直接观看，否则会烧伤视网膜，甚至会导致失明，同时还有被烧伤的危险。

图 5-28 激光器

使用激光器时一般应注意的事项包括如下几条。

① 使用激光器时，必须戴防护眼镜。

② 要防止意料不到的反射光射入眼睛，因而要十分注意射出光线的方向，并同时查明确实没有反射壁面之类的东西存在。

③ 不使用时，最好把整个激光装置都覆盖起来。

④ 对放出强大激光光线的装置，要配备捕集光线的捕集器。

⑤ 因为激光装置使用高压电源，操作时必须加以注意。

5.7.2 高频电磁辐射

高频电磁场是指频率在 100kHz～300MHz 的电磁波，其波长范围为 1～3000m，按波长可分为长波、中波、短波、超短波。高频电磁辐射属于非电离辐射中的射频辐射（无线电波）。高频电磁场周围的空间场强较高，其将电磁能量施加于人体和空间环境，会造成辐射和污染。高频电磁辐射主要来源有天然辐射（如太阳辐射、地球电磁场、雷电等）和人工辐射［主要有高频感应加热（表面淬火、金属熔炼、热轧工艺、钢管焊接、切割等，使用频率在 300kHz～

3MHz)，高频介质加热（塑料热合、高频胶合、橡胶硫化等，使用频率在1～100MHz）、无线电通信、广播、电视的信号发射与接收（据调查，天线区辐射强度达几十至几百伏每米，电台行政生活区大部分在10～20V/m），电气机车的电磁辐射等]。医学研究证明，长期处于高电磁辐射的环境中，会使人的血液、淋巴液和细胞原生质发生改变，严重的可导致白血病。高电磁辐射会影响人体的循环系统、免疫系统、视觉系统、神经系统、生殖和代谢功能等，严重的还会诱发癌症，并会加速人体的癌细胞增殖。

日常使用高频电磁装置应注意以下几点。

① 适当选择振荡频率和振荡强度。

② 尽量缩短高频工作时间和工作次数。

③ 改善接地条件，例如在焊接时焊件在焊接区较近的点接地，从而减少电磁辐射强度。接地点与焊枪越近，效果就越好。

④ 对高频发生器采取屏蔽措施，将电磁能量限制在规定的空间范围内。

5.7.3 X射线发生装置

有X射线发生装置的仪器包括X射线衍射仪、X射线荧光分析仪等。长期反复接受X射线照射，会使人疲倦、记忆力减退、头痛、白细胞数量降低等。一般防护的方法就是避免身体各部位（尤其是头部）直接受到X射线照射，操作时要注意屏蔽，屏蔽物常用铅玻璃。

日常使用X射线装置应注意以下几点。

① 在X射线装置上必须标明机器名称及其额定输出功率。

② 对每周超出30mrem（0.3mSv）照射剂量的危险区域，必须做出明确的标识。

③ 实验前，认真研究实验步骤，充分做好准备，尽量缩短X射线照射时间。

④ 防止被X射线装置射出的X射线直接照射。确定X射线射出口的方向时，要选择向着没有人居住或出入的区域。

⑤ 尽管对X射线装置充分加以屏蔽，但要完全防止X射线泄漏或散射是很困难的。须经常检测工作地点X射线的剂量，发现泄漏时，要及时遮盖。

⑥ 需要调整X射线束的方向或试样的位置以及进行其他特殊实验时，必须取得X射线装置负责人的许可，并遵照其指示进行操作。

⑦ 防止X射线泄漏，确保操作人员人身安全和X射线设备的正常使用，X射线有各种安全保护电路。当工作条件不符合要求时，系统自动切断高压电源后应及时关机检修。

⑧ 使用X射线的人员要按照实验的要求，穿上防护衣并戴上防护眼镜等，即穿戴适当的防护用具。

⑨ 使用 X 射线的人员，要定期进行健康检查。

5.8　贵重精密仪器与大型设备的使用安全

大型精密仪器设备是高校固定资产的重要组成部分，在教学、科研中有着十分重要的作用。大型精密仪器设备价格昂贵，属于贵重资产，一旦使用不当，就会造成重大损失。为确保大型仪器设备正常运行，必须加强其安全管理，师生在使用前必须充分了解欲使用设备的安全注意事项。

以 SU-70 热场发射扫描电镜为例，安全注意事项如下。

① 开启电脑主机，检查循环冷却水是否正常工作。

② 根据所检测材料是否为塑料、橡胶或其他高分子材料等具有易挥发、分解等特点的材料，确定是否为冷阱加注液氮。

③ 根据试样的尺寸和形状合理地选择样品支架，并调整到合理的高度。进行样品交换，注意软件上样品托尺寸的修改以及样品交换台的交换位置和观测位置的更换。时刻注意观察样品室真空度的变化。

第 6 章

实验室废弃物处理规范

6.1 实验室废弃物分类及来源

实验室废弃物是指实验室日常研究、教学和生活中产生的、已失去使用价值的，三废（废气、废液、固体废物）物质、实验用剧毒物品、麻醉品、化学药品残留物、放射性废物、实验动物尸体及器官、病原微生物标本以及对环境有污染的废弃物。与工业三废相比，实验室废弃物数量较少，但其种类多、成分复杂，具有多重危险危害性，如易燃、易爆、腐蚀、毒害等。由于不便集中处理，实验室废弃物处理成本高、风险大。长期以来，很多实验室处理废弃物，除剧毒物质外，废液、废气等几乎都是稀释一下就自然排放了，对待固体废物则按生活垃圾处理。经过长时间的积累后，这些废弃物会对周边的水环境、大气环境、土壤环境、生态环境和人体健康造成严重影响。因此，必须加强对实验室废弃物的管理，正确处置、处理实验室废弃物。

我国颁布了多项法律法规，如：《中华人民共和国环境保护法》《中华人民共和国固体废物污染环境防治法》《中华人民共和国水污染防治法》《中华人民共和国生物安全法》及《病原微生物实验室生物安全管理条例》等，从法律上、制度上来保证和规范对实验室废弃物的管理。

6.1.1 实验室废弃物的分类

在化学、生物及制药类的实验过程中难免会产生各种各样的废气、废液和固体废物，即所谓的"三废"。其中化学实验室废弃物可分为废气、有机废液、无机废液、有机固体废物、固体废物、超过有效使用期限或已经变质的化学品及空试剂瓶等。其中以废液数量最多。生物医疗废物包括：感染性废物、病理性废物、损伤性废物、药物性废物和化学性废物。本章内容主要针对化学实验室废弃物的处理原则及注意事项进行说明。

6.1.2 实验室废弃物的来源

（1）废气

实验室废气是由实验过程中化学试剂的挥发、泄漏、分解等产生的，其成分多为易燃及有毒气体。根据对人体的危害不同，可将其分为两类：一类是刺激性有毒气体，它们对人的眼和呼吸道黏膜有刺激性作用，最常见的有氯气、氨气、二氧化硫、三氧化硫及氮氧化物等；另一类是能造成人体缺氧的窒息性气体，如一氧化碳、硫化氢、氰化氢、甲烷、乙烷、乙烯等，这些气体不但会危害人体健康，引起各种疾病，而且可能会引发火灾等恶性事故。根据产生的来源，一般来说可将实验室废气分为有机废气和酸碱性废气，某些情况下会有粉尘产生。实验室常用的有机溶剂有许多种，比如有：芳香烃类，如苯、甲苯及二甲苯等；脂肪烃类，如戊烷及己烷等；脂环烃类，如环己烷等；卤代烃类，如氯苯及二氯甲烷等；醇类，如甲醇、乙醇及异丙醇等；醚类，如乙醚等；酯类，如乙酸甲酯及乙酸乙酯等；酮类，如丙酮等；其他，如乙腈、吡啶及苯酚等。其中最常见且大量使用的有乙腈、二甲苯、乙醇、丙酮等。这些物质有些可溶解于水中，更多的则不能溶于水中，而且有些物质溶于水后，会产生一定的腐蚀性，或是和其他溶于水的物质产生化学反应等。这些物质，其毒性有强有弱，会对人体不同系统产生危害，必须在排放到大气前进行处理。实验室中某些化学实验多用到酸碱性物质，许多具有挥发性，在实验中产生酸雾等。这些废气不仅会对大气造成污染，而且会对周边的人群、植被造成严重的危害，还对人群有潜在性危害。若遇阴雨、低气压气象条件，排出的废气难以及时扩散，更加剧了局部环境的污染程度，造成了局部严重酸雨的形成，会造成严重的社会公害。

（2）废液

实验室产生的废液包括一般废水和化学实验废液。一般废水主要来源于清洗仪器用水、清扫实验室用水及大量洗涤用水；化学实验废液主要有样品分析残液、失效的药液等，如各种酸碱性废液、重金属废液、含氰废液、含氟废液、含有机物废液及细菌毒素废液等。这些废水、废液若随意排放必然污染地下水、地表水，不但水生动物遭殃，而且流域沿途居民生活、人们的生命健康也必定会受到严重影响。

（3）固体废物

固体废物组成复杂，主要包括多余样品、分析产物、破损或使用过的实验用品（如玻璃器皿、检验用品、纱布、手套及有关实验器材）、过期失效的化学试剂、废旧电池等，还包括有电离辐射危险的废弃物，主要包括放射源、放射性废物、废弃放射性装置等。这些固体废弃物危害极大，若随意排放，它可能会在雨水的作用下，使金属离子、酸、碱、盐和其他有害成分进入水体，当水中污染物超过允许浓度时，就破坏了原有水体的用途，甚至危及原有的生态系统，对居民健康、工农业生产，和鱼类、水生物等造成危害。其造成人体的中毒方式主要有以下三种：摄入、呼吸、接触等。

6.2 实验室废弃物处理原则、一般程序及注意事项

（1）实验室废弃物处理原则及一般程序

实验室废弃物包括具有腐蚀性、毒性、易燃性、反应性或者感染性的实验室危险废弃物和实验室一般废弃物。实验室废弃物的治理要从源头开始，师生应树立环境保护意识，倡导有利于环境保护的实验方式，尽量减少实验室废弃物的产生，对可重复利用的实验室废弃物要进行充分回收与合理利用。对于实验中必然产生的三废，实验室应采取有效措施，防止其扩散、流失、渗漏或者产生交叉污染。实验室应遵循"专人负责、分类收集、定点存放、统一处理"的原则，设置各类废弃物回收箱，各类实验室产生的废弃物按类别存放，最后由具备相应处置资质的单位对实验室危险废弃物进行集中统一处理。

处理实验室废弃物的一般程序可分为下述四步。

① 鉴别废弃物及其危害性。

实验室废弃物及其危害性的识别对实验室废弃物的收集、存放、处理、处置至关重要。了解实验室废弃物的组成及危害性为正确处置这些废弃物提供了必需的信息。可按下面方法对实验室废弃物进行鉴别。

a. 做好已知成分废弃物的标记。养成对实验室废弃物的成分进行标记的习惯，不论废弃物的量是多少，在盛放废弃物的容器上标明它的成分和可能具有的危害性及贮存时间，这将为安全处置废弃物提供便利。

b. 鉴别、评估未知成分废弃物。对于不明成分的废弃物，可通过简单的实验测试其危害性。我国颁布了《危险废物鉴别标准 通则》（GB 5085.7—2019），规定了腐蚀性鉴别、急性毒性初筛和浸出毒性、危险废物的反应性、易燃性、感染性等危险特性的鉴别标准。对于其他危害性目前还没有制定相应的鉴定标准，鉴定时只能参考国外的有关标准。

② 系统收集、储存实验室废弃物。

在实验室废弃物处理过程中，不可避免地涉及收集和储存的问题。在废弃物收集和储存时需要注意下面的问题。

a. 使用专门的储存装置，放置在指定地点。

b. 相容的废弃物可以收集在一起，不具相容性的实验室废弃物应分别收集贮存。切忌将不相容的废弃物放在一起。

c. 做好废弃物标签，将标签牢固贴在容器上。标签的内容应该包括：组分及含量、危害性、开始存储日期、地点、存储人及电话。

d. 避免废弃物储存时间过长。一般不要超过1年。应及时做无害化处理或送专业部门处理。

e. 对感染性废弃物或有毒有害生物性废物，应根据其特性选择合适的容器和地点，专人分类收集进行消毒、烧毁处理，需日产日清。

f. 对无毒无害的生物性废弃物，不得随意丢弃，实验完成后将废弃物装入统一的塑料袋密封后贴上标签，存放在规定的容器和地点，定期集中深埋或焚烧处理。

g. 高危类剧毒品、放射性废物必须按相关管理要求单独管理储存，单独收集清运。

h. 回收使用的废弃物容器一定要清洗后再用，废弃不用的容器也需要作为废弃物处理。

③ 采用适当的方法处理废弃物以减少废弃物的数量。

实验室废弃物应先进行减害性预处理或回收利用，采取措施减少废弃物的体积、重量和危险程度，以降低后续处置的负荷。

a. 回收再利用废弃的试剂和实验材料。对用量大、组分不复杂、溶剂单一的有机废液可以利用蒸馏等手段回收溶剂；对玻璃、铝箔、锡箔、塑料等实验器材、容器也尽量回收利用。

b. 废弃物的减容、减害处理。通过安全适当的方法浓缩废液；利用化学反应，如酸碱中和、沉淀反应等消除或降低其危害性；拆解固体废物，在实现废弃物的减容减量的同时，实现资源的回收利用等。

在废弃物的再利用及减害处理过程中，需要注意做好个人防护措施。

④ 正确处置废弃物。

经过减害处理的废气可以排放到空气中；经过灭菌处理的生物、医学研究废物可按一般生活垃圾处理；减害处理后，重金属离子浓度和总有机物含量（TOC）达到排放标准的不含有机氯的废液，可直接排放至城市下水管网中；其他有害废弃物，如含氯的有机物、传染性物质、毒性物质、达不到排放标准的物质等，需要将这些废弃物交由合法的、有资质的专业废弃物处理机构处理。

焚烧是处理废弃物，尤其是有害废弃物的一种办法，但对废弃物的焚烧必须取得公共卫生机构和环卫部门的批准。焚烧废弃物时，应使用二级焚烧室，温度设置在1100℃以上，焚烧后的灰烬可做生活垃圾处理。

(2) 实验室废弃物回收注意事项

实验室废液回收应遵循分类收集、统一消纳的原则。在回收过程中应注意以下几点。

① 固体废物的收集、贮存注意事项。

a. 不得将化学危险废弃物、放射性废物等混合收集、存放、处理。

b. 放射性废源、废液和废射线装置应该按国家有关标准做好分类、记录和标识，内容包括：种类、核素名称等。要单独收集，按国家环保部门的相关要求密封收集，进行屏蔽和隔离处理；存放地点要有明显辐射警示标志，防火防盗，专人保管。

c. 对实验室危险废弃物进行集中存放管理，保障临时存放设施的安全条件，保持通风，远离火源，避免高温、日晒、雨淋，避免不相容性危险废弃物近距离存放；对不具备集中存放条件的，由实验室相关人员负责将实验室危险废弃物临时存放于实验室内合适位置，不要存放于实验室楼道和学生实验的公共区间。

d. 在常温常压下易燃、易爆及产生有毒气体的危险废弃物，由实验室人员负责进行必要的预处理，使之稳定后方能进行一般存放，并按要求做好记录。

② 废液的收集、贮存注意事项。

a. 盛装液体危险废弃物的容器内须保留足够的空间，确保容器内的液体不能超过容器容积的75%。

b. 废液的浓度超过表6-1所列的浓度时，必须进行处理。但在处理设施比较齐全时，往往把废液的处理浓度限制放宽。

表6-1 必须加以处理的废液的最低浓度、收集分类及处理方法

分类		对象物质	浓度①/(mg/L)	收集分类	处理方法
无机类废液	有害物质	Hg(包括有机Hg)	0.005	Ⅰ	硫化物共沉淀法、吸附法
		Cd	0.1	Ⅱ	氢氧化物沉淀法、硫化物沉淀法
		Cr(Ⅳ)	0.5	Ⅲ	还原法、中和法、吸附法
		As	0.5	Ⅳ	氢氧化物共沉淀法
		CN	1	Ⅴ	氯碱法、电解氧化法、普鲁士蓝法
		Pd	1	Ⅵ	氢氧化物沉淀法、碳酸盐沉淀法、吸附法

续表

分类		对象物质	浓度①/(mg/L)	收集分类	处理方法
无机类废液	污染物质	重金属类		VII	氢氧化物沉淀法、硫化物共沉淀法、碳酸盐法、吸附法
		Ni	1		
		Co	1		
		Ag	1		
		Sn	1		
		Cr(Ⅲ)	2		
		Cu	3		
		Zn	5		
		Fe	10		
		Mn	10		
		B	2	VIII	吸附法
		F	15	IX	吸附法、沉淀法
		氧化剂、还原剂	质量分数为1%	X	氧化法、还原法
		酸、碱类物质(不含其他有害物质)	中和稀释后即可排放	XI	中和法
		有关照相的废液	排放洗净液	XII	氧化分解法
有机类废液②③	有害物质	多氯联苯	0.003	Ⅲ	碱分解法、焚烧法
		有机磷化合物(农药)	1	Ⅳ	
	污染物质	酚类物质	5	V	焚烧法、溶剂萃取法、吸附法、氧化分解法、水解法、生物化学处理法
		石油类物质	5	VI	
		油脂类物质	30	VIII	
		一般有机溶剂(由C、H、O元素组成的物质)	100	VIII	
		有机溶剂(含S、N、卤素等成分)	100	IX	
		含有重金属的溶剂	100	X	
		其他难以分解的有机物质	100	XI	

① 本表所列的浓度为金属或所标明的化合物的浓度。

② 虽然是有机类废液，但也含有列于无机类废液的物质，如果无机物质的浓度超过列于无机类该项浓度时，该废液应另行收集。

③ 有机类废液的浓度是指含水废液的浓度。

c. 最好先将废液分别处理，如果是贮存后一并处理，虽然其处理方法将有所不同，但原则上仍如表6-1所列的方法，将可以统一处理的各种化合物收集后进行处理。

d. 处理含有络离子、螯合物之类的废液时，如果有干扰成分存在，要把含有这些成分的废液另外收集。

e. 下面所列的废液不能互相混合：过氧化物与有机物；氰化物、硫化物、次氯酸盐与酸；盐酸、氢氟酸等挥发性酸与不挥发性酸；浓硫酸、磺酸、羟基酸、聚磷酸等酸类与其他的酸；铵盐、挥发性胺与碱。

f. 要选择没有破损且不会被废液腐蚀的容器进行收集。标注所收集的废液的成分及含量，贴上明显的标签，并置于安全的地点保存。特别是对于毒性大的废液，要十分注意。

g. 对硫醇、胺等会发出臭味的废液和会释放氰、磷化氢等有毒气体的废液，以及易燃的二硫化碳、乙醚之类废液，要加以适当处理，防止泄漏，并应尽快进行处理。

h. 对于含有过氧化物、硝化甘油之类爆炸性物质的废液，要谨慎地操作，并应尽快处理。

i. 对于含有放射性物质的废弃物，用另外的方法收集，并必须严格按照有关的规定，严防泄漏，谨慎地进行处理。

(3) 实验室废弃物处理注意事项

① 固体废物处理时的注意事项。

a. 不得将危险废弃物（含沾染危险废弃物的实验用具）混入生活垃圾和其他一般废物中存放。

b. 不要将玻璃碎片放在废纸篓里。

② 废液处理时的注意事项。

a. 由于废液的组成不同，在处理过程中，往往伴随着产生有毒气体以及发热、爆炸等危险。因此，处理前必须充分了解废液的性质，然后分别加入少量所需添加的药品。同时，必须边注意观察边进行操作。

b. 含有络离子、螯合物之类物质的废液，只加入一种消除药品有时不能把它处理完全。因此，要采取适当的措施，注意防止一部分还未处理的有害物质直接排放出去。

c. 对于为了分解氰基而加入次氯酸钠，以致产生游离氯，以及由于用硫化物沉淀法处理废液而生成水溶性的硫化物等情况，其处理后的废水往往有害。因此，必须把它们加以再处理。

d. 沾有有害物质的滤纸、包药纸、棉纸、废活性炭及塑料容器等物品，不要丢入垃圾箱内。要分类收集，加以焚烧或其他适当的处理，然后保管好残渣。

e. 处理废液时，为了节约处理所用的药品，可将废铬酸混合液用于分解有机物，以及将废酸、废碱互相中和。要充分考虑废液的利用。

f. 尽量利用无害或易于处理的代用品，代替铬酸混合液之类会排出有害废液的药品。

g. 对甲醇、乙醇、丙酮及苯之类用量较大的溶剂，原则上要把它回收利用，并将其残渣加以处理。

6.3 实验室废弃物处理方法

6.3.1 废气的处理方法

实验室产生的少量废气一般由通风装置直接排至室外，毒性大的气体必须经过吸附、吸收、氧化、分解等方法处理后方可排放，常用的处理方法如下。

(1) 常用吸收剂及处理方法

① 氢氧化钠稀溶液：处理卤素、酸性气体（如氯化氢、二氧化硫、硫化氢、氢氰酸等）、甲醛、酰氯等。

② 稀酸（稀硫酸或氯化氢）：处理氨气、胺类等。

③ 浓硫酸：吸收有机物。

④ 活性炭、分子筛等吸附剂：吸收气体、有机物气体。

⑤ 水：吸收水溶性气体，如氯化氢、氨气等。

(2) 汞蒸气及其他废气

① 长期吸入汞蒸气会造成慢性中毒，为了减少汞液面的蒸发，可以在汞液面上覆盖化学液体；甘油效果最好，5%九水硫化钠（臭碱）溶液次之，水效果最差。

② 对于溅落的汞，应尽量拾起来，颗粒直径大的汞可以用吸气球或真空泵。紫外辐射激发产生的臭氧可使分散在物体表面和缝隙中的汞氧化为不溶性的氧化汞。

6.3.2 废液的处理方法

(1) 无机类实验废液的处理方法

① 含六价铬的废液。

a. 注意事项：

• 要戴防护眼镜、橡胶手套，在通风橱内进行操作。

• 把 $Cr(Ⅵ)$ 还原成 $Cr(Ⅲ)$ 后，也可以将其与其他的重金属废液一起处理。

• 铬酸混合液是强酸性物质，故要把它稀释到约1%的浓度之后才能进行还原。并且，待全部溶液被还原变成绿色时，查明确实不含六价铬后，才可进行处理。

b. 处理方法：还原法、中和法（亚硫酸氢钠法）。

c. 原理：Cr(Ⅵ)不管在酸性还是碱性条件下，总以稳定的铬酸根离子状态存在。因此，可按照下式将Cr(Ⅵ)还原成Cr(Ⅲ)后进行中和，使之生成难溶性的$Cr(OH)_3$，沉淀而除去。

$$4H_2CrO_4 + 6NaHSO_3 + 3H_2SO_4 \longrightarrow 2Cr_2(SO_4)_3 + 3Na_2SO_4 + 10H_2O \tag{6-1}$$

$$Cr_2(SO_4)_3 + 6NaOH \longrightarrow 2Cr(OH)_3\downarrow + 3Na_2SO_4 \tag{6-2}$$

式(6-1)为还原反应，若pH值在3以下，反应在短时间内即结束。如果使式(6-2)中和反应的pH值在7.5～8.5范围内进行，则Cr(Ⅲ)即以$Cr(OH)_3$沉淀出现。

d. 操作步骤：

- 于废液中加入H_2SO_4，充分搅拌，调整溶液pH值在3以下（采用pH试纸或pH计测定。对铬酸混合液之类废液，已是酸性物质，不必调整pH值）。
- 分次少量加入$NaHSO_4$，结晶，至溶液由黄色变成绿色为止，要一边搅拌一边加入。
- 除Cr以外还含有其他金属时，确证Cr(Ⅵ)转化后，作含重金属的废液处理。
- 废液只含Cr重金属时，加入浓度为5%的NaOH溶液，调节pH值至7.5～8.5（注意，pH值过高时沉淀会再溶解）。
- 放置一夜，将沉淀滤出并妥善保存（如果滤液为黄色，要再次进行还原）。
- 对滤液进行全铬检测，确认滤液不含铬后才可排放。

Cr(Ⅵ)的分析：定性分析采用二苯基碳酰二肼试纸或检测箱进行检测；定量分析则用二苯基碳酰二肼吸光光度法［详见"日本工业标准"（以下简称JIS）K 0102 51.2.1］和原子吸收光谱分析法进行测定。但要注意Cu、Cd、V、Mo、Hg、Fe等元素的离子干扰。

备注：除上述处理方法外，还有用强碱性阴离子交换树脂吸附Cr(Ⅵ)的方法。

此方法即使在废液中含铬浓度较低时，也是很有效的。

② 含氰化物的废液。

a. 注意事项。

- 因有放出毒性气体的危险，故处理时要慎重。操作时最好在通风橱内进行。
- 废液要制成碱性，不要在酸性情况下直接放置。
- 对难以分解的氰化物（如Zn、Cu、Cd、Ni、Co、Fe等的氰的络合物）以及有机氰化物的废液，必须另行收集处理。

- 对其含有重金属的废液，在分解氰基后，必须进行相应的重金属的处理。

b. 处理方法：氯碱法。

c. 原理：用含氮氧化剂将氰基分解为 N_2 和 CO_2。反应按如下两个阶段进行：

$$NaCN + NaOCl \longrightarrow NaOCN + NaCl \qquad (6-3)$$

$$2NaOCN + 3NaOCl + H_2O \longrightarrow N_2\uparrow + 3NaCl + 2NaHCO_3 \qquad (6-4)$$

式(6-3)反应在 pH 值大于 10 的条件下进行。若 pH 值在 10 以下就加入氧化剂，则会发生如下反应：

$$HCN + NaOCl \longrightarrow CNCl\uparrow + NaOH \qquad (6-5)$$

式(6-5)反应产生刺激性很大的有害气体 CNCl，因而处理时必须特别注意。对式(6-4)反应，如果 pH 值过高，则反应时间过长，故调整 pH 值在 8 左右进行较好。

d. 操作步骤。

- 于废液中加入 NaOH 溶液，调整 pH 值至 10 以上。然后加入约 10% 的 NaOCl 溶液，搅拌约 20min，再加入 NaOCl 溶液，搅拌后，放置数小时（如果用氧化-还原光电计检测其反应终点，则较方便）。
- 加入 5%~10% 的 H_2SO_4（或盐酸），调节 pH 值至 7.5~8.5，然后放置一昼夜。
- 加入 Na_2SO_4 溶液，还原剩余的氯（稍微过量时，可用空气氧化。每升含 1g Na_2SO_4 的溶液 1mL，相当于 0.55mg 的 Cl）。
- 查明废液确实没有 CN^- 后，才可排放。
- 废液含有重金属时，再将其作为含重金属的废液加以处理。

e. 分析方法：定性分析采用氰离子试纸或检测箱进行检测；定量分析时则蒸出全部氰后（见 JIS K 0102 29.1.2），用硫氰酸汞法（见 JIS K 0102 29.3）进行分析。

f. 备注：

- 除上述处理方法外，还有以下几种方法：电解氧化法（对含氰化物 2g/L 以上的高浓度废液较为有效，而处理含有 Co、Ni、Fe 络合物的废液，则较困难）；普鲁士蓝法（是以生成铁氰化合物的形式使之沉淀的方法。此法处理含有大量重金属的废液，较为有利。但要彻底处理，则较为困难）；臭氧氧化法（用 Cu^{2+}、Mn^{2+} 离子加快反应，在 pH 值为 11~12 条件下进行反应，即可把废液转变为无害）。
- 对 Fe、Ni、Co 等的含氰络合物，用上述方法难以分解。因而必须采用下述方法进行处理：

第一步：于废液中加入 NaOH 溶液，调整 pH 值至 10 以上，接着加入

NaOCl 溶液，加热 2h 左右，冷却后过滤沉淀。

第二步：在废液中加入 H_2SO_4，调整 pH 值至 3 以下，加热约 2h，冷却后过滤沉淀。

第三步：用阴离子交换树脂吸附。

对有机氰化物，分别施行上述无机类废液的处理后，作为有机类废液处理。对难溶于水的有机氰化物，用氢氧化钾乙醇溶液使之转变成氰酸盐，然后才进行处理。

③ 含镉及铅的废液。

a. 注意事项。

· 含重金属两种以上时，由于其处理的最适宜 pH 值各不相同，因而，对处理后的废液必须加以注意。

· 含大量有机物或氰化物的废液以及含有络离子的废液，必须预先把有害成分分解除去（参照含有重金属的有机类废液的处理方法）。

b. 镉的处理方法：氢氧化物沉淀法。

原理：用 $Ca(OH)_2$，将 Cd^{2+} 转化成难溶于水的 $Cd(OH)_2$，而分离。

$$Cd^{2+} + Ca(OH)_2 \longrightarrow Cd(OH)_2 + Ca^{2+} \tag{6-6}$$

当 pH 值在 11 附近时，$Ca(OH)_2$ 的溶解度最小，因此调节 pH 值很重要。但是，若有金属离子共沉淀，那么即使 pH 值较低也会产生沉淀。

操作步骤：

· 在废液中加入 $Ca(OH)_2$，调节 pH 值至 10.6~11.2，充分搅拌后即放置。

· 先过滤上层澄清液，然后再过滤沉淀。保管好沉淀物。检查滤液中确实不存在 Cd^{2+} 时，把它中和后即可排放。

分析方法：定性分析用镉试剂试纸法或检测箱进行检测；定量分析则用二苯基硫巴腙（即双硫腙）吸光光度法（见 JIS K 0102 40.1）或原子吸收光谱分析法进行测定。

c. 铅的处理方法：氢氧化物共沉淀法。

原理：用 $Ca(OH)_2$ 把 Pb^{2+} 转变成难溶性的 $Pb(OH)_2$，然后使其与凝聚剂共沉淀而分离。

$$Pb^{2+} + Ca(OH)_2 \longrightarrow Pb(OH)_2 + Ca^{2+} \tag{6-7}$$

为此，首先把废液的 pH 值调整到 11 以上，使之生成 $Pb(OH)_2$。然后加入凝聚剂，继而将 pH 值降到 7~8，即产生 $Pb(OH)_2$ 共沉淀。但如果 pH 值在 11 以上，则生成 $HPbO_2^-$，沉淀会再溶解。

操作步骤：

· 在废液中加入 $Ca(OH)_2$，调整 pH 值至 11。

· 加入 $Al_2(SO_4)_3$（凝聚剂），用 H_2SO_4，慢慢调节 pH 值，使其降到 7~8。

- 把溶液放置，待其充分澄清后即过滤。检查滤液不含 Pb^{2+} 后，即可排放。

分析方法：定性分析用检测箱进行（注意干扰离子）；定量分析用二苯基硫巴腙（即双硫腙）吸光光度法（见 JIS K0102 39.1）或原子吸收光谱分析法。

d. 备注：

- 除上述处理方法外，还有硫化物沉淀法（其生成的硫化物溶解度较小，但因形成胶体微粒而难以分离）；碳酸盐沉淀法（生成的沉淀微粒细小，分离困难）；吸附法（使用强酸性阳离子交换树脂，几乎能把它们完全除去）。
- 碱性药剂也可以用 NaOH，但是由于会生成微粒状沉淀而难以过滤，故用 $Ca(OH)_2$ 较好。

④ 含砷废液。

a. 注意事项。

- As_2O_3 是剧毒物质，其致命剂量为 0.1g。因此，处理时必须十分谨慎。
- 处理含有机砷化合物废液时，先将其氧化分解，然后再进行处理（参照含重金属有机类废液的处理方法）。

b. 处理方法：氢氧化物共沉淀法。

c. 原理：用中和法处理不能把 As 沉淀。通常使它与 Ca、Mg、Ba、Fe、Al 等的氢氧化物共沉淀而分离除去。用 $Fe(OH)_3$ 时，其最适宜的操作条件是：铁砷比 (Fe/As) 为 30～50；pH 值为 7～10。

d. 操作步骤：

- 废液中含砷量大时，加入 $Ca(OH)_2$ 溶液，调节 pH 值至 9.5 附近，充分搅拌，先沉淀分离一部分砷。
- 在上述滤液中，加入 $FeCl_3$，使其铁砷比 (Fe/As) 达到 50，然后用碱调整 pH 值至 7～10，并进行搅拌。
- 把上述溶液放置一夜，然后过滤，保管好沉淀物。检查滤液不含砷后，加以中和即可排放。此法可使砷的浓度降到 0.05mg/L 以下。

e. 分析方法：定量分析有铁共沉淀、浓缩—溶剂萃取—钼蓝法（见 JIS K0102 48.1）；或铁共沉淀、浓缩—分离砷化氢—二乙基氨磺酸银法进行测定（见 JIS K0102 48.2）。

f. 备注：除上述处理方法外，还有硫化物沉淀法（用盐酸酸化，然后用 H_2S 或 NaHS 等试剂使之沉淀）及吸附法（用活性炭、活性矾土作吸附剂）。

⑤ 含汞废液。

a. 注意事项：

- 废液毒性大，经微生物等的作用后，会变成毒性更大的有机汞。因此，处理时必须做到充分安全。
- 含烷基汞之类的有机汞废液，要先把它分解转变为无机汞，然后才进行处理（参照有机汞的处理方法）。

· 不能含有金属汞。

b. 处理方法之一：硫化物共沉淀法。

原理：用 Na_2S 或 NaHS 把 Hg^{2+} 转变为难溶于水的 HgS，然后使其与 $Fe(OH)_3$ 共沉淀而分离除去。如果使其 pH 值在 10 以上进行反应，HgS 即变成胶体状态。此时，即使用滤纸过滤，也难以把它彻底清除。如果添加的 Na、S 过量，则生成 $[HgS_2]^{2-}$ 而沉淀容易发生溶解。

操作步骤：

· 于废液中加入对于 $FeSO_4(10mg/L)$ 及 Hg^{2+} 的浓度比为 1∶1 当量的 $Na_2S \cdot 9H_2O$，充分搅拌，并使废液的 pH 值保持在 6～8 范围内。

· 上述溶液经放置后，过滤沉淀并妥善保管好滤渣（用此法处理，可使 Hg^{2+} 浓度降到 0.05mg/L 以下）。

· 再用活性炭吸附法或离子交换树脂等方法，进一步处理滤液。

· 在处理后的废液中，确认检不出 Hg 后，才可排放。

c. 处理方法之二：活性炭吸附法。

原理：先稀释废液，使 Hg^{2+} 浓度在 1mg/L 以下。然后加入 NaCl，再调整 pH 值至 6 附近，加入过量的活性炭，搅拌约 2h，然后过滤，保管好滤渣。此法也可以直接除去有机汞。

d. 处理方法之三：离子交换树脂法。

原理：于含汞废液中加入 NaCl，使之生成 $[HgCl_4]^{2-}$ 络离子而被阴离子交换树脂所吸附。但随着汞的形态不同，有时此法效果不够理想。并且，当存在有机溶剂时，此法也不适用。

分析方法：全汞的定量分析，用高锰酸钾分解——二苯基硫巴腙吸光光度法（见 JIS K010244.1.1）或用原子吸收光谱分析法。定性分析虽然也可以用检测箱进行，但若从其检出限度考虑，用它不能检测达到排放标准那样低浓度的废液。

e. 备注：

· 因为汞容易形成络离子，故处理时必须考虑汞的存在形态。

· 若用 NaHS 和 $ZnCl_2$ 代替 $Na_2S+FeSO_4$，可以把汞清除到极微量的程度。例如，对含 Hg^{2+} 10mg/L 的废液 1L，pH 值为 10.3，加入 32mg NaHS 及 80mg $ZnCl_2$ 进行处理。处理后，Hg^{2+} 的浓度降至 0.003mg/L。

⑥ 含有机汞的废液：

a. 注意事项：含烷基汞之类废液，毒性特别大，处理时必须十分注意。

b. 处理方法：氧化分解法。

c. 操作步骤：在 500mL 废液（含汞 0.025mg 以下）中，加入浓硝酸 60mL

及浓度6%的 $KMnO_4$ 水溶液20mL，加热回流2h。待 $KMnO_4$ 溶液的颜色消失时，把温度降到60℃以下，然后加入2mL浓度6%的 $KMnO_4$ 溶液，再加热溶液。

d. 分析方法：以烷基汞为对象的定量分析方法有：气相色谱法（见 JIS K0102 44.2.1）和薄层色谱分离——二苯基硫巴腙吸光光度法（见 JIS K0102 44.2.2）。全汞的定量分析方法，与上述 JIS K0102 44.1.1 所述方法相同。

e. 备注：除上述的处理方法外，还有用 NaOCl 和 NaOH 或 $KMnO_4$ 和 H_2SO_4 进行氧化，以及用活性炭吸附等方法。

⑦ 含重金属的废液。

a. 注意事项：

• 对含有机物、络离子及螯合物量大的废液，要先把它们分解除去（参照含重金属的有机类废液的处理方法）。

• 含 $Cr(Ⅲ)$、CN 等物质时，也要预先进行上述处理。

• 废液中含有两种以上的重金属时，因其处理时最适宜的 pH 值各不相同，必须加以注意。

b. 原理：把重金属离子转变成难溶于水的氢氧化物或硫化物等的盐类，然后进行共沉淀而除去。

c. 处理方法之一：氢氧化物共沉淀法。

操作步骤：

• 在废液中加入 $FeCl_3$ 或 $Fe_2(SO_4)_3$，并加以充分搅拌。

• 将 $Ca(OH)_2$ 制成石灰乳，然后加入上述废液中，调整 pH 值至 9~11（如果 pH 值过高，沉淀会再溶解）。

• 溶液经放置后，过滤沉淀物。检查滤液确实不含重金属离子后，再把它中和排放。

备注：

• 如果含有螯合物，往往不产生沉淀。但是，本法可以除去少量的螯合物。

• 按照本法处理，可使 Ca、Zn、Fe、Mn、Ni、$Cr(Ⅲ)$、As、Sb、Al、Co、Ag、Sn、Bi 及其他很多重金属生成氢氧化物沉淀而除去。

• 共沉剂也可以用 $Al_2(SO_4)_3$ 或 $ZnCl_2$ 等物质。

• 因在强碱性下，两性金属的沉淀会发生溶解，故要注意其最适宜的 pH 值（两性金属沉淀溶解的 pH 值为：Al^{3+} 最适宜的 pH=8.5；Cr^{3+} 最适宜的 pH=9.2；Sn^{2+} 最适宜的 pH=10.6；Zn^{2+} 最适宜的 pH>11；Pb^{2+} 最适宜的 pH>11。但是，用共沉淀法处理时，由于产生沉淀的 pH 值范围相当宽，因而在 pH 值为 9~11 的条件下，全都能完全沉淀）。

• 中和剂与其用 NaOH，不如用 $Ca(OH)_2$ 为好。因 $Ca(OH)_2$ 可防止两性金属的沉淀再溶解,且其沉降性能也较好。

· 如果用碳酸钠作中和剂,还可使 Ca^{2+}、Sr^{2+}、Ba^{2+} 等离子生成难溶性的碳酸盐而除去（pH＝10～11）。

d. 处理方法之二：硫化物共沉淀法。

操作步骤：

· 废液中重金属的浓度要用水稀释至 1‰ 以下。

· 加入 Na_2S 或 NaHS 溶液,并充分搅拌。

· 加入 NaOH 溶液,调节 pH 值至 9.0～9.5。

· 加入 $FeCl_3$ 溶液,调节 pH 值至 8.0 以上,然后放置一夜。

· 用倾析法过滤沉淀,检查滤液确实不含重金属。

· 再检查滤液有无 S^{2-}。如果含有 S^{2-},用 H_2O_2 将其氧化,中和后即可排放。

分析方法：定性分析用检测箱进行,或用二苯基硫巴腙（即双硫腙）溶液,检查有无产生颜色；定量分析则用二苯基硫巴腙吸光光度法或原子吸收光谱分析法（见 JIS K 0102）。

e. 备注：除上述的处理方法外,还有碳酸盐法（可用含碳酸钠的碱灰浆）、离子交换树脂法及吸附法（用活性炭）等。

⑧ 含重金属的有机类废液：

a. 原理：先将妨碍处理重金属的有机物质,用氧化、吸附等适当的处理方法把它除去。然后再把它作无机类废液处理。

b. 处理方法之一：焚烧法。

将含大量有机溶剂的废液及含有机物的溶液,进行焚烧处理,保管好残渣。

c. 处理方法之二：氧化分解法。

参照含有机汞废液的处理方法。

d. 处理方法之三：活性炭吸附法。

调整 pH 值至 5 左右,加入活性炭粉末,经常加以搅拌,经 2～3h 后进行过滤（此法适用于处理稀溶液）。

⑨ 含钡废液。

处理方法：在废液中加入 Na_2SO_4 溶液,过滤生成的沉淀后,即可排放。

⑩ 含硼废液。

处理方法：把废液浓缩,或者用阴离子交换树脂吸附。对含有重金属的废液,按含重金属废液的处理方法进行处理。

⑪ 含氟废液。

处理方法：于废液中加入消化石灰乳,至废液充分呈碱性为止,并加以充分搅拌,放置一夜后进行过滤。滤液做含碱废液处理。此法不能把氟含量降到

8mg/L 以下。要进一步降低氟的浓度时，需用阴离子交换树脂进行处理。

⑫ 含氧化剂、还原剂的废液。

a. 注意事项：

• 原则上将含氧化剂、还原剂的废液分别收集。但当把它们混合没有危险性时，也可以把它们收集在一起。

• 含铬酸盐时可作为含 $Cr(Ⅵ)$ 的废液处理。

• 含重金属物质时，可作为含重金属的废液处理。

• 不含有害物质而其质量百分浓度[1]在 1% 以下的废液，把它中和后即可排放。

b. 处理方法：

• 查明各氧化剂和还原剂，如果将其混合也没有危险性时，即可一边搅拌，一边将其中一种废液分次少量加入另一种废液中，使之反应。

• 取出少量反应液，调成酸性，用碘化钾淀粉试纸进行检验。

• 试纸变蓝时（氧化剂过量）：调整 pH 值至 3，加入 Na_2SO_3（用 $Na_2S_2O_3$、$FeSO_4$ 也可以）溶液，至试纸不变颜色为止。充分搅拌，然后把它放置一夜。

• 试纸不变色时（还原剂过量）：调整 pH 值至 3，加入 H_2O_2 使试纸刚刚变色为止。然后加入少量 Na_2SO_3，把它放置一夜。

• 不管哪一种情况，都要用碱将其中和至 pH 值为 7，并使其含盐浓度在 5% 以下，才可排放。

⑬ 含酸、碱、盐类物质的废液。

a. 注意事项：

• 原则上将酸、碱、盐类废液分别收集。但如果没有妨碍，可将其互相中和，或用其处理其他的废液。

• 对含重金属及含氟的废液，要另外收集处理。

• 对黄磷、磷化氢、卤氧化磷、卤化磷、硫化磷等的废液，在碱性情况下，用 H_2O_2 将其氧化后，作为磷酸盐废液处理。对缩聚磷酸盐的废液，用硫酸酸化，然后将其煮沸 2~3h 进行水解处理。

• 对其稀溶液，用大量水把它稀释到 1% 以下的浓度后，即可排放。

b. 处理方法：

• 查明即使将酸、碱废液互相混合也没有危险时，可分次少量将其中一种废液加入另一种废液中。

• 用 pH 试纸（或 pH 计）检验，加入酸或碱的废液至溶液的 pH 值约等于 7。

---

[1] 无特殊说明的为质量百分浓度。

- 用水稀释，使溶液浓度降到 5% 以下，然后把它排放。

⑭ 含无机卤化物的废液。

处理方法：

- 将含 $AlBr_3$、$AlCl_3$、$SnCl_4$ 及 $TiCl_4$ 等无机类卤化物的废液放入大号蒸发皿中，撒上高岭土-碳酸钠（1：1）的干燥混合物。
- 把它充分混合后，喷洒 1：1 的氨水，至没有 NH_4Cl 白烟放出为止。
- 把它中和后放置，过滤沉淀物。检查滤液有无重金属离子。若无，则用大量水稀释后，即可排放。

(2) 有机类实验废液的处理方法

注意事项：

a. 尽量回收溶剂，在对实验没有妨碍的情况下，把它反复使用。

b. 为了方便处理，其收集分类往往分为：可燃性物质、难燃性物质、含水废液、固体物质等。

c. 可溶于水的物质，容易成为水溶液流失。因此，回收时要加以注意。但是，甲醇、乙醇及醋酸之类溶剂能被细菌作用而易于分解，故对这类溶剂的稀溶液，用大量水稀释后即可排放。

d. 含重金属等的废液，将其有机质分解后，作无机类废液进行处理。

处理方法如下。

① 焚烧法。

a. 将可燃性物质的废液，置于燃烧炉中燃烧。如果数量很少，可把它装入铁制或瓷制容器，选择室外安全的地方把它燃烧。点火时，取一长棒，在其一端扎上沾有油类的破布，或用木片等东西，站在上风方向进行点火燃烧。并且，必须监视至烧完为止。

b. 对难以燃烧的物质，可把它与可燃性物质混合燃烧，或者把它喷入配备有助燃器的焚烧炉中燃烧。对多氯联苯之类难以燃烧的物质，往往会排出一部分还未焚烧的物质，要加以注意。对含水的高浓度有机类废液，此法亦能进行焚烧。

c. 对由于燃烧而产生 NO_2、SO_2 或 HCl 之类有害气体的废液，必须用配备有洗涤器的焚烧炉燃烧。此时，必须用碱液洗涤燃烧废气，除去其中的有害气体。

d. 对固体物质，亦可将其溶解于可燃性溶剂中，然后使之燃烧。

② 溶剂萃取法。

a. 对含水的低浓度废液，用与水不相混合的正己烷之类挥发性溶剂进行萃取，分离出溶剂层后，把它进行焚烧。再用吹入空气的方法，将水层中的溶剂吹出。

b. 对形成乳浊液之类的废液，不能用此法处理。要用焚烧法处理。

③ 吸附法。用活性炭、硅藻土、矾、层片状织物、聚丙烯、聚酯片、氨基甲酸乙酯、泡沫塑料、稻草屑及锯末之类能良好吸附溶剂的物质，使其充分吸附后，与吸附剂一起焚烧。

④ 氧化分解法（参照含重金属有机类废液的处理方法）。在含水的低浓度有机类废液中，对有机物易氧化分解的废液，用 H_2O_2、$KMnO_4$、$NaOCl$、$H_2SO_4+HNO_3$、HNO_3+HClO_4、$H_2SO_4+HClO_4$ 及废铬酸混合液等物质，将其氧化分解。然后，按上述无机类实验废液的处理方法加以处理。

⑤ 水解法。对有机酸或无机酸的酯类，以及一部分有机磷化合物等容易发生水解的物质，可加入 NaOH 或 $Ca(OH)_2$，在室温或加热下进行水解。水解后，若废液无毒害，把它中和、稀释后，即可排放。如果含有有害物质，用吸附等适当的方法加以处理。

⑥ 生物化学处理法。用活性污泥之类东西并吹入空气进行处理。例如，对含有乙醇、乙酸、动植物性油脂、蛋白质及淀粉等的稀溶液，可用此法进行处理。

以下针对不同类型的有机类实验废液，简述其各自适用的处理方法。

① 含一般有机溶剂的废液。一般有机溶剂是指醇类、酯类、有机酸、酮及醚等由 C、H、O 元素构成的物质。

对此类物质的废液中的可燃性物质，用焚烧法处理。对难以燃烧的物质及可燃性物质的低浓度废液，则用溶剂萃取法、吸附法及氧化分解法处理。再者，废液中含有重金属时，要保管好焚烧残渣。但是，对其易被生物分解的物质（即通过微生物的作用而容易分解的物质），其稀溶液用水稀释后，即可排放。

② 含石油、动植物性油脂的废液。此类废液包括：含苯、己烷、二甲苯、甲苯、煤油、轻油、重油、润滑油、切削油、机器油、动植物性油脂及液体和固体脂肪酸等物质的废液。

对其可燃性物质，用焚烧法处理。对其难以燃烧的物质及低浓度的废液，则用溶剂萃取法或吸附法处理。对含机油之类的废液，含有重金属时，要保管好焚烧残渣。

③ 含 N、S 及卤素类的有机废液。此类废液包含的物质：吡啶、喹啉、甲基吡啶、氨基酸、酰胺、二甲基甲酰胺、二硫化碳、硫醇、烷基硫、硫脲、硫酰胺、噻吩、二甲基亚砜、氯仿、四氯化碳、氯乙烯类、氯苯类、酰卤化物，和含 N、S、卤素的染料、农药、颜料及其中间体等。

对其可燃性物质，用焚烧法处理。但必须采取措施除去由燃烧而产生的有害气体（如 SO_2、HCl、NO_2 等）。对多氯联苯之类物质，因难以燃烧而有一部分直接被排出，要加以注意。

对难以燃烧的物质及低浓度的废液，用溶剂萃取法、吸附法及水解法进行处理。但对氨基酸等易被微生物分解的物质，用水稀释后，即可排放。

④ 含酚类物质的废液。此类废液包含的物质：苯酚、甲酚、萘酚等。

对其浓度大的可燃性物质，可用焚烧法处理。而浓度低的废液，则用吸附法、溶剂萃取法或氧化分解法处理。

⑤ 含有酸、碱、氧化剂、还原剂及无机盐类的有机类废液。此类废液包括：含有硫酸、盐酸、硝酸等酸类和氢氧化钠、碳酸钠、氨等碱类，以及过氧化氢、过氧化物等氧化剂与硫化物、联氨等还原剂的有机类废液。

首先，按无机类废液的处理方法，分别加以中和。然后，若有机类物质浓度大，用焚烧法处理（保管好残渣）。能分离出有机层和水层时，将有机层焚烧，对水层或有机物浓度低的废液，则用吸附法、溶剂萃取法或氧化分解法进行处理。但是，对其易被微生物分解的物质，用水稀释后，即可排放。

⑥ 含有机磷的废液。此类废液包括：含磷酸、亚磷酸、硫代磷酸及磷酸酯类、磷化氢类以及磷系农药等物质的废液。

对其浓度高的废液进行焚烧处理（因含难以燃烧的物质多，故可与可燃性物质混合进行焚烧）。对浓度低的废液，经水解或溶剂萃取后，用吸附法进行处理。

⑦ 含有天然及合成高分子化合物的废液。此类废液包括：含有聚乙烯、聚乙烯醇、聚苯乙烯、聚二醇等合成高分子化合物，以及蛋白质、木质素、纤维素、淀粉、橡胶等天然高分子化合物的废液。

对其含有可燃性物质的废液，用焚烧法处理。而对难以焚烧的物质及含水的低浓度废液，经浓缩后，将其焚烧。但对蛋白质、淀粉等易被微生物分解的物质，其稀溶液不经处理即可排放。

6.3.3 电子元器件废弃物的处理方法

废旧的电子设备，例如各种电路板、电子元件、塑料外壳、电池等，其中既包含具有很大回收利用价值的铜等贵金属，也包含重金属及有机污染物。电子元器件废弃物的成分复杂，大多含有有毒化学物质，有一些甚至是剧毒的。比如，一台电脑有700多个元件，其中有一半元件含有汞、砷、铬等各种有毒化学物质；电视机、电冰箱、手机等电子产品也都含有铅、铬、汞等重金属；激光打印机和复印机中含有碳粉等，处理不当会造成严重污染。电子元器件废弃物品种类型非常复杂，各厂家所生产的同种功能的产品从材料选择、设计、生产上也各不相同。在回收处理的过程中，需要人工拆分为印刷电路板、电缆电线等元部件，然后再对其进行相当复杂的处理。实验室不得将电子元器件废弃物混入生活垃圾，应进行分类收集，运输到指定的回收地点。

6.3.4 放射性废物的处理方法

(1) 放射性污染的处理

在放射性物质生产和使用的过程中，时常会发生人体表面和其他物体表面受到污染的现象，不但影响操作者本身的健康，也会污染周围的环境。一般的轻微污染，即那些放射毒性较低、污染量较小的事件，在一定的时间和条件支持下，可以进行相应的清洗，清洗污染的过程越早进行效果越好。如果污染情况较为严重，特别是有人员损伤的情况，则属于放射性事故，应参照放射性事故应急处理程序进行处置。

常规轻微的放射性污染清理处置的方法如下。

① 工作室表面污染后，应根据表面材料的性质及污染情况，选用适当的清洗方法。一般先用水及去污粉或肥皂刷洗，若污染严重则考虑用稀盐酸或柠檬酸溶液冲洗，或刮去表面，或更换材料。

② 手和皮肤受到污染时，要立即用肥皂、洗涤剂、高锰酸钾、柠檬酸等清洗；头发如有污染也应用温水加肥皂清洗。不宜用有机溶剂及较浓的酸清洗，若这样做则会促使污染物进入体内。

③ 对于吸入放射性核素的人，可用0.25%肾上腺素喷射上呼吸道或用1%麻黄碱滴鼻使血管收缩，然后用大量生理盐水洗鼻、漱口，也可用祛痰剂（氯化铵、碘化钾）排痰，眼睛、鼻孔、耳朵也要用生理盐水冲洗。

④ 清除工作服上的污染时，如果污染不严重，及时用普通清洗法即可；污染严重时，不宜用手洗，要用高效洗涤剂，如用草酸和磷酸钠的混合液。如果一时找不到这些清洗剂，可将受污染的衣物先封存在一个大塑料袋内，以避免大面积污染。

⑤ 有些污染不适合使用上述方法清洗，应咨询专家，具体分析污染内容再做处理。

(2) 放射性废物的管理与处置

放射性废物是指含有放射性核素或被放射性污染，其活度和浓度大于国家规定的清洁控制水平，并预计不可再利用的物质。生产、研究和使用放射性物质以及处理、整备（固化、包装）、退役等过程都会产生放射性废物。

对放射性废物中的放射性物质，现在还没有有效的方法将其破坏，以使其放射性消失。目前只是利用放射性自然衰减的特性，采用在较长的时间内将其封闭，使放射强度逐渐减弱的方法，达到消除放射污染的目的。

① 放射性废物的储存。实验室应有放射性废物存放的专用容器，并应防止泄漏或沾污，存放地点还应设置有效屏蔽防止外照射。放射性废物的存放应与其他废物分开，不可将任何放射性废物投入非放射性垃圾桶或下水道。

放射性废物的储存要防止丢失，包装完整、易于存取，包装上一定要标明放射性废物的核素名称、活度、其他有害成分以及使用者和日期。应经常对存放地点进行检查和监测，防止泄漏事故的发生。

放射性废物在实验室临时存放的时间不要过长，应按照主管部门的要求送往专门储存和处理放射性废物的单位进行处置。

② 放射性废物的处理。放射性废物处理的目的是降低废物的放射性水平和危害，减小废物处理的体积。在实际放射性工作中，合理设计实验流程，合理使用放射性设备、试剂和材料，尽量做到回收再利用，尽量减少放射性废物的产生量。优化设计废物处理，防止处理过程中的二次污染；放射性废物要按类别和等级分别处理，从而便于储存和进一步深化处理。

a. 放射性液体废物的处理。

• 稀释排放。对符合我国相关规定的规定浓度的废水，可以采用稀释排放的方法直接排放，否则应经专门净化处理。

• 浓缩贮存。对半衰期较短的放射性废液可直接在专门容器中封装贮存，经一段时间，待其放射强度降低后，可稀释排放。对半衰期长或放射强度高的废液，可使用浓缩后贮存的方法。通过沉淀法、离子交换法和蒸发法浓缩手段，将放射物质浓集到较小的体积，再用专门容器贮存或经固化处理后深埋或贮存于地下，使其自然衰变。

• 回收利用。在放射性废液中常含有许多有用物质，因此应尽可能回收利用。这样做既不浪费资源，又可减少污染物的排放。可以通过循环使用废水，回收废液中某些放射性物质，在工业、医疗、科研等领域进行回收利用。

b. 放射性固体废物的处理。可燃性固体废物可通过高温焚烧实现大幅度减容，同时可使放射性物质聚集在灰烬中。焚烧后的灰渣可在密封的金属容器中封存，也可进行固化处理。采用焚烧方式处理，需要有良好的废气净化系统，因而费用高昂。

无回收价值的金属制品，还可在感应炉中熔化，使放射性被固封在金属块内。经压缩、焚烧减容后的放射性固体废物可封装在专门的容器中，或固化在沥青、水泥、玻璃中，然后将其埋藏在地下或贮存于设于地下的混凝土结构的安全贮存库中。

c. 放射性气体废物的处理。低放射性废气，特别是含有半衰期短的放射物质的低放射性废气，一般可以通过高烟筒直接稀释排放。

含有粉尘或含有半衰期长的放射性物质的废气，则需经过一定的处理，如用高效过滤的方法除去粉尘，用碱液吸收去除放射性碘，用活性炭吸附碘、氪、氙等。经处理后的气体，仍需通过高烟筒稀释排放。

6.3.5　生物安全实验室废弃物的处理方法

对生物安全实验室废弃物需要进行分类处理。生物安全实验室废弃物处理的原则是所有感染性材料必须在实验室内清除污染、高压灭菌或焚烧。

① 实验人员完成实验后将废弃物进行分类处理；

② 实验人员将感染性废弃物进行有效消毒，或灭菌处理，或焚烧处理；

③ 实验人员将未清除污染的废弃物进行包裹后存放到指定位置，以便进行后续处理；

④ 在感染性废弃物处理过程中要避免人员受到伤害或环境被破坏。

生物安全实验室废弃物清除污染的首选方法是高压蒸汽灭菌。废弃物应装在特定容器中（根据内容物是否需要进行高压蒸汽灭菌和/或焚烧而采用不同颜色标记的可以高压灭菌的塑料袋）。也可采用其他替代方法。

生物安全实验室废弃物的处理和丢弃程序如下。

(1) 先进行鉴别并分别进行处理

废弃物可以分成以下几类：

① 可重复使用的非污染性物品；

② 污染性锐器——注射针头、手术刀及碎玻璃等，这些废弃物应收集在带盖的不易刺破的容器内，并按感染性物质处理；

③ 通过高压灭菌和清洗来清除污染后重复或再使用的污染材料；

④ 高压灭菌后丢弃的污染材料；

⑤ 直接焚烧的污染材料。

(2) 不同种类的生物性废弃物的处理程序

这里主要对生物实验室特有的废弃物进行介绍。

① 生物活性实验材料。对于实验废弃的生物活性实验材料，特别是细胞和微生物（细菌、真菌和病毒等）必须及时灭活和消毒处理。

② 固体培养基等。要采用高压灭菌处理，未经有效处理的固体废物不能作为日常垃圾处置。

③ 液体废弃物如细菌等。需用15％次氯酸钠消毒30min，稀释后排放，最大限度地减轻其对周围环境的影响。

④ 动物尸体或被解剖的动物器官。需及时进行妥善处置，禁止随意丢弃动物尸体与器官。无论是在动物房还是在实验室，凡废弃的实验动物或器官必须按要求消毒，并用专用塑料袋密封后冷冻储存，统一送有关部门集中焚烧处理。严禁随意堆放动物排泄物，与动物有关的垃圾必须存放在指定的塑料垃圾袋内，并及时用过氧乙酸消毒处理后方可运出。

⑤ 实验器械与耗材。吸头、吸管、离心管、注射器、手套及包装等塑料制

品应使用特制的耐高压超薄塑料容器收集，定期灭菌后，回收处理。

⑥ 废弃的玻璃制品和金属物品。应使用专用容器分类收集，统一回收处理。

⑦ 注射针头用过后不可再重复使用，应放在盛放锐器的一次性容器内焚烧，如有需要可先高压灭菌。盛放锐器的容器不能装得过满。当达到容量的四分之三时，应将其放入"感染性废弃物"的容器中进行焚烧，可先进行高压灭菌处理。

⑧ 高压灭菌后重复使用的污染（有潜在感染性）材料必须在高压灭菌或消毒后进行清洗，再重复使用。

⑨ 应在每个工作台上放置盛放废弃物的容器、盘子或广口瓶，最好是不易破碎的容器（如塑料制品）。当使用消毒剂时，应使废弃物充分接触消毒剂（即不能有气泡阻隔），并根据所使用消毒剂的不同，保持适当接触时间。盛放废弃物的容器在重新使用前应高压灭菌并清洗。

第 7 章

实验室生物安全

2003 年的 SARS 和 2020 年新型冠状病毒肺炎的爆发与流行，使各国政府和国际社会对生物安全问题有了更多的认识和关注。实验室生物安全涉及的绝不仅是某个实验室的安全和其工作人员的个人健康，一旦发生事故，极有可能给人类社会、动物、植物乃至整个自然界带来不可预计的危害和影响。因此，实验室生物安全问题亟须解决且事关重大。

7.1 实验室生物安全基础知识

7.1.1 生物安全定义

生物安全是指对自然生物和人工培育的生物及其产品对人类健康和生态环境可能产生的潜在风险和现实危害的防范和控制。目的是保证试验研究的科学性，还要保护被实验因子免受污染。涉及的内容主要有重大传染病、实验室生物安全、流行病及公共健康管理、转基因生物和有害外来物种入侵、生物技术安全、农林畜牧业及食品安全、危险病原体及生化毒素的管理，以及生物恐怖、生物武器管制与生物战的预防等领域。

7.1.2 生物安全实验室的分类

生物安全实验室，也称生物安全防护实验室，是通过防护屏障和管理措施，能够避免或控制被操作的有害生物因子危害，达到生物安全要求的生物实验室和动物实验室。

生物安全实验室应由主实验室、其他实验室和辅助用房组成。

依据实验室所处理对象的生物危险程度，把生物安全实验室分为四级，其中一级对生物安全隔离的要求最低，四级最高。生物安全实验室的分级见表 7-1。

表 7-1　生物安全实验室的分级

实验室分级	处理对象
一级（BSL-1）	对人体、动植物或环境危害较低，不具有对健康成人、动植物致病性的致病因子
二级（BSL-2）	对人体、动植物或环境具有中等危害或具有潜在危险的致病因子。对健康成人、动物和环境不会造成严重危害。具备有效的预防和治疗措施
三级（BSL-3）	对人体、动植物或环境具有高度危险性，主要通过气溶胶使人传染上严重的甚至是致命的疾病，或对动植物和环境具有高度危害的致病因子。通常有预防治疗措施
四级（BSL-4）	对人体、动植物或环境具有高度危险性，通过气溶胶途径传播或传播途径不明，或未知的、危险的致病因子。没有预防治疗措施

7.1.3　生物危害及其警告标志

生物危害定义为：一个或其中部分具有直接或潜在危害的传染因子，通过直接传染或者破坏周围环境而间接危害人、动物以及植物的正常发育过程。具有一定生物活性的制剂都可称为生物因子，主要包括能够进行基因修饰、细胞培养和生物体内寄生的，可能致人或动物感染、过敏或中毒的一切微生物和其他相关的生物活性物质。而病原体，是指能致病的生物因子，包括能够引发人和动物、植物传染病的生物因子，主要指致病微生物。

根据病原微生物的传染性、感染后对个体或者群体的危害程度，将病原微生物分为四类。

① 危险度Ⅰ级（无或极低的个体和群体危险）：不太可能引起人或动物疾病的微生物。

② 危险度Ⅱ级（个体危险中等，群体危险低）：病原体能够对人或动物致病，但对实验室工作人员、社区、牲畜或环境不易导致严重危害；实验室暴露也许会引起严重感染，但对感染具备有效的预防和治疗措施，并且疾病传播的危险有限。

③ 危险度Ⅲ级（个体危险高，群体危险低）：病原体通常能引起人或动物的严重疾病，但一般不会发生感染个体向其他个体的传播，并且对感染具备有效的预防和治疗措施。

④ 危险度Ⅳ级（个体和群体的危险均高）：病原体通常能引起人或动物的严重疾病，并且很容易发生个体之间的直接或间接传播，对感染一般没有有效的预防和治疗措施。

在此，需要注意区分生物威胁、生物危害和生物危险。

生物威胁，是指生物因子形成的使人忧虑的、可能发生的严重危害。

生物危害，是由生物因子形成的伤害。

生物危险，是生物因子将要或可能形成的危害，是伤害概率和严重性的综合，或称风险。研究病原微生物是有一定风险的，生物安全实验室能够降低这种风险。

结合新型冠状病毒气溶胶传播对人类造成的深远影响，需要了解生物气溶胶对人类以及其生存的自然环境的影响。

通常来讲，空气气溶胶是由空气与悬浮于其中的固体和液体微粒共同组成的一种多相体系。悬浮于空气中的无数固体和液体微粒中，有一些是由陆地和水生环境的生物活动产生的，这些含有微生物或生物大分子等生命活性物质的微粒称为生物气溶胶。含有生物战剂的气溶胶习惯上叫作生物战剂气溶胶。生物气溶胶种类很多，包括空气中的细菌、真菌、病毒、尘螨、花粉、孢子、动植物碎裂分解体等具有生命活性的微小粒子。这些有生命活性的物质通常都附着在大气中的非生物颗粒上，如细菌等微生物；也有一些可以单独悬浮于大气中，如粒径很大的花粉颗粒。生物气溶胶粒子的粒径范围很广，粒径可以从 0.001μm 到 100μm。粒子形貌有简单的球体、圆柱体等，也有复杂的不规则形状等（如图 7-1）。

(a)

(b)

(c)

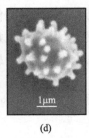
(d)

(e)

图 7-1 微生物粒径比较

生物气溶胶中没有固定的微生物种类，它主要通过土壤尘埃、地面水、植物、动物和人员活动等方式被带入空气，以液态和固态粒子的形式存在，在适宜条件下可以直接在大气中繁殖，也可以在沉降基质上繁殖。由于微生物能产生各种休眠体，故可在空气中存活相当长的时间而不致死亡，并可以借助空气介质扩散和传播，引发人类的急、慢性疾病以及动植物疾病。除了人体健康效应外，生物气溶胶还可以作为冰核和云凝结核，导致云滴和冰晶的形成，从而间接影响全球气候变化，并且对大气化学和大气物理过程有着潜在的重要影响。可产生各种严重程度微生物气溶胶的实验室操作见表 7-2。

表 7-2 可产生各种严重程度微生物气溶胶的实验室操作

轻度(≤10 个颗粒)	中度(11~100 个颗粒)	重度(>100 个颗粒)
玻片凝集试验	腹腔接种动物,局部不涂消毒剂	离心时离心管破裂
倾倒毒液	实验动物尸体解剖	打碎干燥菌种安瓿
火焰上灼热接种环	用乳钵研磨动物组织	打开干燥菌种安瓿
颅内接种	离心沉淀前后注入、倾倒、混悬毒液	搅拌后立即打开搅拌器盖
接种鸡胚或抽取培养液	毒液滴落在不同表面上	小白鼠鼻内接种
	用注射器从安瓿瓶中抽取毒液	注射器针尖脱落喷出毒液
	接种环、接种平皿、试管或三角烧瓶等	刷衣服,拍打衣服
	打开培养容器的螺旋瓶盖	
	摔碎带有培养物的培养皿	

为了控制微生物的扩散,通常需要进行消毒和灭菌。消毒,是减少除细菌芽孢外的微生物的数量,使其达到无害的程度,不一定杀灭或清除全部的微生物。灭菌,是有效地使目的物没有微生物的措施和过程,即杀灭所有的微生物。在 BSL-3 和 BSL-4 实验室中,灭菌要使用不外排的高压蒸气灭菌器。对于一般的细菌繁殖体和病毒,121℃、20min 即可灭菌,对细菌芽孢需要 30min 以上;对朊病毒(prion),要 134℃、20min 以上才能灭菌。

在处理生物危险度级别在 2 级以上的微生物时,在实验室门上应标有国际通用的生物危险警告标志。另外,在运输感染性物质时也要张贴生物危害警告标志。国际通用的生物危害警告标志如图 7-2 所示,标志最醒目的橘红色,其三边可以任意缠绕粘贴在装有生物危害材料的盒子上,并在不同部位可见,且容易在物品上打上印迹,并且经测验,该标志易于识别和记忆。该标志粘贴在实验室入口处,其下部应标注该实验室的生物安全等级和责任人姓名与联系电话。

图 7-2 生物危害警告标志

7.2 生物安全实验室的分类及其相关规定

7.2.1 基础实验室

(1) 一级生物安全水平（BSL-1）实验室

① 进入规定

• 应在实验室门口张贴生物危害警告标志，标明所使用的传染性病原体、实验室负责人的姓名和联系电话，并标明进入实验室的具体要求。

• 只有经批准的人员方可进入实验室工作区域。

• 实验室的门应保持关闭。

• 儿童不应被批准或允许进入实验室工作区域。

• 进入动物房应当经过特别批准。

• 与实验室工作无关的动物不得带入实验室。

② 人员防护

• 在实验室工作时，任何时候都必须穿着连体衣、隔离服或工作服。

• 在进行可能直接或意外接触到血液、体液以及其他具有潜在感染性的材料或感染性动物的操作时，应戴上合适的手套。手套用完后，应先消毒再摘除，随后必须洗手。

• 在处理完感染性实验材料和动物后以及在离开实验室工作区域前，都必须洗手。

• 为了防止眼睛或面部受到泼溅物、碰撞物或人工紫外线辐射的伤害，必须戴安全眼镜、面罩（面具）或其他防护设备。

• 严禁穿着实验室防护服离开实验室（如去餐厅、咖啡厅、办公室、图书馆、员工休息室和卫生间）。

• 不得在实验室内穿露脚趾的鞋子。

• 禁止在实验室工作区域进食、饮水、吸烟、化妆和处理隐形眼镜。

• 禁止在实验室工作区域储存食品和饮料。

• 在实验室内用过的防护服不得和日常服装放在同一柜子内。

③ 操作规范

• 严禁用口吸移液管。

• 严禁将实验材料置于口内，严禁舔标签。

• 所有的技术操作要按尽量减少气溶胶和微小液滴形成的方式来进行。

• 应限制使用皮下注射针头和注射器。除了进行肠道外注射或抽取实验动物体液，皮下注射针头和注射器不能用于替代移液管或用于其他用途。

• 出现溢出事故以及明显或可能暴露于感染性物质时，必须向实验室主管报告。实验室应保存这些事件或事故的书面报告。

• 必须制订关于如何处理溢出物的书面操作程序，并予以遵守执行。

• 污染的液体在排放到生活污水管道以前必须清除污染（采用化学或物理方法）。根据所处理的微生物因子的危险度评估结果，判断是否需要准备污水处理系统。

• 需要带出实验室的手写文件，必须保证在实验室内没有受到污染。

④ 实验室工作区相关规定

• 实验室应保持清洁整齐，严禁摆放和实验无关的物品。

• 发生具有潜在危害性的材料溢出以及在每天工作结束之后，都必须清除工作台面的污染。

• 所有受到污染的材料、标本和培养物在废弃或清洁再利用之前，必须清除污染。

• 在进行包装和运输时必须遵循国家和/或国际的相关规定。

• 如果窗户可以打开，则应安装防止节肢动物进入的纱窗。

⑤ 基本生物安全设备及相关规定

• 移液辅助器——避免用口吸的方式移液。有不同设计的多种产品可供使用。

• 生物安全柜，在以下情况下使用：处理感染性物质时（如果使用密封的安全离心杯，并在生物安全柜内装样、取样，则这类材料可在开放实验室离心）；空气传播感染的危险增大时；进行极有可能产生气溶胶的操作时（包括离心、研磨、混匀、剧烈摇动、超声破碎、打开内部压力和周围环境压力不同的盛放有感染性物质的容器、动物鼻腔接种以及从动物或卵胚采集感染性组织）。

• 一次性塑料接种环，也可在生物安全柜内使用电加热接种环，以减少生成气溶胶。

• 螺口盖试管及瓶子。

• 用于清除感染性材料污染的高压灭菌器或其他适当工具。

• 一次性巴斯德塑料移液管，尽量避免使用玻璃制品。

• 在投入使用前，如高压灭菌器和生物安全柜等设备必须用正确方法进行验收，应参照生产商的说明书定期检测。

⑥ 健康和医学监测。主管部门有责任通过相关负责人来确保实验室全体工作人员接受适当的健康监测。监测的目的是监控职业获得性疾病。

在一级生物安全水平操作微生物的实验室工作人员的监测指南：

历史证据表明，在一级生物安全水平操作的微生物不太可能引起人类疾病或兽医学意义上的动物疾病。但理想的做法是，所有实验室工作人员应进行上岗前的体检，并记录其病史。对于疾病和实验室意外事故应迅速报告，所有工作人员都应意识到应用规范的实验室操作技术的重要性。

⑦ 培训。人为的失误和不规范的操作，会极大地影响所采取的安全措施对实验室人员的防护效果，因此，熟悉如何识别与控制实验室危害的、有安全意识的工作人员，是预防实验室感染、差错和事故的关键。基于这一原因，不断地进行安全措施方面的在职培训是非常必要的。

一级生物安全水平实验室的结构示意如图 7-3 所示。

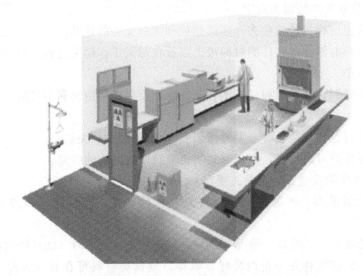

图 7-3　典型的一级生物安全水平实验室结构示意图

(2) 二级生物安全水平（BSL-2）实验室

二级生物安全水平实验室除了上文提到的与一级生物安全水平实验室共同的特点之外，还有以下不同。

① 在处理危险度Ⅱ级或更高危险度级别的微生物时，在实验室门上应标有国际通用的生物危害警告标志。标明所从事的生物因子、负责人、紧急联系电话。

② 实验室的门应带锁并可自动关闭。实验室的门应有可视窗。

③ 应在实验室内配备生物安全柜。

④ 潜在被污染的废弃物同普通废弃物分开处理。

⑤ 至少应在实验室所在的建筑内配备高压蒸气灭菌器或其他适当的消毒设备。

⑥ 在二级生物安全水平操作微生物的实验室工作人员的监测指南如下。

• 必须有录用前或上岗前的体检。记录个人病史，并进行一次有目的的职业健康评估。
- 实验室管理人员要保存工作人员的疾病和缺勤记录。
- 育龄期妇女应知道某些微生物（如风疹病毒）的职业暴露对未出生孩子的危害。保护胎儿的正确措施因妇女可能接触的微生物而异。

二级生物安全水平实验室的结构示意如图 7-4 所示。

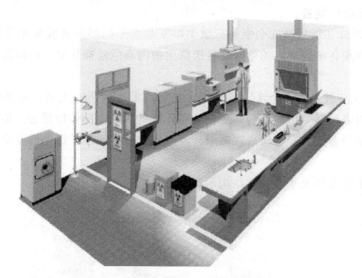

图 7-4　典型的二级生物安全水平实验室结构示意图

7.2.2　防护实验室

三级生物安全水平（BSL-3）的防护实验室是为处理危险度Ⅲ级的微生物和大容量或高浓度的、具有高度气溶胶扩散危险的危险度Ⅱ级的微生物的工作而设计的。三级生物安全水平需要比一级和二级生物安全水平的基础实验室更严格的操作和安全程序。

三级生物安全水平的防护实验室首先必须应用基础实验室的指标，此外还有一些增添的部分：

① 张贴在实验室入口门上的国际生物危害警告标志，应注明生物安全级别以及管理实验室出入的负责人姓名，并说明进入该区域的所有特殊条件，如免疫接种状况。

② 实验室由清洁区、半污染区和污染区组成，各区之间应设缓冲间。

③ 实行严格的双人工作制度，任何情况下严禁单独在实验室里工作。

④ 实验室防护服必须是正面不开口的或反背式的隔离衣、清洁服、连体服、带帽的隔离衣，必要时使用鞋套或专用鞋。前系扣式的标准实验服不适用，因为不能完全罩住前臂。实验室防护服不能在实验室外穿用，且必须在清除污染后再

清洗。当操作某些微生物因子（如动物感染性因子）时，可以允许脱下日常服装，换上专用的实验服。

⑤ 开启各种有潜在感染性物质的操作均须在生物安全柜或其他基本防护设施中进行。

⑥ 在进行某些实验室操作，或在进行感染了某些病原体的动物操作时，必须配备呼吸防护装备。

⑦ Ⅰ级或Ⅱ级生物安全柜是三级生物安全水平的屏障实验室中常用的安全柜，而在涉及各国所规定的危险度Ⅲ级微生物的高危险操作时，可能需要Ⅲ级生物安全柜。

⑧ 对在三级生物安全水平的防护实验室内工作的所有人员，要强制进行医学检查。内容包括一份详细的病史记录和针对具体职业的体检报告。临床检查合格后，给受检者配发一张医疗联系卡，说明他或她受雇于三级生物安全水平的防护实验室。

三级生物安全水平实验室结构示意如图 7-5 所示。

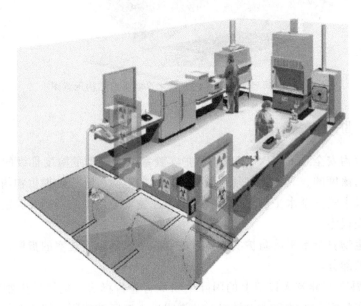

图 7-5 典型的三级生物安全水平实验室结构示意图

7.2.3 最高防护实验室

四级生物安全水平的最高防护实验室是为进行与危险度Ⅳ级微生物相关的工作而设计的。这种实验室在建设和投入使用前，应充分咨询有运作类似设施经验的机构。四级生物安全水平的最高防护实验室的运作应在国家或其他有关的卫生主管机构的管理下进行。有关四级生物安全水平实验室开展的实质性工作，应与WHO的生物安全规划处联系获取相关资料。

四级生物安全水平的最高防护实验室在应用三级生物安全水平实验室指标的基础上还有一些增添的部分：

① 四级生物安全水平的最高防护实验室必须位于独立的建筑内，也可以在一个安全可靠的建筑中明确划分出来的区域内。

② 工作人员进入实验室之前和离开实验室时，必须更换全部衣服和鞋子。

③ 必须配备由Ⅲ级生物安全柜型实验室和/或防护服型实验室组合而成的、有效的基本防护系统。

④ 设施内应保持负压。供风和排风均需经高效空气过滤器（HEPA filter）过滤。

⑤ 污水需经净化消毒处理，排出前需将 pH 调至中性。个人淋浴室和卫生间的污水可以不经任何处理直接排到下水道中。

⑥ 实验室的核心工作区必须配备专用的双扉传递型高压灭菌器。

⑦ 必须有供样品、实验用品和动物进入的气锁室。

7.3 生物安全实验室管理

7.3.1 生物安全管理制度

实验室的生物安全管理不仅要有缜密的管理组织体系，同时还应建立健全管理制度。管理制度一般通过规章制度、管理规范、程序文件、标准操作程序（SOP）和记录等文件形式体现。

(1) 规章制度

涉及生物安全的规章制度应包括但并不限于如下制度。

① 人员培训制度。所有实验室相关人员在上岗前都必须经过相应的培训。培训要有计划性和可持续性，并有完整的培训记录。应对被培训者和培训者进行考核和评估。经考核合格者方有上岗资格。

② 实验室准入制度。只有告知潜在风险并符合进入实验室条件特殊要求（如经过免疫接种）的人，才能进入实验室。在开展涉及相关病原微生物的工作时，实验室负责人应禁止或限制人员进入实验室。一般情况下，易感人员或感染后会出现严重后果的人员，不允许进入实验室或动物房，例如，患有免疫缺陷或免疫抑制的人，其被感染的危险性较大。实验室负责人对每种情况的估计和决定谁能进入实验室或动物房工作，负有最终责任。

③ 安全计划审核制度。每年应由实验室负责人对安全计划至少审核和检查一次，包括但不限于下列要素：
- 安全和健康规定；
- 书面的工作程序，包括安全工作行为；
- 教育及培训；
- 对工作人员的监督；
- 常规检查；
- 危险材料和物质；
- 健康监护；
- 急救服务及设备；
- 事故及病情调查；
- 健康和安全审查；
- 记录及统计；
- 确保落实审核中提出的需要采取的全部措施的计划。

④ 安全检查制度。实验室负责人有责任确保安全检查的执行。每年应对工作场所至少检查一次，以保证：
- 应急装备、警报体系和撤离程序功能及状态正常；
- 用于危险物质泄漏控制的程序和物品（包括紧急淋浴）状态正常；
- 对可燃易燃性、可传染性、放射性和有毒物质的存放进行适当的防护和控制；
- 污染和废物处理程序的状态正常；
- 实验室设施、设备和人员的状态正常。

⑤ 事件、伤害、事故和职业性疾病报告制度。实验室应有实验室事件、伤害、事故、职业性疾病以及潜在危险的报告程序。所有事件（包括伤害）报告应形成文件。报告应包括事件的详细描述、原因评估、预防类似事件发生的建议以及为实施建议所采取的措施。事件报告（包括补救措施）应经高层管理者、安全委员会或实验室安全负责人评审。

⑥ 危险标识制度。应系统而清晰地标示出危险区，且适用于相关的危险。在某些情况下，宜同时使用标记和物质屏障标示出危险区。应清楚地标示在实验室或实验室设备上使用的具体危险材料。通向工作区的所有进出口都应标明其中存在的危险。尤其应注意火险以及易燃、有毒、放射性、有害和生物危险材料。实验室负责人应负责定期评审和更新危险标识系统，以确保其适用现有的危险。该活动每年应至少进行一次。应对相关非实验室员工（如维护人员、合同方、分包方）进行培训，确保其知道可能遇到的任何危险并掌握有关紧急程序。应标示和评审对孕妇健康和易感人员的潜在危险。应进行危害评估并记录。

⑦ 记录制度。对实验室所发生的任何涉及安全的事件和活动应进行及时的记录。

a. 对职业性疾病、伤害、不利事件或事故以及所采取的相应行动应建立报告和记录制度，同时应尊重个人隐私。

b. 危害评估记录：应有正式的危害评估体系。可利用安全检查表对危害评估过程进行记录及文件化。安全审核记录和事件趋势分析记录有助于制定和采取补救措施。

c. 危险废物处理和处置记录：危险废物处理和处置记录是安全计划的一个组成部分。危险废物处理和处置、危害评估、安全调查记录和所采取的相应行动记录应按有关规定的期限保存并可查阅。

（2）管理规范

管理规范应包括但不限于如下内容。

① 实验室安全手册。要求所有员工阅读的安全手册应在工作区随时可用。手册应针对实验室的需要，主要包括但不限于以下几方面：生物危险、消防、电气安全、化学品安全、辐射、废物处理和处置。

安全手册应对从工作区撤离和事件处理规程有详细说明。实验室负责人应至少每年对安全手册进行评审和更新。

实验室中其他有用的信息来源还包括（但不限于）实验室涉及的所有材料的安全数据单、教科书和权威性期刊刊出的文章等参考资料。

② 食品、饮料及类似物品。食品、饮料及类似物品只应在指定的区域内准备和食用。食品和饮料只应存放于非实验室区域内指定的专用处。冰箱应适当标记以明确其规定用途。实验室内禁止吸烟。

③ 化妆品、头发和珠宝。禁止在工作区内使用化妆品和处理隐形眼镜。长发应束在脑后。在工作区内不应佩戴戒指、耳环、腕表、手镯、项链和其他珠宝。

④ 免疫。如有条件，所有实验室工作人员应接受免疫以预防其可能被所接触的生物因子感染。并应按有关规定保存免疫记录。

⑤ 个人物品。个人物品不应放在有规定禁放的和可能发生污染的区域。

⑥ 内务行为：

a. 由实验室安全负责人监督保持良好的内务行为。工作区应时刻保持整洁有序。禁止在工作场所存放可能导致阻碍和绊倒危险的大量一次性材料。

b. 对所有用于处理污染性材料的设备和工作台表面在每次工作结束、有任何漏出或发生了其他污染时应使用适当的试剂进行清洁和消毒。

c. 对漏出的样本、化学品、放射性核素或培养物应在风险评估后清除并对涉及区域去污染。清除时应使用经核准的安全预防措施、安全方法和个人防护装备。

d. 内务行为改变时应报告实验室负责人以确保避免发生无意识的风险或危险。实验室行为、工作习惯或材料改变可能对内务和/或维护人员有潜在危险时，应报告实验室负责人，并书面告知内务和维护人员的管理者。

e. 应制定在发生事故或漏出导致生物、化学或放射性污染时，设备保养或修理之前对每件设备去污染、净化和消毒的专用规程。

⑦ 洗手：

a. 实验室工作人员在实际或可能接触了血液、体液或其他污染材料后，即使戴有手套也应立即洗手。

b. 摘除手套后、使用卫生间前后、离开实验室前、进食或吸烟前应例行洗手。

c. 实验室应为过敏或对某些消毒防腐剂中的特殊化合物有其他反应的工作人员提供洗手用的替代品。

d. 洗手池不得用于其他目的。在限制使用洗手池的地点，使用基于乙醇的"无水"手部清洁产品是可接受的替代方式。

洗手六步法为：第一步，双手手心相互搓洗（双手合十搓5下）；第二步，双手交叉搓洗手指缝（手心对手背，双手交叉相叠，左右手交换各搓洗5下）；第三步，手心对手心搓洗手指缝（手心相对十指交错，搓洗5下）；第四步，指尖搓洗手心，左右手相同（指尖放于手心相互搓洗）；第五步，一只手握住另一只手的拇指搓洗，左右手相同；第六步，指尖摩擦掌心或一只手握住另一只手的手腕转动搓洗，左右手相同。

⑧ 接触生物源性材料的安全工作行为：

a. 处理、检验和处置生物源性材料的规定和程序应适用良好微生物行为标准。

b. 工作行为应可降低污染的风险。执行污染区内的工作行为应可预防个人暴露。

c. 样本的处理应遵循正确的规范，应规定标本有损坏或泄漏时的处理程序。

d. 禁止口吸移液，应使用助吸器具。

e. 应培训实验室工作人员安全操作尖利器具及装置。

f. 安全工作行为应尽可能减少使用利器和尽量使用替代品。禁止用手对任何利器剪、弯、折断、重新戴套或从注射器上移去针头。

g. 包括针头、玻璃、一次性手术刀在内的利器应在使用后立即放入耐扎容器中。尖利物容器应在内容物达到三分之二前置换。

h. 所有样本、培养物和废物应被假定含有传染性生物因子，应以安全方式处理和处置。

i. 所有有潜在传染性或毒性的质量控制和参考物质在存放、处理和使用时应按未知风险的样本对待。

　　j. 操作样本、血清或培养物的全过程中应穿戴适当的且符合风险级别的个人防护装备。操作实验动物时应穿戴耐抓咬、防水个人防护服和手套；应戴适当的面部、眼部防护装置，必要时，增加呼吸防护；应在生物安全柜内操作。

　　k. 摘除手套后一定要彻底洗手。

　　l. 生物安全柜内最好不用明火，而采用电子灼烧灭菌装置对微生物接种环灭菌。

　　⑨ 减少接触有害气溶胶行为：

　　a. 实验室工作行为的设计和执行应能减少人员接触化学或生物源性有害气溶胶。

　　b. 样本只应在有盖安全罩内离心。所有进行涡流搅拌的样本应置于有盖容器内。

　　c. 在能产生气溶胶的大型分析设备上应使用局部通风防护，在操作小型仪器时使用定制的排气罩。

　　d. 在可能出现有害气体和生物源性气溶胶的地方应采取局部排风措施。

　　e. 饲养、操作动物应在适当的动物源性气溶胶防护设备中进行，工作人员应同时使用适当的个人防护设备。

　　f. 有害气溶胶不得直接排放。

　　⑩ 紫外线和激光光源（包括高强度光源的光线）。在使用紫外线和激光光源的场所，应提供适用且充分的个人防护装备，应有适当的标识公示。应为安全使用设备提供培训。这些光源只能用于其设计目的。

　　⑪ 紧急撤离。应制定紧急撤离的行动计划。该计划应考虑到包括生物性在内的各种紧急情况。应包括采取使留下的建筑物处于尽可能安全状态的措施。所有人员都应了解行动计划、撤离路线和紧急撤离的集合地点。所有人员每年应至少参加一次演习。实验室负责人应确保有用于急救和紧急程序的设备在实验室内可供使用。

　　⑫ 样本运送：

　　a. 所有样本应以防止污染工作人员或环境的方式运送到实验室。

　　b. 样本应置于被承认的、本质安全、防漏的容器中运输。

　　c. 样本在机构所属建筑物内运送应遵守该机构的安全运输规定。样本运送到机构外部应遵守现行的有关运输可传染性和其他生物源性材料的法规。

　　d. 样本、培养物和其他生物材料在实验室间或其他机构间的运送方式应符合相应的安全规定。应遵守国际和国家关于道路、铁路和水路运输危险材料的有关要求。

e. 按国家或国际标准认为是危险货物的材料拟通过国内或国际空运时，应包装、标记和提供资料，并符合国家或国际相关的现行要求。

7.3.2 实验室人员管理

"硬件、软件和操作者（人）"是构成实验室生物安全的三要素，而其中人是核心要素。如果管理者和使用者的安全意识淡薄、操作不规范，再高级的设施也发挥不了作用，再好的制度也得不到落实。因此，有计划地开展人员培训以提高实验室相关人员的素质显得尤为重要。实验室或者实验室的设立单位应当每年定期对工作人员进行培训，保证其掌握实验室技术规范、操作规程、生物安全防护知识和实际操作技能，并进行考核。工作人员经考核合格方可上岗。从事高致病性病原微生物相关实验活动的实验室，应当每半年将培训、考核其工作人员的情况和实验室运行情况向相应级别的卫生主管部门或者兽医主管部门报告。

在实验室生物安全的三要素中人又是最宝贵的要素，必须保证操作者的身体健康和生命安全，同时也要防止因操作的意外感染而导致的传染病传播。因此，必须对病原微生物实验室相关人员进行健康监测。每年组织对其进行体检，并建立健康档案。必要时，应当对实验室工作人员进行预防接种。

7.3.3 感染性物质的管理

感染性物质是已知或可能含有传染性致病原的物质，主要包括各种菌（毒）种、寄生虫和样本等。在工作过程中，由于各种感染性物质处于不同的状态，实验室工作人员应根据情况对其进行相应的管理，避免差错，保证工作质量和实验室生物安全。

对感染性物质的严格管理是保证实验室生物安全的重要内容之一，只有规范严格的管理制度以及对该制度的执行情况进行有效的监督，才能防止在传染病防治、科研、教学以及生物制品生产过程中造成感染性物质的扩散或遗失。规范的管理可确保研究及保管人员的安全，避免发生实验室感染或引起传染病的传播，从而确保人民群众的身体健康和生命安全。

因此，在感染性物质的采集、包装和运输、接收、领取、保存、使用与管理以及销毁程序的全过程中，都要严格遵守相关的规定，确保万无一失。

7.3.4 资料管理

对实验活动实施和管理的全过程应做详细的记录，并制订规范化的记录表格。所有的记录均应存档，对于记录和档案资料的建立、管理应制订专门的程序。

(1) 实验记录

实验记录是对实验过程真实、详细的描述。实验记录主要有书面记录和计算机记录两种形式，主要包括在实验过程中的文字叙述、表格、统计数据、录音和各种图像等内容。

① 实验记录应包括的内容。实验记录应包括以下内容：实验目的、人员、时间、材料、方法、结果和分析等。在科研工作中，通常采用文献提供或自主研制的方法进行实验工作，因此，对于各种方法的使用有较为广泛的选择性；而在紧急疫情和突发公共卫生事件处理过程中，根据具体情况的需要，主要使用国家或行业的标准方法对疾病进行诊断，以便及时获得可靠的结果。但应注意，凡是涉及感染性物质的实验方法均应经过单位批准并形成 SOP。对于各种实验结果则主要依靠统计数据、表格和图像的形式来记录。

② 实验记录的整理和保存。实验室书面记录以表格的形式为主，应根据实验工作的性质，保存于相应的实验室内，留底供查询。

输入计算机的实验记录应每日整理，将文字和影像资料（影像照片、数据、表格等）录入计算机储存。实验记录应每月备份一次，检查内容无误后，形成单独的文件刻录成光盘。光盘文件不允许修改或删除，日后如发现错误，重新刻入修正文件，说明修改原因和修改责任人，并保留原始的记录。刻入光盘的实验记录编号入档，长期保存。

实验室负责人应定期检查实验室的工作记录。

(2) 实验室资料和档案

实验室档案是从事各种实验室活动时，直接产生的有保存价值的各种文字、图表、声音等不同形式的真实记录。可以分为两部分，即基本档案与参考文件。对实验室内保存的所有感染性物质，都应建立档案管理制度。

① 实验室资料的分类整理。基本档案为文字文件，包括原始记录及进入实验室后的所有鉴定记录，以数字和简单的文字描述反映。参考文件包括无法收入基本档案的详细实验记录，例如：图像以及样品鉴定的实验报告和文献等。为了便于管理和查询，所有档案均应制作索引，实验室资料的保存是将各种实验记录和资料进行系统整理，采用项目分类保管的方式。文字资料分阶段或题目进行装订，并附上所有相关表格和图像等。

计算机资料需要定期备份，存入光盘，编号保存。

对于档案保存方式和期限应有明确规定。

② 实验室资料的档案管理。实验室资料应按照档案管理的要求进行，主要包括任务来源、目的、内容、方法、结果、附件（各种记录）等。根据工作需要，定期将档案中有关内容打印成表格，分类归档，专人负责，长期保存。借阅、查询实验记录要经过批准并登记，注意保密，爱护实验记录，妥善保管，不

准转借、损毁、污染、涂改等。

7.4 生物安全实验室的个人防护

实验室工作人员需配备必要的个人防护用品。在生物实验中因为要接触不同的试剂、细菌、质粒、病毒甚至辐射源等对人体有害的因素，所以生物安全防护的工作很重要，一是体现在防护意识上，二是体现在防护措施上，三是体现在事故处理方面。防护意识问题包括防护意识差或是过度防护造成心理恐惧两个方面。防护措施主要包括口罩、连体衣、袖套和防护目镜等个人防护装备的使用。应急事故处理主要包括应急处理程序和应急处理设备。

7.4.1 生物实验室个人防护装备及总体要求

个人防护装备是指用来防止人员受到物理、化学和生物等有害因子伤害的器材和用品。使用个人防护装备是为了减少操作人员暴露于气溶胶、喷溅物以及意外接种等危险环境而设立的一个物理屏障，防止工作人员受到工作场所中物理、化学和生物等有害因子的伤害。在危害评估的基础上，实验室工作人员需结合工作的具体性质，按照不同级别的防护要求选择适当的个人防护装备。

① 选择合格产品。实验人员选择的任何个人防护装备应符合国家有关标准。同时，实验人员还应接受关于个人防护装备的选择、使用和维护等方面的指导和培训。对个人防护装备的选择、使用和维护应有明确的书面规定、程序和使用指导，形成标准化体系。

② 使用前验证。个人防护装备使用前应仔细检查，不使用标志不清、破损或泄漏的个人防护用品，保证个人防护的可靠性。

③ 个人防护装备的净化和消毒。为了防止个人防护装备被污染而携带生物因子，所有在致病微生物实验室使用过的个人防护装备均应被视为已被"污染"。应进行净化和消毒后再做处理。实验室应制订严格的个人防护装备去污染的标准操作程序并遵照执行。同时，所有个人防护装备不得带离实验室。

④ 个人防护的易操作性和舒适性。个人防护要适宜、科学。在危害评估的基础上，按不同级别的防护要求选择适当的个人防护装备。在确保防护水平高于保护工作人员免受伤害所需要的最低防护水平的同时，也要避免个人防护过度，造成操作不便甚至有害健康。建议个人防护分为三级，一级防护用于 BSL-1 和 BSL-2，二级防护用于 BSL-3，三级防护用于 BSL-4。

在实验室工作中，个人防护所涉及的防护部位主要包括眼睛、头面部、躯体、手足、耳（听力）以及呼吸道，其防护装备包括眼镜（安全镜、护目镜）、口罩、面罩、防毒面具、防护帽、手套、防护服（实验服、隔离衣、连体衣、围裙）、鞋套以及听力保护器等。

(1) 手臂防护

当进行实验室操作时，手在操作中，最有可能被污染，也容易受到锐器伤害。在进行实验室一般性工作以及在处理感染性物质、血液和体液时，应广泛地使用一次性乳胶、乙烯树脂或聚腈类材料的手术用手套。可重复使用的手套虽然也可以用，但必须注意一定要正确冲洗、摘除、清洁并消毒。手套的作用是防止生物危险、化学品、辐射污染、冷和热、产品污染、刺伤、擦伤和动物咬伤等。手套选用应该按照所从事操作的性质来选择，符合舒适、合适、灵活、握牢、耐磨、耐脏和耐撕的要求，以提供足够的保护。

在操作完感染性物质、结束生物安全柜中的工作以及离开实验室之前，均应该摘除手套并彻底洗手。用过的一次性手套应该与实验室的感染性废弃物一起丢弃。实验室或其他部门工作人员在戴乳胶手套，尤其是那些添加了粉末的手套时，曾有过发生皮炎及速发型超敏反应等变态反应的报道，因此，实验室应该配备替代加粉乳胶手套的品种。在进行尸体解剖等可能接触尖锐器械的情况下，应该戴不锈钢网孔手套。但这样的手套只能防止切割损伤，而不能防止针刺损伤。手套不得带离实验室区域。

(2) 头面部防护

① 头部防护（帽子）。在实验室工作中佩戴由无纺布制成的一次性简易防护帽，可以保护工作人员避免化学和生物等危害物质飞溅至头部（头发）造成的污染；同时，可防止头发和头屑等污染工作环境，保护负压实验室的空气过滤器。

② 面部防护（口罩、面罩）。面部的防护装备主要有口罩和防护面罩。常用的外科手术口罩由三层纤维组成，可预防飞沫进入口鼻，适用于 BSL-1 和 BSL-2 实验室，可以保护部分面部免受生物物质危害，如血液、体液及排泄物等的喷溅污染。N95 口罩适用于一些高危的工作程序，如在 BSL-2 或 BSL-3 实验室操作经呼吸道传播的高致病性微生物感染性材料时，则需要佩戴 N95 级或以上级别的口罩。N 系列口罩适用于无油性烟雾的工作环境，可过滤 $0.3\mu m$ 或以上的微粒（如飞沫或结核菌），效率达 95%（N95 级）、99%（N99 级）甚至 99.97%（N100 级）。在有油性烟雾的情况下，可选择 R 系列或 P 系列的口罩（R 为抗油，P 为防油）。

防护面罩可保护实验室工作人员的面部免受碰撞或切割伤以及感染性材料飞溅或接触造成的脸部、眼睛和口鼻的危害。防护面罩一般由防碎玻璃制成，分一次性防护面罩和可重复使用的防护面罩。当需要对整个面部进行防护，尤其是进行可能产生感染性材料喷溅或气溶胶的操作时，需要在使用防护面罩的同时，根据需要佩戴口罩、安全镜或护目镜。

③ 眼部防护（防护镜、生物安全镜、洗眼装置）。在所有易发生潜在眼睛损伤，包括理化和生物等因素引起的损伤以及有潜在黏膜吸附感染危险的实验室中工作时，必须采取眼部防护措施。眼部防护装备主要包括生物安全眼镜和护目镜。另外，必要时还应配备洗眼装置。

应根据所进行的操作来选择相应的装备，安全眼镜和护目镜可保护眼睛免受有害物质飞溅进入眼内进而透过黏膜进入体内。制备的屈光眼镜或平光眼镜应当配备专门镜框，将镜片从镜框前面装上，这种镜框用可弯曲的或侧面有保护罩的防碎材料制成（安全眼镜）。安全眼镜即使侧面带有保护罩也不能对喷溅提供充分的保护。护目镜应该戴在常规视力矫正眼镜或隐形眼镜（它们对生物学危害没有保护作用）的外面来对飞溅和撞击提供保护。

根据《实验室生物安全通用要求》（GB 19489—2019）的规定，实验室内，尤其是BSL-2或BSL-3实验室内，必须配备紧急洗眼装置，洗眼装置应安装在室内明显和易取的地方，并保持洗眼水管的通畅。

(3) 呼吸道防护

当进行高度危险性的操作（如清理溢出的感染性物质）时，如不能安全有效地将气溶胶限定在许可范围内，必须采用呼吸道防护装备来防护。呼吸道防护装备主要包括高效口罩、正压头盔和防毒面具。

① 高效口罩。高效口罩即前面所述的N95级和以上级别的口罩，可有效过滤$0.3\mu m$或以上尺寸的有害微粒，在一定程度上防止呼吸道受到危害。

② 正压头盔。正压头盔也称头盔正压式呼吸防护系统，主要有正压式、双管供气式、电动式三种类型。正压头盔除了可对呼吸系统防护外，还可提供眼睛、面部和头部的防护。

③ 防毒面具。应根据操作的危险类型来选择防毒面具。防毒面具中装有一种可更换的过滤器，可以保护佩戴者免受气体、蒸气、颗粒和微生物的影响。过滤器必须与防毒面具的类型相配套。为了达到理想的防护效果，每一个防毒面具都应经过测试并适合操作者的面部。具有一体性供气系统的配套完整的防毒面具可以提供彻底的保护。在选择正确的防毒面具时，要听从专业卫生工作者等有相应资质的人员的意见。有些单独使用的一次性防毒面具设计用来保护工作人员避免生物因子暴露。防毒面具不得带离实验室区域。

(4) 躯体和下肢的防护

躯体和下肢的防护装备主要是防护服，包括工作服、实验服、隔离衣、连体衣、围裙以及正压防护服。各级实验室应确保具备足够的、有适当防护水平的清洁防护服可供使用。不用的时候，应将清洁的防护服置于专用存放处。已污染的防护服应在有适当标记的防漏袋中放置和运输。每隔适当的时间，应更换防护服以确保清洁。当知道防护服已被危险材料污染时,应立即更换。工作人员离开实验室区域之前应脱去防护服。

当有潜在危险的物质可能溅到工作人员身上时,应该使用塑料围裙或防液体长罩服。在这种工作环境中,如有必要,还应穿戴其他的个人防护装备,如手套、防护镜、面具和头面部保护罩等。穿合适的鞋子和鞋套或靴套,可保护实验人员的足部(鞋袜)免受损伤,尤其可以防止有害物质喷溅造成的污染以及化学腐蚀伤害。

① 工作服。实验室人员在常规工作中应穿工作服。工作服可保护工作人员躯体及日常穿着免受实验室各种理化因素的危害。

② 实验服[图 7-6(a)]。前面能完全扣住的实验服一般用于在 BSL-1 实验室进行下述工作时的躯体防护:静脉血和动脉血的穿刺抽取;血液、体液或组织的处理加工;质量控制和实验室仪器设备的维修保养;化学品和试剂的处理和配制;洗涤、触摸或在污染/潜在污染台面上工作。

(a) 实验服　　　(b) 隔离衣　　　(c) 正压防护服

图 7-6　各种防护服

③ 隔离衣[图 7-6(b)]。隔离衣为长袖背开式,穿着时应保证颈部和腕部扎紧。隔离衣通常在 BSL-2 和 BSL-3 实验室内使用,适用于接触大量血液或其他潜在感染性材料时穿着。

④ 正压防护服[图 7-6(c)]。正压防护服适用于涉及致死性生物危害物质或第Ⅰ类生物危险因子的操作。进入正压型 BSL-4 实验室的工作人员应穿着正压防护服。该防护服具有生命维持系统,分为内置式和外置式两种,包括提供超量清洁呼吸气体的正压供气装置,保证防护服内气压相对周围环境为持续正压。

⑤ 围裙。在必须对血液或培养液等化学或生物物质的溢出提供进一步防护时,应在实验服或隔离衣外面再穿上塑料,且有高颈保护的围裙。

⑥ 鞋及鞋套。实验室工作鞋应该舒适,鞋底防滑。推荐使用皮制或合成材料的不渗透液体的鞋类。在从事可能出现漏出液体的工作时可以穿一次性防水鞋套。鞋套可防止将病原体带离工作地点而扩散到生物安全实验室以外。BSL-2 和

BSL-3 实验室中要坚持穿鞋套或靴套，BSL-3 和 BSL-4 实验室中还要求使用专用鞋（如一次性鞋或橡胶靴子）。

7.4.2 个人防护用品的去污染消毒

凡在生物安全实验室使用过的个人防护装备均应视为被污染过，应做消毒处理。实验室应制定个人防护用品去污消毒的标准操作程序（SOP），并严格执行，实验室人员应全部经过培训演练。下面仅就某些个人防护用品的消毒方法做介绍。

（1）塑料、橡胶、无纺布制品的消毒

① 一次性用品，包括防护帽、口罩、手套、防护服等使用后应放入医疗废物袋内进行高压灭菌，作为医疗废物统一处理。

② 拟回收再用的耐热的塑料器材，按要求打包、表面有效消毒后，进行121℃、15min（根据微生物特点而定）高压灭菌处理。

③ 不耐热的拟回收再用的塑料器材可用0.5％过氧乙酸喷洒或浸泡于有效氯浓度为2000mg/L的含氯消毒剂中≥1h，然后清水洗涤沥干；或用环氧乙烷消毒柜，在温度为54℃、相对湿度为80％、环氧乙烷气体浓度为800mg/L的条件下，作用4～6h。

④ 橡胶手套等污染后可用121℃、5min压力蒸汽灭菌处理后，用浓度0.5％～1.0％肥皂液或洗涤剂溶液清洗，然后清水洗涤沥干后再用。

⑤ 可重复使用的棉织工作服、帽子、口罩等可用121℃、15min压力蒸汽灭菌处理。有明显污染时，随时喷洒消毒剂消毒或放入专用的污染袋中，然后进行高压蒸汽灭菌处理。为了清洁，可用70℃以上热水加洗涤剂洗涤。

（2）操作过程中手套的消毒

当进行实验操作时，手的污染概率最大。一般在操作高致病性微生物时需要佩戴双层乳胶手套，或乙烯树脂、聚腈类材料的手套。在操作过程中应随时随地对外层手套进行消毒，必要时更换。一般采用70％酒精或0.5％过氧乙酸喷洒手套消毒。在安全柜内操作完成后，双手撤离安全柜前对手套进行药物消毒。在实验室内清理收尾工作完成后，对外层手套消毒，而后放入医疗废物袋内，待进一步处理。

（3）正压防护服和正压面罩的消毒

离开实验室前对正压防护服和正压面罩进行消毒剂淋浴消毒，然后放入环氧乙烷灭菌柜或过氧化氢等离子体灭菌柜内进行熏蒸灭菌后用净水清洗，沥干后存放待用。

（4）鞋袜的消毒

在病原微生物实验室中工作的人员，如果鞋袜受到感染性物质的污染，应及时按规定程序进行消毒、更换。在 BSL-3 实验室中，若穿用鞋套，离开核心区时应在缓冲区Ⅱ脱去（外层）鞋套，放入医疗废物袋，进行高压蒸汽灭菌处理。鞋袜或内层鞋套在缓冲区Ⅰ或更衣室内更换或脱掉。

7.4.3 各级生物安全实验室的个人防护要求

个人防护的内容包括防护用品和防护操作程序。所有实验室人员必须经过个人防护的必要培训，考核合格获得相应资质，熟悉所从事工作的风险和实验室特殊要求后方可进入实验室工作。实验室应按照分区实施相应等级的个人防护。实验室操作必须严格遵守个人防护原则。不同生物安全等级的实验室的个人防护要求如下。

（1）BSL-1 实验室

工作人员进入实验室应穿工作服，实验操作时应戴手套，必要时佩戴防护眼镜。离开实验室时，工作服必须脱下并留在实验区内。不得穿着工作服、戴着手套进入办公区等清洁区域。用过的工作服应定期消毒。

（2）BSL-2 实验室

BSL-2 实验室的个人防护除符合 BSL-1 的要求外，还应该符合下列要求。

进入实验室时，应在工作服外加罩衫或穿防护服，戴帽子、口罩。离开实验室时，上述防护用品必须脱下并留在实验室，消毒后统一洗涤或丢弃。可能发生感染性材料的溢出或溅出时，宜戴两副手套。可能产生致病微生物气溶胶或发生溅出的操作均应在生物安全柜或其他物理抑制设备中进行；当微生物操作不可能在生物安全柜内进行，而必须采取外部操作时，为防止感染性材料溅出或雾化危害，必须使用面部保护装置（如护目镜、面罩、个体呼吸保护用品或其他防溅出保护设备）。

（3）BSL-3 实验室

BSL-3 实验室的个人防护除符合 BSL-2 的要求外，还应该符合下列要求。

① 工作人员在进入实验室时必须使用个体防护装备，包括两层防护服、两层手套、生物安全专业防护口罩（不应使用医用外科口罩等），必要时佩戴眼罩、呼吸保护装置等。工作完毕必须脱下工作服，不得穿工作服离开实验室。可再次使用的工作服必须先消毒后清洗。

② 在实验室中必须配备有效的消毒剂、眼部清洗剂或生理盐水，且易于取用。实验室区域内应配备应急药品。

（4）BSL-4 实验室

BSL-4 实验室的个人防护除符合 BSL-3 的要求外，还应该符合下列要求。

① 所有工作人员进入 BSL-4 实验室时要更换全套服装。工作后脱下所有防护服，淋浴后再离去。

② 在防护服型或混合型 BSL-4 实验室中，工作人员需穿整体的由生命维持系统供气的正压工作服。

③ 在与灵长类动物接触时应考虑黏膜暴露对人的感染危险，要戴防护眼镜和面部防护器具。

④ 室内有传染性灵长类动物时，必须使用面部保护装置（护目镜、面罩、个体呼吸保护用品或其他防溅出保护设备）。

⑤ 进行容易产生高危险气溶胶的操作（包括对感染动物的尸体和鸡胚、体液的收集和动物鼻腔接种）时，都要同时使用生物安全柜或其他物理防护设备和个体防护器具（例如口罩或面罩）。

⑥ 当不能安全有效地将气溶胶限定在一定范围内时，应使用呼吸保护装置。

⑦ 不同类型的 BSL-4 实验室的个人防护装置有所不同。在生物安全柜型的 BSL-4 实验室中，个人防护装备同 BSL-3；在防护型 BSL-4 实验室中，个人防护装备配备正压个人防护服；在混合型 BSL-4 实验室中，个人防护装备为上述两种的组合。

第 8 章

实验室消防安全

8.1 实验室消防安全概述

8.1.1 燃烧常识

(1) 燃烧本质和定义

燃烧是物质的一种放热、发光的化学反应。从燃烧的定义,不难得出燃烧必有的基本特征:一是放出热量;二是发出光亮;三是发生了化学变化。燃烧过程中的化学反应十分复杂,有化合反应、分解反应和复分解反应。多数复杂物质的燃烧,是先受热分解,然后发生氧化反应。

(2) 燃烧的必要条件

① 可燃物:凡是在空气中能够发生燃烧的物质。其物理状态有气态、固态、液态。按化学组成分,有单一元素可燃物,如碳、氢、硫、磷等;有化合物可燃物,如酒精、甲烷、乙炔;有的也可以以混合物状态存在,如液化石油气等。

② 助燃物:凡是能帮助和支持燃烧的物质。如空气(氧)、所有氧化剂等。常见的助燃物质除了氧气还有氯气、高锰酸盐、硝酸盐、过氧化物等。

③ 着火源:凡是能够引起可燃物质燃烧的能源。着火源的种类很多,热能、光能、电能、化学能、机械能等,都可以起到着火源的作用,引起可燃物燃烧。

具备了上述三个条件,并不意味着燃烧就一定会发生,在必要条件同时具备的情况下,还需要两个充分条件,即:着火源必须具备足够的温度和热量;燃烧的三个必要条件发生相互作用。

综上所述,燃烧的条件可以表述为:必须同时具备可燃物、助燃物、着火源,着火源有足够的能量,三者相互作用。研究和了解燃烧条件,对于正确地运用灭火方法和火灾扑救，有很重要的意义。

（3）燃烧过程

① 固态可燃物质的燃烧过程。一般情况下，固态可燃物质会按照下列方式发生燃烧：

受热分解（熔化）—蒸发出可燃气体—燃烧—可燃物质燃尽并产生燃烧产物。同一种固体可燃物，体积越小，颗粒越细，燃烧速度越快。

② 液态可燃物质燃烧过程：

液体受热挥发（分解）—燃烧—可燃物质燃尽并产生燃烧产物。

③ 气态可燃物质燃烧过程：

扩散燃烧（稳定燃烧）：可燃气体与空气边混合、边燃烧的过程；

动力燃烧（预混燃烧）：可燃气体与空气先混合并达到一定的浓度，遇着火源发生的燃烧和爆炸。

由上述可以看出，可燃物质无论其状态如何，在燃烧发生时，其实都是一种气体燃烧状态。一般情况下，固态物质的燃烧速度相对较慢，而气态可燃物质的燃烧最为迅速。

（4）燃烧类型

燃烧主要类型有闪燃、着火、自燃、爆炸等。

① 闪燃。即在一定温度下，易燃或可燃液体（包括能蒸发的少量固体可燃物，如石蜡、樟脑、萘等）表面生的蒸气与空气混合后，达到一定浓度时，遇火源产生的一闪即灭的现象。液体发生闪燃的最低温度叫作闪点。闪燃往往是着火的先兆。可燃液体闪点越低，火灾危险性越大。

根据闪点不同，可以将可燃液体的火灾危险性划分为三类。甲类：闪点＜28℃，如汽油、苯、乙醇。乙类：闪点≥28℃但＜60℃，如煤油、松节油等。丙类：闪点≥60℃，如柴油、桐油、润滑油等。

② 着火。可燃物质在与空气共存的条件下，当达到某一温度时遇火源接触引起的燃烧，并在火源移开后仍能继续燃烧，这种持续燃烧的现象叫着火。可燃物质开始持续燃烧所需的最低温度，叫作燃点。

③ 自燃。可燃物质在空气中没有外来着火源的作用，靠自热或外热发生的燃烧现象叫作自燃。

本身自燃：由于可燃物质内部自行发热而发生的燃烧现象，如草垛、煤堆的自燃。

受热自燃：可燃物质加热到一定温度时发生的自燃现象。如黄磷的自燃现象。

④ 爆炸：

物理爆炸：主要是由于气体或蒸气迅速膨胀，压力急剧增加，并大大超过容器所能承受的极限压力，造成容器爆裂的现象。如气体钢瓶、锅炉等爆炸。

化学爆炸：物质从一种状态迅速转变成另一种状态，并产生大量的热和气体，伴有巨大声响的现象。化学爆炸的速度快（数十米至上千米每秒）、威力强，极具破坏性。

可燃气体、液体蒸气和部分固体可燃物质的粉末与空气混合后，达到一定浓度时，均可以发生爆炸。爆炸浓度极限：可燃气体、液体蒸气或固体粉尘与空气混合后能够发生爆炸的浓度范围，叫作爆炸浓度极限。

8.1.2　火灾发展变化的基本阶段

火灾是指在时间或空间上失去控制的燃烧所造成的灾害。与许多事物一样，火灾的发生、发展有其规律和特点，要想有效地控制、扑灭已经形成的火灾，掌握火灾发生、发展的规律，了解火灾发展的主要阶段，是必要和重要的。通过对火灾的科学研究、实验，我们大致可以从一般意义上把最常见的室内火灾的发展过程分为初起、发展、猛烈、下降、熄灭五个阶段。室外火灾由于可燃物和空气充足，液体或气体火灾由于其化学反应的剧烈性，往往在起火后很快形成猛烈燃烧，因而没有明显的阶段性。以下，我们着重了解建筑物室内火灾的几个发展阶段：

（1）初起阶段

定义：一般固体可燃物质着火燃烧后，在 15min 内，燃烧面积不大，火焰不高，辐射热能不强，流动缓慢，燃烧速度不快，此阶段为初起阶段。以室内火灾为例，火灾在此阶段的表现为火焰局限于某一角落或局部，范围较小，窗口、门口等处仅有少量烟气冒出，没有火焰突破建筑外壳。

特点：面积小，温度低，速度慢，易扑救。火灾的初起阶段，是扑救的最好时机，只要发现及时、措施得力，用很少的人力和简单的灭火器材甚至其他工具就能够迅速地将火灾扑灭。

（2）发展阶段

定义：如果初起火灾没有及时被发现或扑灭，随着时间的延长，温度升高，周围的可燃物质或建筑被迅速加热，气体对流增强，燃烧速度加快，燃烧面积迅速扩大，即进入了燃烧的发展阶段。主要表现为大量烟气、火焰蹿出门窗，房盖、局部建筑构件被烧穿，建筑物内部充满烟雾，火势突破外壳向外蔓延。

特点：温度升高，火焰增大，烟气较浓，突破外壳。从灭火角度看，火灾发展阶段，是灭火的关键性阶段，能否在这一阶段成功地将火灾扑灭，往往决定了一起火灾最终的损失、伤亡。然而，在火灾的发展阶段，控制和扑救相对于初起阶段难度明显增大，必须投入一定数量的人力和消防器材才能奏效，一般情况下需要由消防人员进行。需要警示的是：如果错过了火灾最佳的扑救时机——初起阶段,任何非专业消防人员冲动、盲目的扑救行动都是极其危险且难以成效的,不应当效仿和提倡。

(3) 猛烈阶段

定义:如果火势在发展阶段仍未得到有效的控制,由于燃烧时间的继续延长,燃烧速度不断加快,面积迅猛扩展,燃烧温度急剧上升,气体对流达到最快速度,辐射热最强,建筑构件的承重能力急剧下降,此时便进入了火灾的猛烈阶段。这一阶段的火灾主要表现是,可燃物质全部起火燃烧,建筑顶部或其他构件变形塌落,火焰、烟雾方向性增强,向上抽拔,形成"烟包火"和"飞火"现象,热辐射范围明显扩大,接近火场使人感到皮肤烧灼疼痛。

特点:燃烧猛烈,蔓延迅速,破坏力大,扑救困难。扑救处于猛烈阶段的火灾,需要组织较多的灭火力量(包括消防部队,及水、电、气、公安、急救等方面的力量等),使用较多的灭火剂,经过较长时间的奋战,付出很大的代价,才能控制火势。

(4) 下降、熄灭阶段

随着燃烧的进行,可燃物减少,逐步熄灭;或由于通风不良,环境内空气被渐渐消耗,已经燃烧的可燃物质处于阴燃状态,室内温度降低(500℃以下),此时火灾处于下降、熄灭阶段。

8.1.3 影响火灾发展变化的主要因素

(1) 热的传播

热传播是自始至终影响火灾发展的决定性因素。热的传播一般有三种方式:热传导、热辐射、热对流。

① 热传导。热量通过直接接触的物体,从温度较高的部位传到温度较低的部位的现象,叫作热传导。现场存在的金属构件等热的良导体,是造成火势蔓延扩大的重要途径。如金属管道、金属房梁等构件在受热后会迅速以热传导的方式传播热量和温度,引起其周边的可燃物质起火。

预防措施:对受火焰作用的金属构件等采取及时、不间断的冷却降温,是预防火势蔓延的有效手段。

② 热辐射。以电磁波的形式传递热能的现象,叫作热辐射。火灾发生时,临近火场的可燃物质在火焰高温的烘烤下会很快起火燃烧,导致火势蔓延,就是热辐射的作用结果。

预防措施:一是增加距离,如建筑之间保持必要的防火间距;二是增加受热辐射物体表面的光洁度和使用浅色调表面涂层;三是在火灾发生时,对临近建筑等实施冷却保护;四是采取隔热材料防护等。

③ 热对流。由受热物质的微粒的流动传播热能的现象叫作热对流。热对流

现象只发生在液体和气体中，液体热对流会逐步加热整个容器中的液体，致使其体积增大、蒸发速度加快、可燃蒸气或液体溢出，引火发生燃烧、爆炸；同时，如果体积和压力增加过快，也会引起容器爆裂。气体热对流对火灾扑救的影响主要体现在被加热的气流遇到可燃物质，会很快引燃；同时，火场上冷热流的迅速交换会形成"飞火"现象，一旦遇到可燃物，就会形成新的火点，增加火灾扑救的难度。

预防措施：冷却降温，减少液体或气体的流动和热交换速度，采取合理的防排烟措施，楼层失火时，特别注意防止热气流对着火层以上的影响。

（2）爆炸

对火灾发展变化的影响：破坏作用；造成人员伤亡；导致火灾蔓延。

预防措施：一是随时注意观察；二是消除可能发生爆炸的因素（冷却降温、加强通风、管制火源等）；三是加强防护，尽量减少不必要的人员接近现场。

（3）建筑特点

建筑的形式千变万化，不同的建筑在火灾情况下火势发展变化也呈现出不同的规律和特点。

① 楼层（高层）建筑。由于热对流的影响以及建筑内部的楼梯间、管道井，很容易形成"烟囱效应"，即火势向上蔓延的速度大大超过水平蔓延的速度（热气流向上的速度至少是水平方向流动速度的5倍），应该特别注意建筑着火层以上的人员安全和建筑安全。

② 钢结构建筑。钢结构虽然本身不会燃烧，但是在火灾情况下，由于火焰和高温的作用，钢结构内部的应力和强度受破坏，很快会发生变形甚至倒塌。研究表明，未经防火处理的钢质构件，其温度上升到500℃时，其强度仅为常温条件下的一半；600℃时，其强度基本丧失，而在火灾情况下，钢质建筑构件达到这一温度的时间一般不会超过15min，所以，通常我们把无保护层的钢质构件的耐火极限时间定义为15min。

③ 有闷顶的建筑。带有闷顶的建筑，如果起火部位在闷顶内部，初期往往处于阴燃状态，火势发展较慢，会产生大量烟雾，一旦烧穿闷顶，火势会迅速扩大且内部蔓延情况不易发现，因此，要特别注意观察处于起火部位下风方向、表面没有烟火的地方。

8.1.4 灭火的基本方法

在初步了解了火灾，特别是初起火灾的基本特点的基础上，不难得出这样的结论：对初起火灾只要发现及时、措施得当，起火单位完全可以迅速予以扑灭，从而最大限度地减少损失，避免伤亡。那么，如何才能措施得当，扑救成功呢？这有个必要的前提，那就是要正确掌握并运用灭火的基本方法。通过学习，我们知道，燃烧的发生和持续必须同时具备三个条件，即可燃物、助燃物和着火源，且这三个条件必须相互作用。根据这一原理，人们总结出了通过破坏已经产生的燃烧条件来终止燃烧的方法，具体地说，灭火基本方法有以下四种。

(1) 冷却灭火法

定义：冷却灭火法是根据可燃物质发生燃烧时必须达到一定温度这个条件，将灭火剂直接喷洒在燃烧着的物质上使其温度降低到燃点以下，从而使燃烧停止。最常见的、廉价的是用水冷却灭火。对于大多数可燃物质火灾，都可以用水扑救。另外，常用的还有二氧化碳：二氧化碳灭火器里喷出的雪花状固态二氧化碳温度低，在汽化时可以吸收大量的热，具有良好的冷却灭火效能；同时，二氧化碳作为一种不燃且不助燃气体，还可以稀释燃烧区域内的空气，起到阻燃的作用。在火灾扑救中，还可以直接冷却尚未燃烧的可燃物质，防止其达到燃点起火；也可以用水冷却屋架与房梁等建筑构件、生产装置或容器等，防止它们受热后结构变形导致倒塌或爆炸。

运用冷却法灭火时，需要注意以下几点：一是不要盲目射水（泼水），避免不必要的水渍损失；二是对于高温物体，不能直接用水扑救，以防止产生变形、爆炸；三是区分对象，对于带电、易燃液体、遇水燃烧物品、珍贵档案等不能直接用水扑救的情况，必须采用其他方法。

(2) 隔离灭火法

定义：隔离灭火法是根据发生燃烧必须具备可燃物这个条件，将燃烧物体与附近未燃烧物质隔离或疏散开，从而使燃烧停止。

这也是在火灾扑救中被广泛运用的一种方法，例如火场上，疏散物资、关闭阀门、设置防火堤、开辟防火隔离带、消防队员拆除毗邻火场的建（构）筑物等，究其实质，都是隔离灭火法的实际运用。

注意事项：一是要迅速（关阀断料、疏散物资等）；二是要合理（破拆、开辟防火带等）；三是要以人为本（人物相比，人是第一位，不可盲目冒险）。

(3) 窒息灭火法

定义：窒息灭火法是根据可燃物质发生燃烧需要足够的空气（氧气）这个条件，采取适当的措施，防止空气流入燃烧区，或者用惰性气体等稀释空气中氧的含量，使燃烧物质缺乏或断绝氧气而熄灭。窒息灭火法适用于封闭性较好的有限空间（比如封闭的房间或工艺装置、船舱、烘房等）初起火灾的扑救。采用石棉毯、湿棉被覆盖燃烧物或封闭孔洞，用水蒸气、二氧化碳、惰性气体充入燃烧区域，用高倍数泡沫充填地下建筑空间等，都是窒息灭火法的实际运用。

注意事项：一是在燃烧部位较小、容易堵塞封闭，且燃烧区域内没有氧化剂时，才可以采取这种灭火方式；二是在采取用水淹没、灌注窒息灭火时，必须考虑物质被水浸泡后不致产生不良后果；三是采用封闭窒息灭火后，必须采取监控措施,在确认火已熄灭且排除复燃的可能后,方可打开孔洞,以免过早开启孔洞使大量新鲜空气进入,导致灭火失败;四是在采取惰性气体灭火时,必须保证其数量充足,以迅速降低燃烧区域氧气含量,窒息灭火,同时要注意操作人员的安全。

(4) 抑制灭火法

定义:抑制灭火法是一种化学灭火方法,就是使灭火剂参与到燃烧反应历程中去,使燃烧过程产生的游离基形成稳定分子和低活性游离基,从而使燃烧反应终止。采用这种方法可使用的灭火剂有干粉、"1211"及"1301"等。

注意事项:一是在灭火时,灭火剂的数量要充足,准确地喷射在燃烧区;二是在灭火的同时,应当采取必要的冷却、降温措施,防止复燃。

8.2 火灾隐患的预防与处置

8.2.1 火灾隐患的内涵

火灾隐患是指违反消防法律、法规,有可能造成火灾危害的、隐藏的一切不安全因素。构成火灾隐患的不安全因素有三种类型:其一是有可能引起火灾的不安全因素;其二是有可能影响火灾扑救的不安全因素;其三是一旦发生火灾,有可能影响人员疏散的不安全因素。

火灾隐患的含义有:

① 增加了发生火灾的危险性。如违反规定储存、使用、运输易燃易爆危险品;违反规定用火、用电、用气、明火作业等。

② 一旦发生火灾,会增加对人身、财产的危害。如建筑防火分隔、建筑结构防火、防烟排烟设施等随意改变导致失去应有的作用;建筑内部装修、装饰违反规定,使用易燃材料等;消防设施、器材损坏无效。

③ 一旦导致火灾,会严重影响灭火救援行动。如缺少消防水源,消防车通道堵塞,消火栓、水泵接合器、消防电梯等不能使用或者不能正常运行等。

8.2.2 火灾隐患的分级

根据不安全因素引起火灾的可能性大小和可能造成的危害程度的不同,火灾隐患一般分为一般火灾隐患和重大火灾隐患。一般火灾隐患是指存在的不安全因素有引发火灾的可能性,并且一旦发生火灾就会有一定的危害后果,但危害后果不至于很大。重大火灾隐患是指存在的不安全因素引发火灾的可能性大,而且一旦发生火灾,其危害后果也将是损失大、伤亡大或者影响恶劣的一类火灾隐患。

常见火灾隐患的情形。

① 影响人员安全疏散或者灭火救援行动，不能立即改正的。主要是指以任何形式占用或损坏消防通道，影响消防车辆通行的；在安全出口或者疏散通道上安装栅栏等影响疏散的障碍物。

② 消防设施不完好有效，影响防火灭火功能，不能立即改正的。主要是指消防设施、灭火器材、消防安全标志不符合消防规定。

③ 擅自改变防火分区，容易导致火势蔓延、扩大，不能立即改正的。主要是指防火防烟分区不符合国家工程建筑消防技术标准，消防车通道、防火间距被占用。

④ 在人员密集场所违反消防安全规定，使用、储存易燃易爆化学物品，不能立即改正的。

以上情形严重，可能导致重大人员伤亡或者使公私财产遭受重大损失，就构成了重大火灾隐患。

8.2.3　常见火灾隐患的表现形式

根据火灾隐患的含义和消防安全工作的实践，一般认为具有下列特征之一的问题，可以确认为火灾隐患。

① 消防安全布局、消防站、消防供水、消防通信、消防车通道、消防装备等内容的消防规划未纳入总体规划的，或者虽然纳入总体规划但未组织有关部门实施的；公共消防设施、消防装备不足或者不适应实际需要的。

② 易燃易爆危险品不符合消防安全要求，一旦发生火灾会影响并殃及近邻单位和附近居民安全的。

③ 易燃易爆危险物品未附有燃点、闪电、爆炸极限等数据说明书和防火防爆注意事项的；独立包装的易燃易爆危险物品未贴附标签的；易燃易爆危险品的运输、储存不符合消防安全要求，性质抵触和灭火方法不同的危险物品混装、混储的。

④ 电气产品的质量不符合国家或者行业标准的；电气产品的安装、使用和路线、管路的设计、铺设不符合有关消防安全技术规定的；电气设备、线路、开关严重超负荷，线路老化，保险装置失去保险作用的；场所、设备、装置应当安设避雷和防静电装置但未安装，或虽有但已失灵或失效的，或保护范围有死角的。

⑤ 建筑物的耐火等级、建筑结构与生产或储存物品的火灾危险性不相适应，建筑物的防火间距过小；防火分区或安全疏散及通风采暖等不符合防火规范要求，在防火间距内堆放可燃物，搭建易燃建筑的；疏散通道、安全出口不能保证畅通，或未设置符合国家规定的消防安全疏散标志的；公共场所的室内装修、装

饰采用易燃材料或未选用依照《中华人民共和国产品质量法》的规定确定的检验合格的材料；在设有车间或仓库的建筑物内设置员工集体宿舍的。

⑥ 未按照国家有关规定配置消防设施和器材、设置消防安全标志的，或者虽有配置但量不足或失去功能的；消防车道被堵塞，消火栓或水泵接合器被覆盖或被埋压、圈占，会影响灭火行动的，或者未能定期组织检验、维修，不能确保消防设施、器材完好有效的。

8.2.4 常见火灾隐患的排查

（1）排查治理范围

① 人员密集场所：体育场馆、会堂、教学楼、图书馆和宿舍等公众聚集场所。

② 易燃易爆单位：储存、使用易燃、易爆化学物品的单位和场所。

③ 高层建筑：10层及10层以上的居住建筑以及建筑高度超过24m的公共建筑。

④ 地下空间场所：使用性质为设备间、库房、车库等的地下空间。

除上述内容外，各地要加强对火灾形势和火灾特点的研判，根据实际，将影响本地区火灾形势稳定的突出问题纳入排查治理范围。

（2）排查治理内容

全面排查单位消防安全责任制、消防安全管理、建筑防火、消防安全疏散、自动消防设施、公共场所室内装修、电气线路设备等方面存在的火灾隐患，打击假冒伪劣消防产品。具体包括：

① 消防法律、法规、规章、制度的贯彻执行情况；

② 消防安全责任制、消防安全制度、消防安全操作规程建立及落实情况；

③ 单位员工消防安全教育培训情况；

④ 单位灭火和应急疏散预案制定及演练情况；

⑤ 建筑之间防火间距、消防通道、建筑安全出口、疏散通道、防火分区设置情况；

⑥ 消火栓状况，火灾自动报警、自动灭火和防排烟系统等自动消防设施运行，灭火器材配置等情况；

⑦ 电气线路铺设以及电气设备运行情况；

⑧ 建筑室内装修装饰材料防火性能情况；

⑨ 生产、储存易燃易爆化学物品的场所设置位置情况；

⑩ "三合一"场所人员住宿与生产、储存、经营部分实行防火分隔，安全出口、疏散通道设置，消火栓、自动消防设施运行，电气线路铺设及电气设备运行等情况。

(3) 排查治理方式

火灾隐患排查治理工作要做到"三个结合"：

①坚持把火灾隐患排查治理工作与消防安全保卫等专项工作结合起来，狠抓薄弱环节，解决影响消防安全的突出矛盾和问题；

②坚持把火灾隐患排查治理工作与日常消防监督执法结合起来，严格消防行政许可，加大打击消防违法行为的工作力度，消除滋生隐患的根源；

③坚持把火灾隐患排查治理工作与推进消防工作社会化结合起来，强化社会单位消防安全责任制和消防安全管理制度的建立和落实，真正做到"安全自查、隐患自除、责任自负"。

加强对单位购置的消防器材的督查，坚决杜绝假冒伪劣消防产品，维护消防产品市场经营秩序。对拒不整改的场所采取传唤当事人、临时查封、停水停电、责令停产停业等强制措施，坚决消除隐患。

8.2.5 火灾隐患整改原则、方法和要求

(1) 整改火灾隐患的原则

安全与经济的统一、安全与生产的统一、时间与实力的统一、形式与效果的统一，并坚持隐患查不清不放过、整改措施不落实不放过、不彻底整改不放过的原则。

(2) 火灾隐患的整改方法

火灾隐患整改按整改的难易程度，可以分为当场整改和限期整改两种方法。

① 当场整改。对整改起来比较简单，不需要花费较多的时间、人力、物力、财力，对生产和经营活动不产生较大影响的隐患，存在隐患的单位、空间应当当场进行整改。如在防火间距堆放可燃物料，疏散安全通道被堵塞、安全门被上锁，消火栓、水泵接合器被重物压盖、遮挡、圈占等隐患，都应当要求隐患存在单位当场进行整改。

② 限期整改。对过程比较复杂，涉及面广，对生产影响比较大，又要花费较多的时间、人力、物力、财力才能整改的隐患，应当采取在一定限期内进行整改的方法，整改完毕应申请复查验收。

(3) 整改火灾隐患的要求

① 抓住主要矛盾，选择最佳方案。隐患就是矛盾，一个隐患可能包含着一对或多对矛盾，整改火灾隐患必须学会抓主要矛盾的方法。要分析影响火灾隐患整改的各种因素和条件，制订几种整改方案，经反复研究论证，选择最经济、最有效、最快捷的方案，避免顾此失彼而造成新的火灾隐患。

② 树立价值观念。对于整改火灾隐患，应牢固地树立价值观念，分析隐患的危险性和危害程度。如果虽有危险性，但危害程度较小，就应提出简便易行的

方法，从而得到投资少、消防安全价值大的整改方案。

③ 关键设备和要害部位要严字当头。对于关键性的设备和要害部位存在的火灾隐患要严格整改措施，拟定可行方案，力求解决问题干净、彻底，不留后患，从根本上确保安全。

④ 对于建筑布局、消防通道、水源等方面的火灾隐患，应从长计议，纳入改造和建设规划中加以解决。在问题解决之前，应采取必要临时性防范补救措施。

8.3 实验室危险品消防常识

8.3.1 易燃物品的种类

① 燃点在45℃（含）以下的易燃液体类（如乙醚、二硫化碳、丙酮、乙醇等）；

② 一级易燃固体、一级自燃物品、一级遇水燃烧物品类（如硝化棉、赛璐珞、红磷、黄磷、钾、钠、电石等）；

③ 易燃及助燃气体类（如氢气、乙炔气、液化石油气、氧气等）；

④ 一级氧化剂类（如氯酸钾、硝酸铵）；

⑤ 爆炸物品类（如雷管、导火索、烟花爆竹等）。

8.3.2 易燃易爆物品的危险性

① 容易引发火灾。有的危险品只要遇到火星，即能着火，比如某些鞋底的金属与水泥地摩擦产生的小小的火花，就会导致危险品着火。摩擦、撞击、阳光聚集和静电火花，对普通物品通常不构成威胁，但对危险品往往都是引起火灾的主要原因。有的危险品不接触明火也能自己燃烧起来，如赛璐珞、铅粉等。这类物品在一定条件下会自己燃烧起来。有的危险品接触空气能自燃，黄磷就是这样，所以储存黄磷要把它浸在水里。金属钠不仅在空气中会自燃，遇水也会燃烧，甚至发生爆炸，因而把它存放在煤油里才能保证安全。危险品的特性千差万别，有的危险物品互相之间也不能接触，否则也会发生燃烧。如硝酸遇苯等有机物，高锰酸钾遇甘油，间苯二甲胺遇到硝化棉等，都会很快猛烈燃烧。

② 容易引起中毒。大多数危险品具有一定的毒害性。除了人所共知的三氧化二砷（砒霜）、氰化钠是剧毒品外，氯气、光气、氰化氢等气体，氟化砷、氢氧化硒等液体均为剧毒品。再如三硝基苯甲硝胺、三硝基苯甲醚既是炸药，又是

毒药。这些剧毒品一旦扩散开来，会造成难以估量的严重后果。譬如氯气，它是一种窒息性气体，毒性很强，人若是接触，喉、鼻、支气管等都会发生痉挛或者使得眼睛失明。

③ 容易引发爆炸。危险品多具爆炸特性，像炸药、雷管能发生爆炸，这是人所共知的。此外，可燃气体、可燃粉尘等在一定条件下也会发生爆炸。可燃气体包括氢气、甲烷、乙炔、液化石油气等，若与空气混合，达到一定浓度，遇到明火即会爆炸，其爆炸威力是相当大的。例如一台 150L 的冰箱，只要在冰箱内有 9g 的乙醚气体挥发出来，冰箱内就充满了爆炸混合气体，这时冰箱一旦启动产生电火花，冰箱就成了一颗重型炸弹，因为乙醚的燃点是 $-45℃$，大大低于冰箱内的温度。有的危险物品是装在受压容器里的，容器内的压力一般都相当高，如充装氧气或氢气的钢瓶，压力达 $150 kgf/cm^2$（$1 kgf/cm^2 \approx 0.1 MPa$），钢瓶如接触明火、高温，受到撞击以及其他原因，也会发生爆炸。

8.3.3 易燃易爆物品存放的原则

① 不同类型的物品，不得同库存放。
② 可燃性物品不得与氧化性物品同库存放。
③ 起爆药不得与猛炸药同库存放。
④ 遇火、遇潮容易着火、爆炸或产生易燃气体、有毒气体的化学危险品，不得在潮湿、漏雨等地点存放。
⑤ 受阳光照射容易着火、爆炸或产生有毒气体、易燃气体的化学危险品，和桶装、罐装、瓶装的易燃气体，应当在阴凉通风的地点存放。

8.3.4 危险物品的操作规程

① 保管制度。凡化学危险物品，入库后要定期检查，领发要有严格的手续，对爆炸品要实施"四双制"，即双人管、双人领发、双本账、双把锁，严防化学危险物品的扩散，给社会造成潜在危险。

② 领用制度。实验室需要化学物品时，要遵循用多少领多少的原则，不能为了贪图方便，超量领取，超量存放，用完后应及时将多余的化学危险品送回仓库储存，不得随意乱放。需要临时存放在实验室且数量较少的化学危险物品，可以同室分柜、分格存放，但不许不管其性能如何随意堆放在一起，就离开实验室。

③ 操作制度。必须严格按照其特定的操作规程，万万不可随心所欲。例如在实验室的电冰箱内，贮藏挥发性的化学危险物品是绝对不允许的，如有危险品确需要放在电冰箱内低温保存，就应该对电冰箱做适当改造，去掉照明线路，把继电器安装在冰箱外面等。

8.3.5 危险品的养护规程

危险品的养护管理主要是抓好防热、防潮和防冻。防热（针对低沸点的易燃液体、有机氧化物等）主要采取迎风降温和喷水降温；防潮（针对过氧化钠、过氧化钾等）主要是货垛密封、垫高货位、通风防潮、不要随地乱放；防冻（避免由于天气干冷致使物品体积膨胀而引起爆炸）主要是货垛密封，防止冷空气侵袭，或利用高温时间进行通风增温等。

8.3.6 危险品的销毁制度

销毁化学危险品是一门科学，任何人不得随意进行，要严格遵守国家有关规定，严格遵守安全操作规程，严格申报制度，严禁随心所欲将化学危险品往垃圾堆或污水沟里倒，确需销毁处理的，要根据所销毁物品的特性，在有关部门和专业人员的监督指导下，选择安全、经济、易操作、不产生污染的销毁方法进行。

8.4 消防设施的使用与维护

8.4.1 灭火器的使用与维护

灭火器是一种可由人力移动的轻便灭火器具，它能在其内部压力作用下，将所充装的灭火剂喷出，用来扑灭火灾。由于其结构简单、操作方便、使用面广、对扑灭初起火灾效果明显，因此，在企业、机关、商场、公共楼宇、住宅和汽车、轮船、飞机等交通工具上随处可见，已成为群众性的常规灭火器具。

（1）清水灭火器

清水灭火器中充装的是清洁的水，为了提高灭火性能，在清水中往往加入适量添加剂，如抗冻剂、润湿剂、增黏剂等。国产的清水灭火器采用贮气瓶加压方式，加压气体为液化二氧化碳。

使用时将清水灭火器提至火场，在距离燃烧物10m处，将灭火器直立放稳。摘下保险帽，用手掌拍击开启杆顶端的凸头。这时贮气瓶的密膜片被刺破，二氧化碳气体进入筒体内，迫使清水从喷嘴喷出。此时应立即用一只手提起灭火器，另一只手托住灭火器的底圈，将喷射的水流对准燃烧最猛烈处喷射。随着灭火器喷射距离的缩短，操作者应逐渐向燃烧物靠近，使水流始终喷射在燃烧处，直到将火扑灭。在喷射过程中，灭火器应始终与地面保持大致的垂直状态，切勿颠倒或横卧，否则会使加压气体泄出而导致灭火剂不能喷射。

(2) 空气泡沫灭火器

空气泡沫灭火器又称机械泡沫灭火器,是指充装空气泡沫灭火剂的灭火器。它主要用于扑救 B 类物质如汽油、煤油、柴油、植物油、油脂等的初起火灾,也可用于扑救 A 类物质如木材、竹器、棉花、织物、纸张等的初起火灾。其中,抗溶空气泡沫灭火器能够扑救极性溶剂如甲醇、乙醚、丙酮等溶剂的火灾。空气泡沫灭火器不能扑救带电设备火灾和轻金属火灾。

① 空气灭火器的使用方法。在使用空气泡沫灭火器时,应手提灭火器提把迅速赶到火场。在距燃烧物 6m 左右,先拔出保险销,一手握住开启压把,另一手握住喷枪,紧握开启压把,将灭火器密封开启,空气泡沫即从喷枪喷出。泡沫喷出后应对准燃烧最猛烈处喷射。如果扑救的是可燃液体火灾,当可燃液体呈流淌状燃烧时,喷射的泡沫应由远而近地覆盖在燃烧液体上;当可燃液体在容器中燃烧时,应将泡沫喷射在容器的内壁上,使泡沫沿壁淌入可燃液体表面而加以覆盖。应避免将泡沫直接喷射在可燃液体表面上,以防止射流的冲击力将可燃液体冲出容器而扩大燃烧范围,增大灭火难度。灭火时,应随着喷射距离的减缩,使用者逐渐向燃烧处靠近,并始终让泡沫喷射在燃烧物上,直至将火扑灭。在使用过程中,应一直紧握开启压把,不能松开。也不能将灭火器倒置或横卧使用,否则会中断喷射。

② 空气灭火器的维修保养:

• 灭火器安放位置应保持干燥、通风,防止筒体受潮;应避免日光暴晒及强辐射热,以免影响灭火器的正常使用。

• 灭火器的存放环境温度应在 4~45℃范围内。

• 对灭火器应按制造厂规定的要求和检查周期进行定期检查,且检查应由经过训练的专人进行。

• 灭火器一经开启,即使喷出不多,也必须按规定要求进行再充装。再充装应由专业部门按制造厂规定的要求和方法进行,不得随随便便更换灭火剂品种、重量和驱动气体种类及压力。

• 灭火器每次再充装前,其主要受压部件,如器头、筒体应按规定进行水压试验,合格者方可继续使用。水压试验不合格,不准用焊接等方法修复使用。

• 经维修部门修复的灭火器,应有消防监督部门认可标记,并注上维修单位的名称和维修日期。

(3) 干粉灭火器

干粉灭火器是指内部充装干粉灭火剂的灭火器。主要适用于扑救易燃液体、可燃气体和电气设备的初起火灾,常用于加油站、汽车库、实验室、变配电室、煤气站、液化气站、油库、船舶、车辆、工矿企业及公共建筑等场所。

① 干粉灭火器的使用方法：

• 使用手提式干粉灭火器时，应手提灭火器的提把，迅速赶到火场，在距离起火点 5m 左右处，放下灭火器。在室外使用时注意占据上风方向。使用前先把灭火器上下颠倒几次，使筒内干粉松动。如果使用的是内装式或贮压式干粉灭火器，应先拔下保险销，一只手握住喷嘴，另一只手用力按下压把，干粉便会从喷嘴喷射出来。如果使用的是外置式干粉灭火器，应一只手握住喷嘴，另一只手把起提环，握住提柄，干粉便会从喷嘴喷射出来。干粉灭火器在喷粉灭火过程中应始终保持直立状态，不能横卧或颠倒使用，否则不能喷粉。

• 推车式干粉灭火器一般由两人操作。使用时应将灭火器迅速拉到或推到火场，在离起火点 10m 处停下，一人将灭火器放稳，然后拔出保险销，迅速打开二氧化碳钢瓶；另一人取下喷枪，展开喷射软管，然后一手握住喷枪枪管，另一只手钩动扳机。将喷嘴对准火焰根部，喷粉灭火。

② 手提式干粉灭火器的维修保养：

• 干粉灭火器应放置在保护物体附近干燥通风和取用方便的地方。

• 要注意防止受潮和日晒，灭火器各连接件不得松动，喷嘴塞盖不能脱落，保证密封性能。

• 对灭火器应按制造厂规定要求定期检查，如发现灭火剂结块或贮气量不足，应更换灭火剂或补充气量。

• 灭火器一经开启必须进行再充装。再充装应由经过训练的专人按制造厂的规定要求和方法进行，不得随便更换灭火剂的品种和重量。充装后的贮气瓶，应进行气密性试验，不合格的不得使用。

• 灭火器满五年或每次再充装前，应进行 1.5 倍设计压力的水压试验，合格的方可使用。经修复的灭火器，应有消防监督部门认可的标记，并注明维修单位名称和修复日期。

③ 推车式干粉灭火器的维修保养：

• 检查车架的转动部件是否松动，操作是否灵活可靠。

• 经常检查干粉有无结块现象，如发现有结块，应立即更换灭火剂。

• 定期检查二氧化碳气体重量，如发现重量减少十分之一，应立即补气。

• 检查密封件和安全阀装置，如发现故障则须修复，待修好后方可使用。

• 满五年，干粉贮罐需经 2500kPa 水压试验，二氧化碳钢瓶经 22.5MPa 的水压试验，合格后方可继续使用。以后每隔两年，必须进行水压试验等检查。

(4) 二氧化碳灭火器

① 二氧化碳灭火器的使用方法。使用二氧化碳灭火器时，随着压下压把，二氧化碳灭火器的密封开启，液态的二氧化碳在其蒸气压力的作用下，经虹吸管和喷射连接管从喷嘴喷出。由于压力的突然降低，二氧化碳液体迅速汽化，但因

汽化需要的热量供不应求，二氧化碳液体在汽化时不得不吸收本身的热量，结果一部分二氧化碳凝结成雪花状固体，温度下降至-78.5℃。所以从灭火器喷出的是二氧化碳气体和固体的混合物。当雪花状的二氧化碳覆盖在燃烧物上时即刻气化（升华），对燃烧物有一定的冷却作用。但二氧化碳灭火时的冷却作用不大，它主要依靠稀释空气的原理，把燃烧区空气中的氧浓度降低到维持物质燃烧的极限氧浓度以下，从而使燃烧窒息。

② 二氧化碳灭火器的维修保养：

• 二氧化碳灭火器不应放置在采暖或加热设备附近和阳光强烈照射的地方，存放温度不宜超过42℃。

• 满五年进行一次水压试验，合格后方可使用。以后每隔两年，必须进行试验等检查。

• 灭火器一经开启，必须重新充装。其维修及再充装应由专业单位承担。在搬运过程中应轻拿轻放，防止撞击。

8.4.2 消火栓的使用与维护

消火栓是消防供水的重要设备，它分为室内消火栓和室外消火栓两种。

(1) 室内消火栓

室内消火栓是建筑物内的一种固定灭火供水设备。它包括消火栓及消火栓箱。室内消火栓和消火栓箱通常设于楼梯间、走廊和室内的墙壁上。箱内有水带、水枪并与消火栓出口连接，消火栓则与建筑物内消防给水管线连接。发生火灾时，按开启方向转动手轮，水枪即喷射出水流。室内消火栓由手轮、阀盖、阀杆、车体、阀座和接口等组成。使用室内消火栓时，应先打开消火栓箱，取出水带和水枪，把消火栓阀门手轮按开启方向旋转，即可出水灭火。

维护保养消火栓应注意：

① 定期检查室内消火栓是否完好，有无生锈、漏水现象。
② 检查接口垫圈是否完好无缺。
③ 消火栓阀杆上应加注润滑油。
④ 定期进行放水检查，以确保火灾发生时能及时打开放水。

需要使用室内消火栓箱时，根据箱门的开启方式，用钥匙开启箱门或击碎门玻璃，扭动锁头打开。如消火栓没有"紧急按钮"，应将其下的拉环向外拉出，再按顺时针方向转动旋钮，打开箱门，取下水枪，按动水泵启动按钮，旋转消火栓手轮，即开启消火栓，铺设水带进行射水。灭火后，要把水带洗净晾干，按盘卷或折叠方式放入箱内，再把水枪卡在枪夹内，装好箱锁，换好玻璃，关好箱门。消防软管卷盘和室内消火栓一样，是建筑物内的固定水灭火设备。使用消防软管卷盘时应按以下步骤进行：打开软管卷盘箱门，将卷盘向外转动90°；开启出水阀,拉动软管,喷水灭火。平时,应定期检查卷盘、水枪、水带是否损坏,阀门、卷盘转动是否灵活,发现问题应及时检修。定期检查消火栓箱门是否损坏,门锁是否开启灵活,拉环铅封是否损坏,水带转盘杠架是否完好,箱体是否锈蚀。发现问题,应及时更换、修理。

(2) 室外消火栓

室外消火栓与城镇自来水管网相连接,它既可供消防车取水,又可连接水带、水枪,直接出水灭火。室外消火栓有地上消火栓和地下消火栓两种。地上消火栓适用于气候温暖地区,而地下消火栓则适用于气候寒冷地区。

① 地上消火栓。地上消火栓主要由弯座、阀座、排水阀、法兰接管、启闭杆、本体和接口等组成。在使用地上消火栓时,用消火栓钥匙扳手套在启闭杆上端的轴心头之后,按逆时针方向转动消火栓钥匙时,阀门即可开启,水由出水口流出。按顺时针方向转动消火栓钥匙时,阀门便关闭,水不再从出水口流出。

维护保养地上消火栓时应做到:每月或重大节日前,应对消火栓进行一次检查;清除启闭杆端部周围杂物;将专用消火栓钥匙套于杆头,检查是否合适,并转动启闭杆,加注润滑油;用纱布擦除出水口螺纹上的积锈,检查闷盖内橡胶垫圈是否完好;打开消火栓,检查供水情况,要放净锈水后再关闭,并观察有无漏水现象,发现问题及时检修。

② 地下消火栓。地下消火栓和地上消火栓的作用相同,都是为消防车及水枪提供压力水,所不同的是,地下消火栓安装在地面下。由于地下消火栓系安装在地面下,所以不易冻结,也不易被损坏。地下消火栓的使用可参照地上消火栓进行。但由于地下消火栓目标不明显,故应在地下消火栓附近设立明显标志。使用时,打开消火栓井盖,拧开闷盖,接上消火栓与吸水管的连接口或接上水带,用专用扳手打开阀塞即可出水,用毕要恢复原状。

8.4.3 火灾自动报警设备

(1) 火灾自动报警设备的分类

火灾自动报警设备由火灾探测器、区域报警器和自动报警器组成。火灾发生时,探测器将火灾信号(烟雾、高温、光辐射)转换成电信号,传递给区域报警器,再由区域报警器将信号传输到集中报警器。常用的火灾探测器有以下四种:

① 感烟式火灾探测器。感烟式火灾探测器是对可见的或不可见的烟雾粒子响应的火灾探测器。感烟式火灾探测器有离子感烟式、光电感烟式和激光感烟式等几种形式。离子感烟探测器是利用起火时产生的烟雾能够改变探测器部位的离子浓度这一原理而研制的。这种探测器,灵敏度高,使用和安装都比较方便,因

而广泛用于宾馆、饭店等高级建筑物内。光电感烟探测器是利用起火时产生的烟雾能够改变光的传播这一特性而研制的，它又分为遮光型和散射型两种类型。这种探测器适用于火灾蔓延前产生可见烟雾的场合，如一般建筑物内部。但在使用过程中，需定期清洁，去除积灰，特别应去除光源和透镜表面的灰尘和脏物。激光感烟探测器也是利用起火时产生的烟雾能够改变激光的传播这一特性而研制的。

感烟式探测器适宜安装在发生火灾后能产生较大的烟雾或易产生明燃的场所，不宜安装在平时烟雾较大或通风速度较快的场所。

② 感温式火灾探测器。感温式火灾探测器适宜安装在起火后产生烟雾较小的场所，但平时温度较高的场所不适宜安装这种火灾探测器。火灾初期阶段释放的热量会使周围的环境温度急剧上升，所以，用对热敏感元件来探测火灾的发生也是一种有效的手段。感温式火灾探测器正是依据这一原理而工作的。感温式火灾探测器有定温探测器、差温探测器和差定温组合式探测器三种类型。定温探测器是随着环境温度的升高，探测器受热至某一特定温度时，热敏元件便感应报警的火灾探测器。定温探测器按其结构不同，可分为双金属定温探测器和易熔金属定温探测器两种类型。差温探测器是利用火灾发生时，温度升高速率的变化进行报警的探测器。这种探测器的特点是灵敏度高、可靠性好、不受气候变化的影响，因而应用比较广泛。差定温组合式探测器是将差温、定温两种探测器组合在一起，所以，它同时具有定温探测器和差温探测器的特点。此外，由于它是两种探测器的组合，如果其中某一种功能失效，而另一种功能仍起作用，因而大大提高了探测火灾的可靠性。

③ 光辐射探测器。物质燃烧时，不仅产生烟雾，放出热量，同时也产生可见的或不可见的光辐射。光辐射探测器就是利用起火时产生的光辐射来感知火灾的。根据火焰辐射光谱所在的区域，光辐射探测器可分为紫外光辐射探测器和红外光辐射探测器两种。

④ 可燃气体探测器。可燃气体探测器安装在可燃气体可能泄漏，同时又有可能导致发生燃烧和爆炸的场所，当可燃气体浓度达到危险值时，探测器就会及时报警，以促使人们及早采取措施，进行处理。可燃气体探测器有催化型和半导体型两种类型。催化型可燃气体探测器是利用金属铂丝加热后的电阻变化来测定可燃气体浓度的，它有手动式、导入式和扩散式三种形式。半导体型可燃气体探测器是用灵敏度较高的气敏半导体元件来探测可燃气体的。这种探测器，对探测氢气、一氧化碳、甲烷、乙醇、天然气等十分灵敏。

(2) 火灾自动报警设备的使用

火灾自动报警设备，是建筑物（特别是高层建筑物和重要建筑群）中必不可少的重要消防设施。因此，火灾自动报警设备一旦投入使用，就要严格管理。

整个系统必须有专人负责，坚持昼夜值班制度。无关人员不得随意触动，切实保证全部系统处于正常运行状态。此外，维护管理人员必须做到以下几点：

- 值班人员对火灾自动报警系统的报警部位和本单位各火警监护场所对应的编排应清楚明了；
- 设备投入正常使用后，为确保可靠运行，必须严格按定期检查制度进行检查；
- 每天检查：通过手动检查装置，检查火灾报警器各项功能（如火警功能、故障功能）是否正常，有无指示灯损坏；
- 每周检查：进行主、备电源自动转换试验；
- 每半年检查：对所有火灾探测器进行一次实效模拟实验，对失效的火灾探测器应及时更换；对电缆、接线盒、设备做直观检查，清理尘埃。

由于火灾自动报警装置连续、不间断运行，加之误报原因比较复杂，因此报警装置发出少量误报在所难免，所以要求值班人员一旦接到报警，应先消音并立即赶往现场，待确认火灾后，方可采取灭火措施，启动外控其他灭火装置，并向消防部门和主管领导汇报。

8.4.4 自动喷水灭火设备及维护

（1）自动喷水灭火设备

自动喷水灭火设备可分为喷雾水冷却设备、喷雾水灭火设备和喷洒水灭火设备（俗称自动喷水灭火设备）。喷雾水冷却设备和喷雾水灭火设备的射流水滴较小，而喷洒水灭火设备的射流水滴较大。喷雾型设备的冷却和灭火性能优于喷洒水灭火设备，但喷雾型设备要求有较高的喷射力。

① 喷洒水灭火设备（俗称自动喷水灭火设备）。喷洒水灭火设备分为自动喷水灭火设备和洒水灭火设备。喷洒水灭火设备由自动洒水头、供水管网、报警阀、水源等组成。火灾发生时，重力水箱或水泵通过供水管网和报警阀将带有一定压力的压力水输送到自动喷洒水头，自动喷洒水头开启后即出水灭火。自动喷洒水灭火设备主要用于扑救一般固体物质火灾和对设备进行冷却，不适于扑救易燃、可燃液体火灾和气体火灾。

② 自动喷雾水冷却设备和灭火设备。自动喷雾水冷却设备和灭火设备主要由自动喷水头、供水管道、报警阀、水泵和水源等组成。这种设备是利用压力供水装置或水泵，通过供水管道和报警阀将带有一定压力的压力水输送到自动喷水头。自动喷水头开启后，使水雾化喷出。由于自动喷雾水冷却设备和灭火设备是利用喷雾水进行冷却和灭火，因而用水量少，冷却灭火效果好，水渍损失小，是现阶段较为先进的灭火设备。自动喷雾水冷却设备主要用于石油和化工企业采油、炼油和储油设备以及工业企业的易燃、可燃液体和气体容器。防止这些容器

在火焰的辐射作用下，由于易燃、可燃液体气化或可燃气体受热膨胀，使容器内的压力迅速升高，超过其机械强度而发生物理性爆炸，或者冲淡水冷却设备保护范围以内的可燃气体浓度；防止发生化学性爆炸。自动喷雾水灭火设备可以有效地扑救固体物质火灾，对于汽车库、汽车修理间、油浸电力变压器、配电室等，都有良好的灭火效果。自动喷雾水灭火设备还可以保护高层建筑的屋顶钢构件。由于喷雾水的粒径小，能在燃烧区内迅速汽化，具有良好的冷却和窒息作用，因而能迅速扑灭各种物质（除遇水燃烧、爆炸物质）的火灾。此外，由于喷雾水的电气绝缘性强，因而能较好地扑救电气设备的火灾。

(2) 检查与维护保养

为使自动喷水灭火设备经常处于完好状态，应加强检查与维护保养工作。要建立各种制度，确定专人负责，加强检查和维护保养。

① 喷头的检查与维护保养。如发现喷头有腐蚀、漏水、堵塞等现象，应对所有的喷头进行检查，对达不到要求的应进行更换。经常保持喷头的清洁，以免尘埃沉积而起隔热作用，影响喷头的效能。清除尘埃和污物时，不要用酸或碱溶液洗刷，也不要用热水或热溶液洗刷。对轻质粉尘，可用扫帚清除。对易形成结垢尘埃，如喷漆雾粒、水泥粉等就不易清除，只能分期分批拆换喷头，集中清理。对腐蚀性严重的场所，可采用涂蜡、镀铅或涂防腐蚀涂料，不论采用哪种办法，都要根据腐蚀性气体性质和使用温度的高低来决定。在采用镀铅和涂料时，绝不能涂在感温元件上，而只宜涂在喷头的本体、悬壁和溅水盘上。

② 管系的检查和维护。如发现管系有腐蚀现象，应对管系进行耐压试验。试验时，可用系统内的供水泵，也可采用移动式水泵，试验压力一般在 5～6kgf/cm²。因管内生锈结垢或外来物而引起管系堵塞，必须及时进行清理。清理工作要从室外开始，选择管子末端的消火栓作为排水口，以便提高水的流量和流速，将室外管网内的沉积物冲洗排出。室内管路的清洗有两种办法：其一为顺洗法，先将支管末端的喷头拆下，装上合适的截止阀，再接上水带，引入下水道或者室外，然后大量放水，将沉积物排出；其二为逆洗法，利用压缩空气或水的力量自支管末端引入，经过支管、干支管、干管和总管，最后经总阀门上的排水管排入下水道。顺洗法和逆洗法相比，逆洗法可避免沉积物堵塞支管。为防止管系漏水，平时应做到：严禁将管子用作其他各种支撑；拆装喷头时，必须按操作规定应用合适的工具，切忌直接钳住喷头悬壁进行旋紧或拧松；管子一般应涂上两层防腐漆，还应根据腐蚀的严重程度，每 1～5 年重新涂刷一次；采用镀锌钢管的管系，如发现有局部腐蚀，可用热沥青涂刷，再用纱带缠绕包扎。

③ 供水设备的检查：

蓄水池的检查：检查蓄水池是否有过多的沉淀物，在金属结构的蓄水设备内壁应涂刷防锈漆。

水泵的检查：水泵应定期启动，检查其工作状态和性能，对离心泵，还应检查引水设备；试验水泵时，应打开排水阀，不使水进入管系。

水泵动力的检查：如采用电力作为水泵的动力，应检查是否有停电的应急措施；如采用内燃机为动力，应检查内燃机的工作状态和燃油储存情况，燃油应有供 3h 运转所需的储备量。

④ 报警阀的检查。对于报警阀应定期检查、试验。试验方法如下：通过开启警铃校验旋塞，测定其发出鸣响所需的时间。第一次试验，可能所需时间较长。第二次试验，一般应在 1min 以内。如警铃校验旋塞关闭后，仍能继续发出鸣响，则可能出现以下三种故障：

a. 可能是校验旋塞未完全关紧，应加以关紧。

b. 在报警阀座的环形水槽上积有障碍物，致阀盘关闭不严，使水流继续通过环形水槽流入警铃输水管。对此，可将校验旋塞和放水阀开启，进行大量排放，冲掉障碍物。

c. 如报警阀盘下的橡胶垫板老化或皱褶，不能密封水槽，应拆开检修并更换。

8.5 火灾逃生原则、自救方法以及逃生路径选择

8.5.1 火灾逃生原则

学校火场逃生的原则是：安全撤离，救助结合。

安全撤离是指火场中的人员抓住有利时机，就近、就便，利用一切可以利用的地形、工具，迅速撤离危险区域。

救助结合。一是自救与互救相结合。在火灾现场，我们不仅要尽快撤离现场，还要积极帮助老、弱、病、残、妇女、儿童等疏散，切忌乱作一团，否则会堵塞通道，酿成大祸。二是逃生与抢险相结合。有时候火灾千变万化，如不及时消除险情，就可能造成更多人员伤亡，因此在条件许可时要千方百计地消除险情，延缓火灾发生的时间，减小灾害发生的规模。三是救人与救物相结合。在所有情况下救人始终是第一位的，决不要因为抢救个人贵重物品而贻误逃生良机。

8.5.2 自救方法

为避免在发生重大火灾等突发事故时出现严重伤亡，需要掌握一些最基本的火灾逃生救灾知识。

① 如果身上的衣物由于静电的作用或吸烟不慎而引起火灾，应迅速将衣服脱下或撕下，或就地滚翻将火压灭，但注意不要滚动太快。一定不要身穿着火衣服跑动。如果有水，可迅速用水浇灭，但人体被火烧伤时，一定不能用水浇，以防感染。

② 如果寝室、教室、实验室、会堂、食堂、浴池、超市等着火，可采用以下方法逃生：

a. 毛巾、手帕捂鼻护嘴法。因火场烟气具有温度高、毒性大、氧气少、一氧化碳多的特点，人吸入后容易引起呼吸系统烫伤或神经中枢中毒，因此在疏散过程中，应采用湿毛巾或手帕捂住嘴和鼻（但毛巾与手帕不要超过六层厚）。注意：不要顺风疏散，应迅速逃到上风处躲避烟火的侵害。由于着火时，烟气大多聚集在上部空间，具有向上蔓延快、横向蔓延慢的特点，因此在逃生时，不要直立行走，应弯腰或匍匐前进，但当发生石油液化气或城市煤气火灾时，不应采用匍匐前进方式。

b. 遮盖护身法。将浸湿的棉大衣、棉被、门帘子、毛毯、麻袋等遮盖在身上，确定逃生路线后，以最快的速度直接冲出火场，到达安全地点，但应注意捂鼻护口，防止一氧化碳中毒。

c. 封隔法。如果走廊或对门、隔壁的火势比较大，无法疏散，可退入一个房间内，可将门缝用毛巾、毛毯、棉被、褥子或其他织物封死，防止受热，可不断往上浇水进行冷却。防止外部火焰及烟气侵入，从而达到减缓火势蔓延速度、延长时间的目的。

d. 卫生间避难法。发生火灾时，实在无路可逃时，可利用卫生间进行避难。因为卫生间湿度大、温度低，可用水泼在门上、地上进行降温，水也可从门缝处向门外喷射，达到降温或控制火势蔓延的目的。

e. 多层楼着火逃生法。如果多层楼着火，当楼梯的烟气火势特别猛烈时，可利用房屋的阳台、水溜子、雨篷逃生，也可采用绳索、消防水带，也可用床单撕成条连接代替，但一端要紧拴在牢固采暖系统的管道或散热片的钩子（暖气片的钩子）及门窗或其他重物上，再顺着绳索滑下。

f. 被迫跳楼逃生法。如无条件采取上述自救办法，而时间又十分紧迫，烟火威胁严重，被迫跳楼时，低楼层可采用此方法逃生，但首先向地面上抛下一些厚棉被、沙发垫子，以增加缓冲，然后手扶窗台往下滑，以缩小跳楼高度，并保证双脚首先落地。

③ 火场求救方法。当发生火灾时，可在窗口、阳台、房顶、屋顶或避难层处，向外大声呼叫，敲打金属物件，投掷细软物品，夜间可用手电筒、打火机等物品的声响、光亮发出求救信号，引起救援人员的注意，为逃生争得时间。

8.5.3 逃生路径选择

首先，有必要了解人们在火场中逃生时容易选择的路径，其大致有以下倾向：

① 归宿性：朝自己最熟悉的地方逃生。
② 日常习惯性：从日常最常用的楼梯或出口逃生。
③ 敞开性：向开阔或空间较大的方向逃生。
④ 就近性：向最先进入视线或最近的方向逃生。
⑤ 本能回避危险性：本能地远离火和烟的方向。
⑥ 盲从性：追随大多数人逃生的方向。
⑦ 自认安全方向性：朝着自己认为安全的路径逃生，如低层跳楼等。
⑧ 理智分析：能够冷静分析危险性，进退有度，上下有据，安全撤离。

以上各种逃生倾向，最可取的当然是理智分析，但要能够做到临灾不惧，处惊不乱，除了高素质的心理承受能力外，还需对下列三项熟悉掌握。

(1) 熟悉环境

对于熟悉或陌生的环境，我们都应养成对其结构了如指掌的习惯。例如对宿舍、食堂、实验室、教学楼等，必须弄清其出口所在位置，同时对门窗、天窗、阳台等，要弄清其位置。其次要留心看一看太平门、避难间、安全出口的位置，报警器、灭火器的位置，有可能充当逃生器材的物品，如床单、毛巾、被罩、窗帘等等。只有这样才能做到有备无患，一旦发生火灾就有可能顺利逃出火灾现场，保住性命。

(2) 立即采取防烟措施

当感到烟、火刺激时，无论附近有无烟雾，均要采取防烟措施。常用的防烟措施是用干、湿毛巾捂住口鼻，若用干毛巾则折叠层数越多，除烟效果越好。用湿毛巾除烟效果更佳，在一定程度上毛巾越湿效果越好。但若毛巾过湿，易造成呼吸困难。当毛巾含水量为本身重量的 1.5~2.5 倍时，由于毛巾的编织线因湿变细，空隙增大，除烟效果反而差于干毛巾。

使用毛巾捂口鼻时，一定要使过滤烟的面积尽量增大，确实将口鼻捂严，在穿过烟雾区时，即使感到呼吸阻力增大，也不能拿开毛巾，因为一旦拿开就可能导致中毒。

(3) 疏散

确定逃离火场时，一定要沉着、冷静，克服慌乱心理，自我暗示，消除紧张心理。随后可先用毛巾捂住口鼻，选择一条切实可行的逃生路线，如经常使用的门、窗、走廊、楼梯、太平门、出口等。在打开门、窗之前，必须首先摸摸门、窗是否发热，如果已经发热，就不能打开，立即选择其他路径。如果不热，也只能小心地打开少许并迅速通过，然后快速关闭。当实在无法辨别方向时，应该先向远离烟火的方向疏散，尽量不向楼上撤离，在疏散时，要树立时间就是生命、逃生第一的思想。逃生要迅速，动作越快越好，切忌由于寻找、搬运某种物品而延误时间。

逃生时不要向狭窄的角落（如床下、墙角、桌子底下、大衣柜里等）退避。在通过浓烟区时，要尽可能以最低姿势或匍匐姿势快速前进，并用湿毛巾捂住口鼻。要注意随手关闭通道上的门窗，以阻止和延缓烟雾向逃离的通道蔓延。如果身上衣服着火，应迅速将衣服脱下，就地翻滚，将火扑灭。应注意不要翻滚过快，更不要身穿着火服装跑动，如附近有水池等，可迅速跳入水中。

火场上不要轻易乘坐普通电梯，因为：第一，火灾中常常会断电而造成电梯"卡壳"，给救援工作增加难度；第二，电梯口直通大楼各层，烟气流入电梯通道极易形成"烟囱效应"，人在电梯内随时会被浓烟毒气熏呛而窒息。

第 9 章

实验事故的预防与应急处置

9.1 常见事故类型的预防与处置

9.1.1 火灾性事故

实验室中发生火灾性事故（图 9-1），会对人身安全及设备安全有极大破坏性。引起火灾事故的直接原因是：

图 9-1 实验室中发生火灾事故

① 违反操作规程，在实验中处理不当；
② 违反安全规定，在易燃易爆物品附近使用明火；
③ 没有穿戴防静电个人防护用品；
④ 设备年久失修、线路老化或（设备）超负荷运行，导致线路发热，引发事故；
⑤ 实验室人员脱岗，介质过热、突沸飞溅到易燃易爆物品，高温引起火灾；
⑥ 工作场地狭小，多个实验项目布局过于集中，设备安全操作距离不足；

⑦ 遭受自然灾害，如强烈地震，设备仪器操作失控；

⑧ 随意丢弃烟头、未燃尽火柴等，引燃易燃易爆物品。

因此，针对以上火灾安全隐患，应注意以下安全事项：

① 操作和处理易燃、易爆物质时，应远离火源；必须小心销毁剩余易燃、易爆物质（如用盐酸或硝酸分解金属炔化物）；不能随意丢弃易发生自燃的物质或未完全熄灭的物品（如加氢反应用的催化剂雷尼镍），以免产生新的火源，引起火灾。

② 实验前应仔细检查仪器装置是否正确、稳妥与严密；操作要求正确、严格；常压操作时，切勿造成系统密闭，否则可能会发生爆炸事故；对沸点低于80℃的液体，一般蒸馏时应采用水浴加热，不能直接用火加热；实验操作中，应防止有机物蒸气泄漏，更不要用敞口装置加热。若要进行除去溶剂的操作，则必须在通风橱里进行。

③ 实验室里不允许存放大量易燃物。实验中一旦发生了火灾，切莫惊慌失措，应保持镇静。首先立即切断室内一切火源和电源，然后根据具体情况正确地进行抢救和灭火。

常见的易燃易爆物品包括：

爆炸品：具有猛烈的爆炸性。当受到高热摩擦、撞击、振动等外来因素的作用或与其他相抵触的物质接触时，就会发生剧烈的化学反应，产生大量的气体和高热，引起爆炸。如硫酸铵、硝酸钾、硝酸铵等。

氧化剂：具有强烈的氧化性，按其不同的性质，受潮或遇酸、碱、强热，或与易燃物、有机物、还原剂等性质有抵触的物质混存能发生分解，引起燃烧和爆炸。如氯酸钾、高锰酸钾、重铬酸钾、过硫酸铵、亚硝酸钠等。

压缩气体和液化气体：气体压缩后贮于耐压钢瓶内，具有危险性。钢瓶如果在太阳下暴晒或受热，当瓶内压力升高至大于容器耐压限度时，即能引起爆炸。如氢气、氩气、氦气等。

自燃物品：此类物质暴露在空气中，依靠自身的分解、氧化产生热量，使其温度升高到自燃点即能发生燃烧。如白磷等。

遇水燃烧物品：遇水或在潮湿空气中能迅速分解，产生高热，并放出易燃易爆气体，引起燃烧爆炸。如金属钾、钠、电石等。

易燃液体：这类液体极易挥发成气体，遇明火即燃烧。可燃液体以闪点作为评定液体火灾危险性的主要根据，闪点越低，危险性越大。闪点在45℃以下的称为易燃液体。如汽油、甲醇、乙醇、苯、甲苯、乙酸乙酯、丙酮、二硫化碳。

易燃固体：此类物品着火点低，如受热，遇火星，受撞击、摩擦或氧化剂作用等能引起急剧的燃烧或爆炸，同时放出大量毒害气体。如硫黄、萘及2,4-二硝基苯酚等。

当实验室发生火灾险情时，操作者应保持镇定，采用适当的手段处理险情：

① 可燃液体着火时，应立即移除着火区域内的一切可燃物质，关闭门窗或通风装置，防止扩大燃烧；酒精及其他可溶于水的液体着火时，可用水灭火；汽油、乙醚、甲苯等有机溶剂着火时，应用石棉布或干砂扑灭，绝对不能用水，否则反而会扩大燃烧面积。

② 金属钾、钠或锂着火时，绝对不能用水、泡沫灭火器、二氧化碳灭火器、四氯化碳灭火器灭火，可用干砂、石墨粉扑灭。

③ 电气设备导线等着火时，不能用水及二氧化碳灭火器（泡沫灭火器），以免触电。应先切断电源，再用二氧化碳或四氯化碳灭火器灭火。

④ 发生火灾时如果身上起火，不能奔跑以防风助火旺，也不要站立呼叫以防烧伤呼吸道。应立即脱去燃烧的衣服并用水浇灭，或者立即躺在地上滚压灭火。冬天身穿的棉衣被火点燃时，可能以暗火的形式燃烧，没有出现明火。如果衣服有冒烟现象，应立即脱下或剪去以免烧伤。棉衣出现明火燃烧被扑灭后，也可能存在暗火，需要仔细观察，及时处置。

⑤ 发现用电设备有异味或冒烟时，应迅速切断电源，使其慢慢降温，并准备好灭火器备用。千万不要急于打开设备，以免空气突然进入助燃（爆），引起火灾。

⑥ 发生火灾时应注意保护现场。较大的着火事故应立即报警。若有伤势较重者，应立即送医院。

⑦ 火灾导致烧伤时，立即用冷水冲洗烧、烫伤部位或将烧、烫伤部位浸入水中充分浸泡，防止烧、烫伤部位的创伤面积扩大。如果烧、烫伤程度严重，经过初步处理后，及时就医。如果烧伤较轻，可在伤处涂抹烫伤膏、植物油、万花油进行处理。烧伤人员因灼烤出现严重口渴，不要给予大量白开水。应该饮用淡盐水或烧、烫伤饮料，即每 500mL 水中加 50g 葡萄糖（或白糖）、1.5g 氯化钠（或食盐）、0.75g 小苏打粉、0.03g 鲁米那（苯巴比妥片），少量多次口服，成人每次 200mL。

⑧ 熟悉实验室内灭火器材的位置和灭火器的使用方法。

发生火灾时要做到三会：

① 会报火警；

② 会使用消防设施扑救初起火灾；

③ 会自救逃生。

手提式干粉灭火器使用方法：

① 先撕掉小铅块，拔出保险销；

② 再用一手压下压把后提起灭火器；

③ 另一手握住喷嘴，将干粉射流喷向燃烧区火焰根部即可。

9.1.2 爆炸性事故

爆炸性事故多发生在具有易燃易爆物品和压力容器的实验室。如可燃气体与空气混合，当两者比例达到爆炸极限时，受到热源（如电火花）的诱发，就会引起爆炸。物质爆炸时，产生的高温高压气体以极高的速度膨胀，像活塞一样挤压周围空气，把爆炸反应释放出的部分能量传递给压缩空气层，空气受冲击而发生扰动，使其压力、密度等产生突变，这种扰动在空气中传播就称为冲击波。冲击波的传播速度极快，在传播过程中，可以对周围环境中的设备和建筑物产生破坏作用和使人伤亡。酿成这类事故的直接原因是：

① 违反操作规程使用设备、压力容器（如高压气瓶）而导致爆炸。

② 设备老化，存在故障或缺陷，造成易燃易爆物品泄漏，遇火花而引起爆炸。

③ 对易燃易爆物品处理不当，导致燃烧爆炸；该类物品（如三硝基甲苯、苦味酸、硝酸铵、叠氮化物等）受到高热摩擦、撞击、振动等外来因素的作用或与其他性能相抵触的物质接触，就会发生剧烈的化学反应，产生大量的气体和高热，引起爆炸。

④ 强氧化剂与性质有抵触的物质混存能发生分解，引起燃烧和爆炸。

⑤ 由火灾事故引起仪器设备、药品等的爆炸。

爆炸性事故会对实验操作人员的人身安全造成严重伤害。因此，在实验操作过程中，要针对易爆物品与装置，进行针对性的防护与处理，注意实验操作，避免爆炸事故的发生：

① 某些化合物容易爆炸。如有机化合物中的过氧化物、芳香族多硝基化合物和硝酸酯、干燥的重氮盐、叠氮化物、重金属的炔化物等，均是易爆物品，在使用和操作时应特别注意。含过氧化物的乙醚蒸馏时，有爆炸的危险，事先必须除去过氧化物。若有过氧化物，可加入硫酸亚铁的酸性溶液予以除去。芳香族多硝基化合物不宜在烘箱内干燥。乙醇和浓硝酸混合在一起，会引起极强烈的爆炸。

② 仪器装置不正确或操作错误，有时会引起爆炸。如果在常压下进行蒸馏或加热回流，仪器必须与大气相通。在蒸馏时要注意，不要将物料蒸干。在减压操作时，不能使用不耐外压的玻璃仪器（例如平底烧瓶和锥形烧瓶等）。

③ 氢气、乙炔、环氧乙烷等气体与空气混合达到一定比例时，会生成爆炸性混合物，遇明火即会爆炸。因此，使用上述物质时必须严禁明火。还要防止发生电火花及其他撞击火花，要有防爆措施。使用防护装备：面罩，厚厚的防护围裙，防火实验室外套、皮革手套甚至防弹背心。对于放热量很大的合成反应，要

小心地慢慢滴加物料，并注意冷却，同时要防止因滴液漏斗的活塞漏液而造成的事故。

④ 使用可燃性气体时，要防止气体逸出，室内通风要良好。每天第一个开门的实验人员要先仔细观察室内有无异常，是否有溶剂或废液流淌在地上或台面上；空气中是否有因未盖的废液、碱桶和大量敞口的过多溶剂挥发导致异味。进实验室后第一件事情不是开风机而是开窗通风，严禁开任何按钮和开关或插头。用有机溶剂冲洗玻璃仪器时要特别注意通风，最好在通风柜内进行冲洗，仪器适当晾干后再放到烘箱里。

9.1.3 毒害性事故

毒害性事故多发生在具有化学药品和剧毒物质的实验室和具有毒气排放的实验室。酿成这类事故的直接原因是：

① 将食物带进有毒物的实验室，造成误食中毒；

② 设备设施老化，存在故障或缺陷，造成有毒物质泄漏或有毒气体排放不出，酿成中毒；

③ 管理不善，操作不慎或违规操作，实验后有毒物质处理不当，造成有毒物品散落流失，引起人员中毒、环境污染；

④ 废水排放管路受阻或失修改道，造成有毒废水未经处理而流出，引起环境污染；

⑤ 实验人员不熟悉、不了解所使用的化学药品性质。

有毒品标志如图 9-2 所示。

在实验过程中要做好适当的防范工作，避免对实验操作者的身体或生态环境造成不可挽回的破坏。实验中的许多试剂都是有毒的，要格外注意化学试剂的毒性。有毒物质往往通过呼吸吸入、皮肤渗入、误食等方式导致中毒。

① 处理具有刺激性、恶臭和有毒的化学药品时，如处理 H_2S、NO_2、Cl_2、Br_2、CO、SO_2、SO_3、HCl、HF、浓硝酸、发烟硫酸、浓盐酸、乙酰氯等时，必须在通风橱中进行。通风橱开启后，不要把头伸入橱内，并保持实验室通风良好。

图 9-2 有毒品标志

② 实验中应避免手直接接触化学药品，尤其严禁手直接接触剧毒品。沾在皮肤上的有机物应当立即用大量清水和肥皂洗去，切莫用有机溶剂洗，否则只会增加化学药品渗入皮肤的速度。

③ 溅落在桌面或地面的有机物应及时除去。如不慎损坏水银温度计，洒落

在地上的水银应尽量收集起来，并用硫黄粉盖在洒落的地方。

④ 实验过程中，有强酸、强碱、强腐蚀性气体产生，须有对应的尾气吸收装置；同时当使用或反应产生具有刺激性气体（如乙硫醇、氨水、吲哚、硫化氢、精胺、腐胺等）时，应在带活性炭吸附装置的通风橱内进行，实验者要注意不要将头伸入通风橱内；避免实验装置无人值守。完成实验后，首先将产生的废液和反应容器除味后再进行下一步处理，比如巯基乙醇用氧化剂（如稀的漂白水或过氧乙酸）除味；含酚废液加入次氯酸钠或漂白粉煮5min，使酚分解成二氧化碳和水；硫醚用双氧水处理；异氰用稀盐酸处理。然后将处理的废液倒入相应废液桶内，做好登记。如果随意将实验产生的废液倒入下水管道，废液的异味就会通过下水道返到室内，严重影响师生的身体健康。而某些气态、蒸气化学刺激物和上呼吸系统接触时，会引起不适的感觉，可引起气管炎，甚至严重损害气管和肺组织，表现有咳嗽、呼吸困难（如气喘和呼吸短促）。因此不可将废液以及有机溶剂倒入下水道，同时应该将实验楼的地漏更换为自封式地漏，从而减轻实验室和办公室下水道之间的串味影响。

⑤ 实验中所用剧毒物质由各课题组技术负责人负责保管，适量发给使用人员并要回收剩余。实验所有装有毒物质的器皿要贴标签注明，用后及时清洗，经常使用有毒物质实验的操作台及水槽要注明，实验后的有毒残渣必须按照实验室规定进行处理，不准乱丢。

⑥ 操作有毒物质实验中，若感觉咽喉灼痛，嘴唇脱色或发绀，胃部痉挛或有恶心呕吐、心悸头晕等症状，则可能系中毒所致。视中毒原因施以下述急救后，立即送医院治疗，不得延误。

a. 固体或液体毒物中毒：有毒物质尚在嘴里的立即吐掉，用大量水漱口。误食碱者，先饮大量水再喝些牛奶。误食酸者，先喝水，再服$Mg(OH)_2$乳剂，最后饮些牛奶。不要用催吐药，也不要服用碳酸盐或碳酸氢盐。重金属盐中毒者，喝一杯含有几克$MgSO_4$的水溶液，立即就医。不要服催吐药，以免引起危险或使病情复杂化。砷和汞化物中毒者，必须紧急就医。

b. 吸入气体或蒸气中毒者：立即转移至室外，解开衣领和纽扣，呼吸新鲜空气。对休克者应施以人工呼吸，但不要用口对口法。立即送医院急救。

9.1.4 机电及设备损坏性事故

机电及设备损坏性事故（图9-3）多发生在需要带电加热或高速运动的设备的实验室。由线路故障或雷击造成突然停电或短路，致使设备损坏。事故表现和直接原因是：

① 操作不当或缺少防护，造成挤压、甩脱和碰撞伤人；

② 违反操作规程或因设备设施老化而存在故障和缺陷，造成漏电触电和电

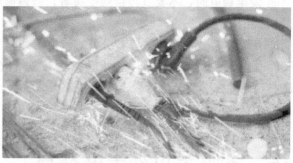

图 9-3　触电、短路等机电事故

弧火花伤人；

③ 使用不当造成高温气体、液体对人的伤害。

为避免机电及设备损坏性事故的发生，实验室必须建立严格合理的设备管理体系，主要包括以下方面：

① 实验室内电气设备的安装与使用管理，必须符合安全用电管理规定，必须使用专线，严禁与照明线、空调线并用。

② 不准乱接乱拉电线，实验室各种插座、开关等应保持完好可用状态，漏电保护与保险装置必须与线路允许的容量相匹配。

③ 手上有水或潮湿时禁止接触电气用品或设备，严禁使用水槽旁的电器插座。

④ 应防止人体与电器导电部分直接接触及石棉网金属丝与电炉电阻丝接触；不能用湿的手或手握湿的物体接触电插头；电热套内严禁滴入水等溶剂，以防止电器短路。

⑤ 为了防止触电，装置和设备的金属外壳等应连接地线，实验后应先关仪器开关，再将连接电源的插头拔下。

⑥ 检查电气设备是否漏电应该用试电笔，凡是漏电的仪器，一律不能使用。

⑦ 发生割伤等器械伤害时：一般轻伤应及时挤出污血，并用消过毒的镊子取出尖锐物，用蒸馏水洗净伤口，涂上碘酒，再用创可贴或绷带包扎；对于大伤口应立即用绷带扎紧伤口上部，使伤口停止流血，急送医院就诊。

⑧ 被火焰、蒸汽、红热的玻璃及铁器等烫伤时，应立即将伤口处用大量水冲洗或浸泡，从而迅速降温以避免温度烧伤。若起水泡则不宜挑破，应用纱布包扎后送医院治疗。对轻微烫伤，可在伤处涂些鱼肝油、烫伤油膏或万花油后包扎。若皮肤起泡（二级灼伤），不要弄破水泡，防止感染；若伤处皮肤呈棕色或黑色（三级灼伤），应用干燥且无菌的消毒纱布轻轻包扎好，急送医院治疗。

⑨ 发生触电时，不要直接接触受害者，应遵循以下急救方法：

a. 关闭电源；

b. 用干木棍使导线与被害者分开；

c. 使被害者和土地分离，急救时急救者必须做好防止触电的安全措施，手或脚必须绝缘。必要时进行人工呼吸并送医院救治。

9.2 实验室特殊事故处置

9.2.1 病原微生物实验事故

与理化实验室的安全事故表现形式不同，微生物实验室的安全事故发生时不会伴有强烈的、毁灭性的现象，但是其后果完全不逊于理化实验室。面对日益复杂的微生物实验室环境和研究对象，了解、掌握微生物实验室安全知识是非常必要的。在微生物实验室中，常存在以下安全隐患：

① 实验者直接接触病原微生物，因防护不严，如未穿实验服、戴护目镜等，导致病原微生物失控，造成微生物大面积感染传播，严重者引起传染病的流行；

② 实验室中存放与实验无关的物品，如食品、饮料、衣物等，造成物品污染，导致微生物传播；

③ 微生物实验室用品未归类放置，造成实验用品交叉污染；

④ 实验结束后未进行清洁整理，导致污染源泄漏传播。

病原微生物应妥善处置，如图 9-4 所示。

图 9-4　病原微生物应妥善处置

实验室发生暴露后应根据暴露微生物的生物学性质，快速有效地对意外暴露人员进行紧急医学处置；对污染区域进行有效的控制，最大限度地清除和控制污染物对周围环境的污染；进行流行病学调查和暴露人员的医学观察。一般事故中可在紧急医学处置后，向实验室负责人报告事故情况和处理方法。一旦发生重大事故，应在进行紧急医学处置的同时，立即向实验室负责人和实验室安全领导小组报告情况。具体措施如下：

(1) 意外伤害的处理（刺伤、切割伤或擦伤处理）

① 立即停止工作。

② 伤口挤血，用水或消毒剂冲洗消毒。

③ 除去防护服并进行医学处理。如有必要可去医院诊治。

(2) 容器破碎及感染性物质的溢出处理

① 做好个人防护，戴手套，穿防护服，必要时戴眼罩和护目镜。

② 用布或纸巾覆盖受感染性物质污染或受感染性物质溢洒的破碎物品。

③ 在上面倒上消毒剂，由外向内进行处理。

④ 使其作用适当时间（例如 30min），将布、纸巾以及破碎物品清理掉；玻璃碎片应用镊子清理。

⑤ 再用消毒剂擦拭污染区域。

⑥ 如果用簸箕清理破碎物，应当对它们进行高压灭菌或放在有效的消毒液内浸泡。用于清理的布、纸巾和抹布等应当放在盛放污染性废弃物的容器内。

(3) 离心机内盛有潜在感染性物质的离心管发生破裂处理

① 如果在机器正在运行时发生破裂或怀疑发生破裂，应关闭机器电源，让机器密闭适当时间（例如 30min）使气溶胶沉积。如果在机器停止后发现破裂，应立即将盖子盖上，并密闭适当时间（例如 30min）。

② 所有操作中都应戴厚实的手套（如厚橡胶手套），必要时可在外面戴一次性手套。当清理玻璃碎片时应当使用镊子，所有破碎的离心管、玻璃碎片、离心桶、十字轴和转子都应放在无腐蚀性的、已知对相关微生物具有杀灭活性的消毒剂内。未破损的带盖离心管应放在另一个有消毒剂的容器中，然后回收。

③ 离心机内腔应用消毒剂多次擦拭，然后用水冲洗并干燥。清理时所使用的全部材料都应按感染性废弃物处理。

(4) 病原微生物样品进入眼睛、污染台面处理

① 若有上述样品进入眼睛，立即用护眼冲洗器仔细冲洗。

② 冲洗后去眼科就诊，对伤者进行必要的检查和处置。

③ 若污染台面，即用消毒剂及时消毒。

9.2.2 辐射事故

根据辐射事故的性质、严重程度、可控性和影响范围等因素，从重到轻将辐射事故分为特别重大辐射事故、重大辐射事故、较大辐射事故和一般辐射事故四个等级。

① 特别重大辐射事故，是指Ⅰ类、Ⅱ类放射源丢失、被盗、失控造成大范围严重辐射污染后果，或者放射性同位素和射线装置失控导致3人以上（含3人）急性死亡。

② 重大辐射事故，是指Ⅰ类、Ⅱ类放射源丢失、被盗、失控，或者放射性同位素和射线装置失控导致2人以下（含2人）急性死亡或者10人以上（含10人）急性重度放射病、局部器官残疾。Ⅱ类放射源为高危险源，在没有防护情况下，接触这类源几小时至几天可致人死亡；Ⅰ类放射源为极高危险源，在没有防护情况下，接触这类源几分钟到一小时就可致人死亡。

③ 较大辐射事故，是指Ⅲ类放射源丢失、被盗、失控，或者放射性同位素和射线装置失控导致9人以下（含9人）急性重度放射病、局部器官残疾。Ⅲ类放射源为危险源，在没有防护情况下，接触这类源几小时就可对人造成永久性损伤，接触几天至几周也可致人死亡。

④ 一般辐射事故，是指Ⅳ类、Ⅴ类放射源丢失、被盗、失控，或者放射性同位素和射线装置失控导致人员受到超过年剂量限值的照射。Ⅴ类放射源为极低危险源，不会对人造成永久性损伤；Ⅳ类放射源为低危险源，基本不会对人造成永久性损伤，但对长时间、近距离接触这些放射源的人可能造成可恢复的临时性损伤。

实验室发生的辐射事故一般情况下为一般辐射事故（Ⅳ级）。辐射标志与辐射事故处理人员如图9-5所示。

图9-5　辐射标志与辐射事故处理人员

辐射事故应急响应相关内容如下。

(1) 启动应急预案的条件

① 涉源单位发现其所使用或操作的放射源、放射性物质、放射性污染严重的物件丢失或被盗；

② 获知在一个未经批准或不受控制的地点发现了放射源、放射性材料或放射性污染物件；

③ 通过辐射监测，探知有放射源、放射性材料或放射性污染物件未经批准或未受控制地存在、转移或非法贩卖；

④ 获知某种物件可能含有辐射水平明显异常的放射性物质；

⑤ 医院或医生报告发现校内教职工或学生出现典型急性放射病或症状。

(2) 应急处置工作程序

① 发生辐射事故时，有关单位或现场人员应立即向辐射工作办公室报告，电话 88364110；

② 领导小组接到办公室报告后启动应急预案；

③ 辐射工作办公室成员接到指令后立即赶到事发现场，了解现场情况及事故的性质，确定警戒区域和事故控制具体实施方案，并向领导小组汇报；

④ 根据辐射工作办公室的意见，领导小组在接到报警一个小时内向济南市环保局、公安局和卫生局报告突发辐射事故情况，根据实际需要请求支援，同时布置各事故应急处置相关单位任务；

⑤ 事故应急处置相关单位工作人员到达现场后，服从校领导小组的指挥，采取必要的个人安全防护，按各自职责和分工迅速开展应急处置工作；

⑥ 放射源丢失、被盗或发现不明辐射时，学校公安处立即介入事件并协助政府公安部门通过辐射探测和事件调查，寻找丢失、被盗或来历不明的放射源；

⑦ 在密封源包壳、放射性材料包装遭到破坏或非密封放射性同位素发生泄漏，使人员、财物、房屋和场所受到辐射污染的情况下，应当由专业技术人员通过辐射或放射性污染探测，搜寻受到污染的人员、财物、房屋和场所，并对其进行隔离和去污；

⑧ 事故得到控制后，由政府环保部门指导进行现场洗消工作；

⑨ 事故得到控制后，由领导小组决定应妥善保护的区域，组织相关单位对事故开展调查工作。

9.3 实验事故应急处理流程

9.3.1 总则

依据《中华人民共和国突发事件应对法》《国家突发公共事件总体应急预案》等文件，结合实际情况，制定本实验事故应急处理流程。有效预防、及时控制和妥善处置实验室突发安全事故，保证实验室正常的科研秩序，保护实验人员生命及财产安全，防止环境污染，提高应对突发事故的能力，最大限度地减少突发事故造成的损失。坚持"以人为本、预防为主"的原则；实行分级管理，明确分工,依法规范。对突发安全事故反应迅速,科学处置。

9.3.2 应急组织体系及职责

成立应急救援小组,各实验室负责人担任应急救援小组组长,负责制定各类安全事故的应急预案,建立健全规章制度和操作规范。

事故初起阶段,在研究室负责人或实验技术人员的领导下,由实验室工作人员和学生协同处置突发事件。对于研究室负责人或实验技术人员无法处置的安全事故,立即通知相关领导,由应急处置工作小组负责指挥、协调。无法单独处置的突发安全事故,已造成人员伤亡或不及时处置可能导致人员伤亡及重大财产损失的突发安全事故,由学校安全事故应急处置指挥小组处置。

9.3.3 运行机制

(1) 预防

① 工作人员针对各种可能发生的突发事故,首先完善预防、预警机制,开展风险评估分析,做到早防范、早发现、早报告、早处置。

② 加强实验室标准化建设,由各实验室负责人对实验设备配置、个人防护、应急设备器具、实验室安全行为、安全操作规程等做出明确规定。

③ 建立有毒有害化学试剂储存室。对传加热设备,压力容器,放射性同位素及射线装置,剧毒、高毒、强酸、致癌、易燃、易爆等危险品建立严格的管理制度和使用登记制度。

④ 加强师生的安全意识,落实安全管理责任,加强日常安全巡查,及时消除安全隐患。

⑤ 加强应急反应机制的日常管理,在实践中经常演练和完善应急处置预案。

⑥ 各实验室负责人要加强实验人员的培训教育,提高应对突发事故的实战能力。

(2) 预警

① 建立有效的预警机制,为各种危险品建立档案和使用记录,发现遗失、不当存放,立即处置。

② 重视实验人员健康检查,发现与实验室安全有关的人员感染或伤害立即报告、处置。

③ 严格执行安全巡查制度,及时发现、消除隐患。对存在不安全行为的人员,有安全隐患的设备设施、用品用具,及时发出书面预警通知,提醒相关人员提高警惕。

(3) 安全状态监测

① 实验室日常工作中,与实验有关的所有人员均有义务对实验室安全状况

进行监督、检查、举报，对举报有功人员由中心进行奖励。

② 实验过程中，注意监控实验室内的状况，包括：仪器主机、附件，特别是气体贮存容器及其主要连接件（管路、阀门等）是否正常；水、电、气状态是否正常；实验室内有无异常气味、响声；（非正常）火苗、火花；空气中有无不明烟雾，地面上有无不明液体、固体等。

③ 仪器设备检查由实验操作人员定期进行。包括：对仪器设备电气性能的评估；对装载易燃气体的钢瓶或其他容器的安全检测；对化学试剂存放使用的安全性检查；对实验室水、电、气运行状况的检查等。

(4) 信息报告

突发安全事故发生后，现场人员应在自救的同时立即向各实验室负责人汇报，及时启动应急预案。如经初步处理仍无法控制，要立即通知中心领导、学校公安处、地方应急处置单位等，请求协同处理。事故基本控制后，及时对突发事故进行侦测、调查，综合评估，控制危害蔓延。

9.3.4 部分安全事故应急处置措施

(1) 试剂操作安全事故应急处置

① 强碱腐蚀。先用大量水冲洗，再用2%醋酸溶液或饱和硼酸溶液清洗，然后再用水冲洗。若溅入眼内，用硼酸溶液冲洗。

② 强酸腐蚀。先用干净毛巾擦净伤处，用大量水冲洗，然后用饱和碳酸氢钠溶液（或稀氨水、肥皂水）冲洗，再用水冲洗，最后涂上甘油。若溅入眼内，先用大量水冲洗，再用碳酸氢钠溶液冲洗，严重者送医院治疗。

③ 液溴腐蚀。应立即用大量水冲洗，再用甘油或酒精洗涤伤处。

④ 氢氟酸腐蚀。先用大量冷水冲洗，再以碳酸氢钠溶液冲洗，然后用甘油氧化镁涂在纱布上包扎。

⑤ 苯酚腐蚀。先用大量水冲洗，再用4体积10%的酒精与1体积三氯化铁混合液冲洗。

⑥ 误吞毒物。常用的解毒方法有：给中毒者服催吐剂，如肥皂水；灌水或服鸡蛋白、牛奶和食物油等，以缓和刺激，随后用干净手指伸入喉部，引起呕吐。注意磷中毒者不能喝牛奶，可用5~10mL 1%硫酸铜溶液加入一杯温开水内服，引起呕吐，然后送医院治疗。

(2) 仪器设备安全事故应急处置

① 有金属外壳的仪器设备要有充分的接地保护，如仪器设备漏电导致人员触电，首先切断电源，若来不及切断电源，可用绝缘物挑开电线，在切断电源之前切不可用手拉触电者，也不能用金属或潮湿的物品挑电线。触电者出现休克现象时，应立即进行人工呼吸，并通知医院治疗。

② 仪器使用中的容器破碎及污染物质溢出时，立刻戴上防护手套，按照仪器的标准作业程序关机，清理污染物及破碎玻璃，再对仪器进行消毒清洗，同时告知其他人员注意。

(3) 火灾事故应急处置

① 实验室应按规定配备灭火器、灭火毯、沙箱、消防栓等消防器材，实验室工作人员必须经常检查消防器材的有效性并熟悉其操作规范，清楚安全通道所在位置。

② 局部起火，立即使用灭火器、灭火毯、沙箱等灭火；发生大面积火灾，实验人员已无法控制，应立即报警，通知所有人员沿消防通道紧急疏散。同时，立即向消防部门报警，向中心领导报告；有人员受伤时，立即向医疗部门报告，请求支援。人员撤离到预定地点后，实验教师、实验室工作人员立即组织清点人数，对未到人员尽快确认所在的位置。

(4) 污染事故应急处置

① 实验室发生污染事故后，现场人员立即启动应急预案，通知、疏散可能受到危害的人员，并尽快通知各实验室负责人，救助受伤人员，尽可能防止污染区扩散。

② 各实验室负责人接到通知后，迅速到达现场，指导相关人员实施紧急救援，如发现事故难以控制，要尽快通知相关部门援助。

③ 发生事故的各实验室负责人应针对事故可能造成的危害，封闭、隔离或者限制使用有关场所，中止可能导致危害扩大的行为，组织调集环境应急所需物资和设备，确保处置方法科学有效。

(5) 应急响应的终止

在突发安全事故得到彻底控制后，经突发事故处理指挥小组确定，终止应急状态。

(6) 善后处理工作

① 在事故应急响应终止后，突发事故处理工作小组人员必须做好事故过程、损失及其他相关情况的整理、统计、记录工作。

② 事故现场调查完毕，即可对现场进行善后处理并恢复其正常状态。

③ 组织相关人员参加事故调查处理工作，认真总结经验教训，做好以后的防范工作。

(7) 突发安全事故的应急保障

① 通信保障。当安全事故发生时，应立即启动应急预案进行现场处置，同时上报相关负责人和相关职能部门，作好记录，保证应急处理信息的畅通无阻。实验室相关人员及管理人员的手机应保证 24 小时开通。

② 技术保障。聘请相关专业的专家，加强实验室规范化建设，提高师生的

安全意识、防范意识，加强实验室安全监测与预警方面的业务培训，组织应急演练，提高突发安全事故的处理能力。

③ 预案管理。应急预案要定期评审，并根据重大事故的形势变化和实施情况及时发现问题，及时进行完善修订。

实验事故应急处理预案流程如图 9-6 所示。

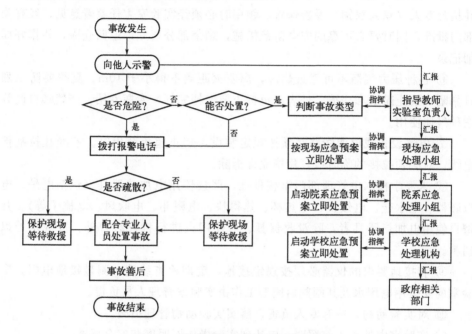

图 9-6　实验事故应急处理预案流程图

9.4　实验室安全管理规定实例

① 做好实验室的技术安全、环境保护和消防工作是关系到人身和财产安全的大事，是确保学校教学、科研工作正常进行的前提条件。各院、部及实验室要经常对教职工和学生进行安全知识教育，坚持"安全第一，预防为主"和"谁主管，谁负责"的原则，建立健全实验室安全管理规章制度。

② 每个实验室应设一名兼职治安保卫安全员（简称安全员），具体负责安全、保密工作。安全员有权停止有碍安全的操作，纠正违反实验安全规程的行为。

③ 各实验室（仓库）应根据各自工作特点，提出确保安全的行为具体要求，

落实安全防范措施。

④ 对压力容器、电工、焊接、振动、噪声、高温、高压、辐射、强光闪烁、细菌疫苗及放射性物质等场所及其有关设备，要制定严格的操作规程，落实相应的劳动保护措施。

⑤ 对易燃、易爆、剧毒及细菌疫苗等危险品，要按规定设专用库房存放，并指定专人（双人双锁）妥善保管。领用时必须经实验室主任签署意见，经有关部门批准，同时要有可靠的安全防范措施，剩余部分要立即退回仓库，并作好详细记录。

⑥ 各种压力气瓶不可靠近热源，离明火距离不得小于 10m。夏季要防止烈日暴晒，禁止敲击和碰撞，外表漆色标志要保持完好，专瓶专用，严禁私自改装它种气体使用。

⑦ 电气设备或电源线路必须按规定装设，禁止超负荷用电。不准乱拉乱接电线。对必须拉接的临时线，用毕立即拆除。

⑧ 未经学校水电管理部门审核批准，严禁使用电加热器具（包括电炉、电取暖器、电水壶、电饭煲、电热杯、热得快、电熨斗、电吹风、电梳子等）。凡擅自使用电加热器具者，除没收器具、对使用人进行批评教育外，按规定处以罚款。

⑨ 有接地要求的仪器必须按规定接地，定期检查线路，测量接地电阻。实验室的安全用电用水及其闸阀启闭等工作由实验室管理人员负责。

⑩ 对实验动物，要有专人负责，落实实验动物管理措施。

⑪ 实验室内外采光与照明，应达到实验操作照明度和安全标准。

⑫ 实验室应有良好的通风、除尘及空气调节设施，使室内温度、湿度及空气清新度满足实验要求。

⑬ 实验室内不得明火取暖，严禁吸烟。必须使用明火实验的场所，须经公安部门批准。有违反者，实验室安全员有权制止。

⑭ 对违章操作、玩忽职守、忽视安全而造成火灾、被盗、污染、中毒、人身重大损伤、精密/贵重仪器和大型设备损坏等重大事故，实验室工作人员要保护好现场，立即向院（部）、公安处、资产管理处报告。有关部门要及时对事故做出处理，追究有关人员责任。对隐瞒不报或缩小、扩大事故真相者，应予从严处理。

⑮ 对废气、废物、废液，应按照有关规定妥善处理，不得随意排放，不得污染环境。新建和改扩建实验室时必须将有害物质、有毒气体的处理列入工程计划一起施工，妥善处置。

⑯ 实验室必须配备适用、足量的消防器材，置于易取之处，指定专人负责，妥善保管。各种安全设施不准借用或挪用。要定期检查，发现问题，及时采取补

救措施。

⑰ 各院（部）、室应经常对实验室工作人员进行涉外保密教育，定期对保密工作的执行情况进行认真检查，杜绝泄密事故。

⑱ 各实验室应定期清查本室承担的科研项目，会同有关部门，合理划定密级。按照密级采取相应保密措施。

⑲ 实验室承担的涉及保密科研项目的测试数据、分析结论、阶段成果和各种技术文件，均要按科技档案管理制度进行保管和使用，任何人不得擅自对外提供资料。如发现泄密事故，应立即采取补救措施，并对泄密人员进行严肃处理。

⑳ 对精密、贵重仪器和大型设备的图纸、说明书等资料，要按规定存放，设专人妥善保管，不经领导批准，不得随便携出或外借。

㉑ 保密项目的实验场地，不准对外开放。外宾参观实验室要经领导批准，并划定参观范围。在国内同行中交流科研成果，要按学校有关规定，逐级报批。

㉒ 实验涉及经济保密、公文保密和国防保密的，要按有关部门的规定执行。

㉓ 对违反本规定的单位和个人，学校公安部门、资产管理部门有权停止其实验工作，限期整改。凡被责令整改的实验室，要采取相应的整改措施，经上级有关部门检查合格后，方可恢复工作。

第10章

网络安全

10.1 网络安全概述

10.1.1 网络安全的概念

随着计算机技术的迅速发展,在计算机上处理的业务也由基于单机的数学运算、文件处理,基于简单连接的内部网络的内部业务处理、办公自动化等发展到基于复杂的内联网(Intranet)、企业外联网(Extranet)、全球互联网(Internet)的企业级计算机处理系统和世界范围内的信息共享和业务处理。在系统处理能力提高的同时,系统的连接能力也在不断地提高。但在连接能力、信息流通能力提高的同时,基于网络连接的安全问题也日益突出。

通常情况下高校计算机网络的组网方式是校属内部局域网,然后通过内部网的中心服务器与校园网络中心的连接实现与外部网络的连接。由于计算机信息有共享和易于扩散等特性,它在处理、存储、传输和使用上有着严重的脆弱性,很容易被干扰、滥用、遗漏和丢失,甚至被泄密、窃取、篡改、冒充和破坏,还有可能受到计算机病毒的感染。"易攻难防""易监测,难堵截"就成了计算机互联网络安全管理工作的特点。在计算机网络安全防范与计算机病毒、黑客(hacker)交锋难分胜负的情况下,没有网络设备公司或网站管理员能够保证自己的产品、网站是绝对安全的。因此,仅仅依靠硬性规定或者防范措施来维护高校计算机网络的安全是不现实的,做好网上信息管理、监测才更切合实际。计算机网络安全分为网络系统安全和网络信息安全(或者称为物理安全和逻辑安全)两部分。其中,网络系统安全指维护网络系统的正常运行,包括硬件设施的维护、防病毒、黑客等。对于系统本身安全性,主要考虑服务器自身稳定性、健全性。在防治网络病毒方面,在http传输中 HTML 文件一般不会存在感染病毒的危险,危险在于下载可执行软件如

zip、exe 等文件过程中有潜伏病毒的可能性。网络信息安全是指监管网络信息传输及发布、防范网络信息泄密、控制危害公共安全和影响社会稳定的信息在网上传播，包含网络系统信息资料保密、发布于系统网络主页上的信息管理、网络信息收集及分析、一些特殊网站的定时监测等工作内容。

在使用网络进行信息交流过程中，人们未发现自己是目标时，网络安全的威胁就已经出现。一旦网络安全问题发生，人们常常措手不及，应对不及时、不合理，从而造成极大的损失。因此对于网络安全问题，应该像每家每户的防火防盗问题一样，做到防患于未然。

10.1.2 网络安全的特征

当人们应用的网络达到安全状态时，通常会表现出以下的特征：

① 完整性：数据未经授权不能进行改变的特性。即信息在存储或传输过程中保持不被修改、不被破坏和丢失的特性。

② 可用性：可被授权实体访问并按需求使用的特性。即当需要时能存取所需的信息。例如网络环境下拒绝服务、破坏网络和有关系统的正常运行等都属于对可用性的攻击。

③ 保密性：信息不泄露给非授权用户、实体或过程，或供其利用的特性。

④ 可控性：对信息的传播及内容具有控制能力。

⑤ 可审查性：出现安全问题时提供依据与手段。

10.1.3 网络安全的意义

维护网络安全具有非常重要的意义。从网络运行和管理者角度说，对本地网络信息的访问、读写等操作受到保护和控制，避免出现"陷门"、病毒、非法存取、拒绝服务和网络资源非法占用与非法控制等威胁，制止和防御网络黑客的攻击。对安全保密部门来说，对非法的、有害的或涉及国家机密的信息进行过滤和防堵，避免机要信息泄露，避免对社会产生危害，对国家造成巨大损失。从社会教育和意识形态角度来讲，网络上不健康的内容，会对社会的稳定和人类的发展造成阻碍，必须对其进行控制。

10.2 高校网络安全建设思路

10.2.1 高校网络安全的问题

2022 年，某大学遭美国某局的恶意网络攻击，被窃取了超过 140GB 的高价值数据。此外不少高校的计算机遭受病毒侵害，承受了重大的损失。由此可见，虽然计算机杀毒软件功能日渐强大，但在没有确切有效的计算机病毒防范措施的情况下，高校联网计算机非常容易中毒受损。此外，高校电脑软件和电子邮件交换量大、计算机新手多、网络新手多等因素，是潜在计算机病毒存在与传播的"有利条件"。高校是文化战线的重地，亦是国内外敌对势力开展阴谋颠覆活动的重点对象，开放的互联网使得高校联网计算机内存储的大量秘密、珍贵的科技资料极易被来自网络其他终端机的黑客窃取、破坏。网络的安全性取决于它最薄弱环节的安全性，通过考察近几年在 Internet 上发生的黑客攻击事件，可以看出威胁网络安全的基本模式是一样的，特别是在大量自动软件工具出现以后，加之 Internet 提供的便利，攻击者可以很方便地组成团体，使得网络安全受到的威胁更加严重。

依据《中华人民共和国计算机信息系统安全保护条例》《计算机信息网络国际联网安全保护管理办法》以及《计算机信息系统安全保护等级划分准则》等法律法规的规定，我国是由公安部门计算机管理监察机构负责计算机网络安全工作。而目前各大高校保卫部门普遍缺乏计算机网络专业技术人员，管理缺乏有力的措施与手段；如果将高校计算机网络安全工作交由网管中心负责，明显存在部门职能不符。其次，高校计算机网络迅速取代传统媒体成为与外界信息交流渠道，各种各样的网上论坛也成为校内外热点、难点问题的集散地；高校保卫部门如若仍然依靠传统模式通过情报信息员收集信息，必然被时代抛在后面；情报信息网络应该也必须包含计算机网络信息的监测。再者，网上信息的传播只能用"飞速、广泛"来形容，及时确定信息的危害性以及及时处理有害信息对于减少控制其危害性极为重要。而一条网上信息是否有害，没有一个既定标准来衡量。既然没有界定标准，也只有依赖高校网络信息监管人员自身的政治敏锐性和计算机网络技术水平。最后，从技术角度来看，不少高校局域网网络中心的网络账号管理措施并不完善，使得信息发布的监管工作仍然是一个薄弱环节。高校的网络安全直接关系到校园的教学、科研、管理工作的正常运转及学生的信息安全，可谓至关重要。在实际的网络建设过程中，高校需要引起足够的重视，通过科学的方式构建良好的网络环境，以保障校园网络的正常运作。

高校学生作为我国公民中的一大群体，受教育程度高，对信息化比较了解，上网率接近 100%。师生们享受着信息化所带来便捷的同时，网络安全问题也在高校师生中频繁出现，成为高校管理的一大难题。近几年，高校师生被网络诈骗、信息被窃取贩卖等新闻不断见诸报端，网络上这类信息更是屡见不鲜。

高校的网络应用系统和管理系统，大多是由不同的服务商独立建设，在网络安全保护方面相对独立，服务商的水平直接决定了网络安全的水平。软硬件系统上线运行或者部署相关的网络防护工具之后,只要系统功能正常,便对网络安全问题关注度不够,主要体现在两个方面:一是学校认为没有做更高级别安全防护的必要性,认为学校的网站(信息系统)没有那么重要,没有什么可"偷"的;二是从整个网络安全行业来讲,政府机构和事业单位等组织推动力主要源自行政性要求和事件驱动,更多的是关停访问、事后修补漏洞等,带病运行的网站较多,尚未建立相对完整的全局性网络安全防护体系,并不能做到防患于未然。此外,高校普遍建成了软硬件功能较为齐全的信息化基础设施和公共信息服务环境,校园网络安全承担着保障成千上万台计算机、交换机和服务器等终端设备运行的重任,这些设备分布在校园的各个位置,用途不同,操作的用户也不同。有的用户网络安全意识薄弱,对网络安全问题不重视,一旦网络安全出现问题,处理不及时,没能采取安全可靠的技术措施,就会造成严重的损失。

高校的信息传递量大,信息重要程度高,网络安全工作尤为重要。目前高校网络一般有以下几个方面的问题。

① 高校网络基本采用分期建设,大多根据使用情况发现网络安全问题来解决,导致信息资产安全建设工作参差不齐,防护难度较大。

② 网络安全建设滞后于信息化应用,重建设、轻运维,缺乏行之有效的全局性网络安全防护体系。应用交付重视功能实现,系统投入运行后运维保障不足,安全防护未能得到应有的重视。

③ 网络安全管理体系不健全,管理人员、制度存在一定的缺失,系统建设、运维安全不到位。技术防范建设系统性不足,安全对抗能力较弱。

④ 用户群体巨大,师生网络安全意识不强,安全素养和技能参差不齐。相关的网络安全管理人才匮乏,部分信息管理人员自身网络安全知识水平相对较弱,缺乏一支持续化的信息安全管理团队。

10.2.2 高校网络安全的建设要求

网络安全问题一直都是制约高校信息化发展进程的重要问题,如何提升高校的网络安全水平是现阶段必须要解决的主要问题。因此高校管理人员要充分重视计算机实验室的网络安全问题,应用防火墙等安全技术、提升安全意识等多种手段确保实验室的正常运行。

图 10-1 为校园网络安全拓扑图。

(1)防火墙

防火墙可以保护内部网络资源不被破坏,有效避免内部网络受到外部的干扰。将防火墙置于最外层可以有效地加强网络安全和网络控制的作用。

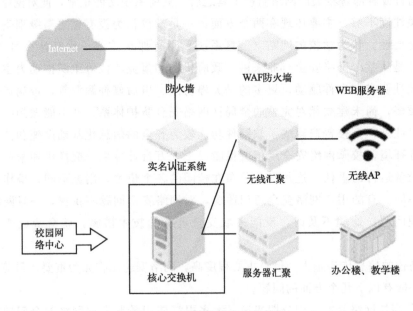

图 10-1　校园网络安全拓扑图

（2）实名认证系统

实名认证系统实行一人一号制度，确保每个账号可以定位到个人、每个账号都有上网行为记录（记录上网设备的 MAC 地址与访问网络信息），这样既杜绝了外人使用校园网进行破坏的可能，也从内部禁止了危险网络行为的发生，便于上网行为的管理。

（3）WAF 防火墙

一般的防火墙难以应对 SQL 注入攻击、Web 漏洞攻击、XML 攻击等网络攻击，所以在 WEB 服务器前搭建 WAF 防火墙。WAF 防火墙月均阻拦 SQL 注入攻击 4.5 万余次、路径穿越攻击 2 万余次、Web 服务器漏洞攻击 2 万余次、跨站攻击 1.5 万余次等，月共计 38 万余次网络攻击，有效地保护了校园网络安全。

（4）实时监控

数量众多的网络设备也对设备管理提出了较高的要求，需要及时发现设备的故障。人工检测不但耗时耗力，还不便于及时发现问题。所以每个网络设备设置固定的 IP 地址并开通 SNMP 协议进行监听，将监听的结果显示在一个管理平台上，一旦有网络设备出现故障，网络管理人员就可以及时地发现并进行处理。

(5) 漏洞扫描

操作系统和软件在逻辑设计上的缺陷或编写时的错误会产生各种漏洞,这就给黑客植入木马等病毒来攻击或控制电脑提供了可乘之机。定期进行漏洞扫描,避免敏感信息泄露、后台设计缺陷等常见漏洞的存在,及时发现漏洞、修补漏洞,最大程度避免系统被攻击。

(6) 制度健全

高校网络管理人员不仅要构建完善的计算机网络管理制度,还需要加强学生、教师的网络安全意识,只有全员都参与网络安全建设,才可以避免网络安全问题的发生。高校要不断地完善计算机机房网络安全管理制度,通过定期组织学生、教师参与网络安全培训课程、讲座等方式提升机房使用者的安全意识。

10.3 网络病毒的危害及案例

10.3.1 网络病毒的危害

很多心怀不轨的人为了阻碍计算机正常运行,会开发一些比较高级的破坏程序,也就是我们所提到的计算机病毒。计算机病毒并不是一个独立存在的事物,它往往寄生在其他的程序当中,具有很强的潜伏性和隐蔽性,其传染力也是极强的,有着很大的破坏力。这些计算机病毒会通过互联网进行传播,从而导致计算机系统发生瘫痪,导致计算机中存储的文件和相关的数据丢失。而伴随着互联网技术的发展和应用的日益广泛,这种病毒的危害性也变得越来越大。

病毒对于网络安全的危害主要有:

① 病毒以复制文件的形式在服务器中传播,导致服务器瘫痪。

② 客户端病毒泛滥,病毒可通过移动存储介质传播,客户端感染后病毒会以交叉感染的方式传播,威胁教学环境。

③ 网络病毒危害电脑信息。网络病毒释放后门程序,会泄露电脑信息,会删除关键程序,使电脑崩溃。

④ 占用带宽,具有攻击性的病毒大量占网络带宽,导致网络瘫痪。

10.3.2 网络病毒的案例

(1) 通过移动存储介质传播

典型案例:当病毒隐藏在 U 盘中,伪装成 U 盘中的文件夹时,就化身为

"U盘杀手"。用户不知情时点击"文件夹",就会感染上病毒,电脑系统中global.exe进程无法终止,即使终止,还会再出现。电脑上文件消失,移动介质上文件也消失。学生不能下载课件、提交作业,老师也失去对学生端电脑的控制,网络教学被中断。

（2）ARP欺骗攻击

ARP,即Address Resolution Protocol,地址解析协议。ARP病毒并不是某一种具体的病毒,而是对利用ARP协议的漏洞进行传播的一类病毒的总称。ARP欺骗攻击如图10-2所示。

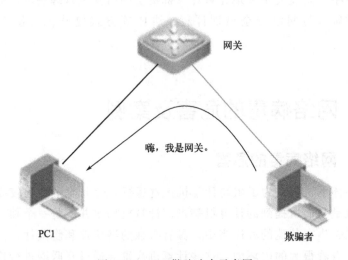

图10-2　ARP欺骗攻击示意图

典型案例:实验室中只要一台电脑被ARP病毒感染,局域网内主机的MAC地址就被更改,网络内很难检测。

① 病毒程序导致网络阻塞和中断,导致电子实验室中教师端和学生端失联,教学广播不能正常进行。

② ARP病毒会导致实验室网络瘫痪,盗取电脑用户的账户信息及密码。

（3）垃圾信息

在实验室中,部分学生的邮箱被垃圾信息侵袭,垃圾信息占用网络资源,干扰信息服务器正常递送。

典型案例:垃圾邮件不仅可以占用网络资源,还能够在附件中添加病毒和程序。一旦打开附件,就感染病毒并造成瘫痪。

（4）人为的攻击

在大学实验室中典型的网络安全威胁是来自内、外部的攻击。

典型案例:部分学生掌握一些黑客软件后,会在实验室中运行,在内部发起攻击，严重威胁实验室网络安全。

10.4 高校网络安全措施

为了能够更好地提高计算机网络的安全性，针对实验室网络安全存在的问题，提出以下几个方面的预防措施。根据高校网络安全工作目标，梳理分析高校网络安全工作实际，将高校网络安全工作划分为网络安全综合管理体系、网络安全技术防护体系和网络安全支撑保障体系、网络安全素养提升体系四个体系。

(1) 网络安全综合管理体系

落实党委（党组）网络安全工作责任制，提高高校网络安全综合管理能力，包括组织机构、规章制度、信息资产管理和漏洞风险管理等。

① 健全网络安全工作组织。充实、调整网络安全和信息化领导机构，统筹领导学校网络安全和信息化工作；指定学校网络安全工作主责或牵头单位，具体负责网络安全工作；各单位是网络安全工作执行单位，全面落实网络安全工作。

② 完善网络安全规章制度。根据《中华人民共和国网络安全法》及等级保护2.0要求，全面梳理现有规章制度、操作规程，补充之前缺少的，废除当前不适用的，修订当前已过时的，最后汇编整理形成学校网络安全规章制度汇编、信息资产操作规程汇编。

③ 做好信息资产综合管理。做好信息资产全生命周期管理，建立信息资产台账，准确掌握信息资产底数，防止出现僵尸网站或僵尸系统，严重威胁学校网络安全；做好信息资产上线管理，明确信息资产入网上线使用要求，降低信息资产网络安全风险；做好信息资产漏洞风险管理，制定漏洞风险管理办法，及时修复信息资产漏洞。

(2) 网络安全技术防护体系

构建一个网络安全纵深防御体系和集中管理各类安全产品信息、智能化的安全管理中心，实时全面掌握网络安全现状，实现网络安全威胁的纵深防御。

① 制定网络安全建设规划。根据高校网络安全建设现状和目标制定网络安全建设中长期规划，并做好网络安全建设顶层设计，确定网络的安全威胁、层次和区域策略，部署合理的网络安全防护手段。

② 完善网络安全防护措施。根据纵深防御思想，实现网络安全区域的科学划分。基于网络系统之间的逻辑关联性和物理位置、功能特性等，划分清晰的安全层次和安全区域，形成一个垂直分层、水平分区的网络安全区域架构；在不同层次以及不同区域之间部署物理和逻辑安全防范措施，形成水平和垂直两个方向

的多层次的防护，提高网络整体防御能力。

物理措施：例如，保护网络关键设备（如交换机、大型计算机等），制定严格的网络安全规章制度，采取防辐射、防火以及安装不间断电源（UPS）等措施。

访问控制：对用户访问网络资源的权限进行严格的认证和控制。例如，进行用户身份认证，对口令加密、更新和鉴别，设置用户访问目录和文件的权限，控制网络设备配置的权限等等。

数据加密：加密是保护数据安全的重要手段。加密的作用是保障信息被人截获后不能读懂其含义。

网络隔离：网络隔离有两种方式，一种是采用隔离卡来实现的，另一种是采用网络安全隔离网闸实现的。隔离卡主要用于对单台机器的隔离，网闸主要用于对整个网络的隔离。

其他措施：其他措施包括信息过滤、容错、数据镜像、数据备份和审计等。

③ 建设网络安全管理中心。建设一个可以集中管理各类安全产品信息、智能化的安全管理中心，能够综合全面地分析高校网络安全状况。网络安全管理人员能准确掌握网络整体状态、遭受过的攻击类型、正面临什么样的危险；发生网络安全问题时能及时发现问题的关键，并给出有效的解决办法，迅速做出响应。

(3) 网络安全支撑保障体系

提供网络安全政策支持、人才队伍建设、经费投入等相关基础支撑保障，确保网络安全工作顺利开展。

① 强化各项政策支持。网络安全工作是一把手工程，需要领导层的支持，需要各项政策的支持，才能确保网络安全责任落实到位，确保网络安全各项规章制度执行到位。

② 加强人才队伍建设。建立完备的网络安全工作人才队伍，形成完整的网络安全工作人员体系。网络安全主责或牵头单位设置网络安全专岗，各单位明确网络安全工作分管领导、网络安全工作管理员、各信息资产管理员；学校可建立网络安全学生宣传队伍，支持、鼓励感兴趣的学生参与网络安全政策宣传、知识普及，解决日常网络安全问题等。

③ 持续保障经费投入。网络安全工作不能一步到位，要建立经费保障机制，确保持续稳定的经费投入，及时更新网络安全防护技术，消除信息资产风险隐患，做好网络安全各项工作。

(4) 网络安全素养提升体系

提升高校用户网络安全综合素养，涉及网络安全工作人员、高校师生与用户等。

① 落实持证上岗制度。建立、完善网络安全工作持证上岗制度，要求从事网络安全工作的人员必须持有网络安全资格证书。高校可通过鼓励员工参加社会化网络安全资格考试、选派人员参加专业网络安全培训学习等，逐步提高网络安全工作队伍的网络安全素养。

② 开展网络安全培训。将网络安全知识学习纳入中层干部学习体系，提高领导层网络安全意识；结合国家网络安全宣传周等开展学校网络安全宣传教育系列活动，组织师生参观展览，开展网络安全知识讲座、政策宣传、有奖问答等；将网络安全培训纳入新生入学教育中，作为新生入学教育的重要部分；开设网络安全选修课程，培养学生网络安全宣传队伍。

③ 及时发布风险预警。及时发布或转载网络安全重要事件、风险预警、趣味知识等，提醒师生防范网络安全风险，同时也为师生普及网络安全知识。加强对校内论坛等网络交流平台的监管，组建网络信息员队伍，在学校统一指导下，定期整理网络上的讨论热点及主要观点，捕捉和反馈重要信息，掌握网上动态。

针对高校网络安全工作中存在的问题而构建的高校网络安全工作体系，能够有效应对各种网络安全威胁。该体系几乎涵盖了高校网络安全工作的各个方面，但网络安全工作永远在路上，该体系也需要不断地改进和完善，才能保障师生个人信息和网络信息的安全。

参 考 文 献

[1] 朱莉娜,孙晓志,弓保津,等.高校实验室安全基础[M].天津:天津大学出版社,2014.
[2] 宋志军,王天舒.图说高校实验室安全[M].杭州:浙江工商大学出版社,2017.
[3] 周艳,孙学珊,魏利鹏.实验室安全指导手册[M].天津:天津科学技术出版社,2017.
[4] 黄志斌,赵应声.高校实验室安全通用教程[M].南京:南京大学出版社,2021.
[5] 黄凯,张志强,李恩敬.大学实验室安全基础[M].北京:北京大学出版社,2012.
[6] 胡洪超,蒋旭红,舒绪刚.实验室安全教程[M].北京:化学工业出版社,2019.
[7] 陈卫华.实验室安全风险控制与管理[M].北京:化学工业出版社,2017.
[8] 吕明泉,王能东,徐烜峰.化学实验室安全操作指南[M].北京:北京大学出版社,2020.
[9] 鲁登福,朱启军,龚跃法.化学实验室安全与操作规范[M].武汉:华中科技大学出版社,2021.
[10] 秦静.危险化学品和化学实验室安全教育读本[M].北京:化学工业出版社,2018.
[11] 蔡乐,曹秋娥,罗茂斌,等.高等学校化学实验室安全基础[M].北京:化学工业出版社,2018.
[12] 陈雄.安全生产法规[M].重庆:重庆大学出版社,2019.
[13] 全国危险化学品管理标准化技术委员会秘书处.常用危险化学品包装储运手册[M].北京:化学工业出版社,2004.
[14] 杨大伟.危险化学品安全便携手册[M].北京:机械工业出版社,2006.
[15] 杨厚俊.化工企业安全标志[M].北京:化学工业出版社,2014.
[16] 毛红艳.化学实验员简明手册 实验室基础篇[M].北京:中国纺织出版社,2007.
[17] 浙江大学化学系.化学实验室安全与环保手册[M].北京:化学工业出版社,2013.
[18] 张荣,练学宁.危险化学品生产单位负责人和管理人员安全培训教程[M].北京:中国劳动社会保障出版社,2010.
[19] 孙维生.腐蚀性物质的危害及其防治[J].职业卫生与应急救援,2008,26(2):2.
[20] 中国化学品安全协会.危化品特种作业实际操作仿真培训与考核指南[M].北京:化学工业出版社,2015.
[21] 孙泰旭.电工电子技术基础与应用[M].北京:机械工业出版社,2012.
[22] 杨清德,杨兰云.触电急救与意外伤害急救常识[M].北京:中国电力出版社,2013.
[23] 谢静,付凤英,朱香英.高校化学实验室安全与基本规范[M].武汉:中国地质大学出版社,2014.
[24] 马海珍,张志伟.触电防范及现场急救[M].北京:中国电力出版社,2015.
[25] 湖南省电力行业协会职业安全卫生分会.现场触电急救知识[M].北京:中国电力出版社,2007.
[26] 触电相关安全知识你知道吗?[J].湖南安全与防灾,2018(2):67.
[27] 供用电技术专业建设委员会,杨瓅,向婉芹.电力生产安全技术[M].重庆:重庆大学出版社,2015.
[28] 王强,张才.高校实验室安全准入教育[M].南京:南京大学出版社,2019.
[29] 许晓风,周学,袁学智,等.大学实验室基础训练教程[M].南京:东南大学出版社,2018.
[30] 敖天其,金永东,何柳,等.实验室安全与环境保护探索与实践[M].成都:四川大学出版社,2018.
[31] 付春亮.辐射防护材料的研究[J].科技资讯,2022,20(13):58-60.
[32] 辐射防护最优化[J].辐射防护通讯,2022,42(3):44-47.

[33] 喻滟翔，田红旗. 辐射防护剂临床应用的研究进展 [J]. 山东医药，2022，62 (1)：111-114.
[34] 吕勇军，鞠振河. 太阳能应用检测与控制技术 [M]. 北京：人民邮电出版社，2013.
[35] 郑爱泉. 现代生物技术概论 [M]. 重庆：重庆大学出版社，2016.
[36] 王海明. 健康教育学 [M]. 重庆：重庆大学出版社，2018.
[37] 吴小霞. 生命科学基础 [M]. 南京：南京大学出版社，2021.
[38] 拜思琼，黎晨，何俊霞，等. 多糖的辐射防护作用机制研究 [J]. 甘肃科技纵横，2021，50 (3)：29-32.
[39] 邹礼均，杨忠祥，向小林，等. 大学生安全教育与管理 [M]. 重庆：重庆大学出版社，2018.
[40] 刘卫锋. 大学生安全教育 [M]. 南京：南京大学出版社，2018.
[41] 金辉. 健康战略下高等公共卫生教育模式探索与实践 [M]. 南京：东南大学出版社，2020.
[42] 罗建波，刘礼平. 公共卫生实验室质量技术与安全 [M]. 广州：中山大学出版社，2004.
[43] 刘利兵. 实验室生物安全与突发公共卫生事件 [M]. 西安：第四军医大学出版社，2009.
[44] 中国质检出版社第五室. 实验室教学仪器设备安全标准汇编 仪器和零部件卷 下 [M]. 北京：中国质检出版社，2011.
[45] 柯昌文. 实验室生物安全应急处理技术 [M]. 广州：中山大学出版社，2008.
[46] 李勇. 实验室生物安全管理体系的构建与实施 [M]. 北京：军事医学科学出版社，2009.
[47] 何维. 卫生检测实验室质量管理与安全 [M]. 北京：法律出版社，2011.
[48] 黄凯，张志强，李恩敬. 大学实验室安全基础 [M]. 北京：北京大学出版社，2012.
[49] 北京大学化学与分子工程学院实验室安全技术教学组. 化学实验室安全知识简明教程 [M]. 北京：北京大学出版社，2012.
[50] 范宪周，孟宪敏. 医学与生物学实验室安全技术管理 [M]. 北京：北京大学医学出版社，2013.
[51] 苏晓旭. 实验室安全与环保技术 [M]. 长春：吉林大学出版社，2014.
[52] 谢静，付凤英，朱香英. 高校化学实验室安全与基本规范 [M]. 武汉：中国地质大学出版社，2014.
[53] 浙江大学化学系. 化学实验室安全与环保手册 [M]. 北京：化学工业出版社，2013.
[54] 中国实验室国家认可委员会. 实验室生物安全基础知识 [M]. 北京：中国计量出版社，2004.
[55] 敖天其，廖林川. 实验室安全与环境保护 [M]. 成都：四川大学出版社，2015.
[56] 王长利，马安洁，王立成. 实验室安全手册 [M]. 长春：吉林大学出版社，2009.
[57] 侯培森，武桂珍. 化学实验室安全管理相关法律法规资料汇编 [M]. 北京：北京大学医学出版社，2008.
[58] 朱莉娜. 高校实验室安全基础 [M]. 天津：天津大学出版社，2014.
[59] 孙玲玲. 高校实验室安全与环境管理导论 [M]. 杭州：浙江大学出版社，2013.
[60] 范宪周，孟宪敏. 医学与生物学实验室安全技术指南 [M]. 北京：北京大学医学出版社，2010.
[61] 姚守拙. 现代实验室安全与劳动保护手册·上册 [M]. 北京：化学工业出版社，1992.
[62] 姚守拙. 现代实验室安全与劳动保护手册·下册 [M]. 北京：化学工业出版社，1992.
[63] 姜忠良. 实验室安全基础 [M]. 北京：清华大学出版社，2009.
[64] 何晋浙. 高校实验室安全管理与技术 [M]. 北京：中国计量出版社，2009.
[65] 陈行表，蔡凤英. 实验室安全技术 [M]. 上海：华东化工学院出版社，1989.
[66] 李五一. 高等学校实验室安全概论 [M]. 杭州：浙江摄影出版社，2006.
[67] 中国质检出版社第五编辑室. 实验室教学仪器设备安全标准汇编 仪器和零部件卷 [M]. 北京：中

国质检出版社，中国标准出版社，2011.
[68] 中国质检出版社第五编辑室. 实验室教学仪器设备安全标准汇编 [M]. 中国质检出版社，中国标准出版社，2011.
[69] 全国认证认可标准化技术委员会，等. GB/T 27476.1—2014《检测实验室安全 第1部分：总则》理解与实施 [M]. 北京：中国质检出版社，2015.
[70] 王健卉. 大学生安全知识宝典 [M]. 重庆：重庆大学出版社，2013.
[71] 王美. 数字化实验室建设 [M]. 天津：天津科技翻译出版有限公司，2015.
[72] 向东. 实验室管理创新与研究 [M]. 武汉：中国地质大学出版社，2009.
[73] 巴克K. 生物实验室管理手册 [M]. 北京：科学出版社，2005.
[74] 张斌. 实验室管理、认可与运作 [M]. 北京：中国标准出版社，2004.
[75] 陆阳春. 浅谈高职院校校园信息网络安全防护与管理 [J]. 网络安全技术与应用，2021 (8)：107-108.
[76] 翁春燕，蔡迪阳. 基于大数据技术的高校数字校园安全问题与对策分析 [J]. 电子技术与软件工程，2021 (14)：244-245.
[77] 陈莹. 基于网络信息化下的高校网络安全建设 [J]. 网络安全技术与应用，2021 (7)：93-94.
[78] 闫思瑾. 高校计算机网络信息管理安全防护问题与策略 [J]. 数字技术与应用，2021，39 (6)：174-176.
[79] 刘枣，吕文平，汪超，等. "互联网"背景下高校实验室安全准入管理体系的构建 [J]. 科教导刊（中旬刊），2019 (32)：181-182.
[80] 王艳柏，侯晓磊，龚建锋. 计算机网络安全技术 [M]. 成都：电子科技大学出版社，2019.
[81] 范茂松. "互联网＋"时代高校网络安全实验室建设探析 [J]. 计算机产品与流通，2019 (12)：199.
[82] 尹皓. 高校计算机实验室网络安全问题及对策分析 [J]. 产业与科技论坛，2020，19 (10)：57-58.
[83] 邓春红，朱士明，刑李泉. 网络安全原理与实务 [M]. 北京：北京理工大学出版社，2014.
[84] 李爱燕. 高校计算机实验室网络安全问题及解决措施探索 [J]. 计算机产品与流通，2019 (12)：245.
[85] 柳俊. 浅谈高校网络安全工作 [J]. 科技资讯，2018，16 (31)：25-26.
[86] 庄鹏. 浅谈实验室网络安全问题及对策 [J]. 数字技术与应用，2012 (5)：173.
[87] 苏瑾. "互联网＋"背景下高校网络安全教育现状及对策 [J]. 黑龙江教育（高教研究与评估），2020 (9)：76-77.
[88] 杨媚. 高校计算机网络安全问题及对策 [J]. 计算机产品与流通，2020 (9)：86-87.
[89] 张小林，鲁雷，罗汉云. 高校网络安全等级保护建设研究 [J]. 电脑知识与技术，2020，16 (22)：71-73.
[90] 刘大芳. 网络意识形态安全教育融入高校思想政治理论课的探讨 [J]. 轻纺工业与技术，2020，49 (3)：124-125.
[91] 李晶晶，杨红森. 计算机网络信息技术在高校中的应用及其安全防护 [J]. 数字技术与应用，2020，38 (3)：196-197.
[92] 吴乔. 高校"互联网＋教育"信息化网络安全管理研究 [J]. 网络安全技术与应用，2020 (3)：83-84.
[93] 杨霖怀，唐育虹. 当前高校网络意识形态安全研究 [J]. 教育现代化，2019，6 (58)：224-225.

[94] 张鑫. 互联网＋背景下高校计算机网络安全问题及对策研究 [J]. 信息记录材料, 2019, 20 (11): 57-58.
[95] 武斐. 网络新媒体对高校意识形态的冲击与应对策略研究 [J]. 时代报告, 2019 (7): 134-135.
[96] 郭浩, 赵铭伟, 陈玉华, 等. 计算机网络技术及应用 [M]. 北京: 人民邮电出版社, 2017.
[97] 兰少华. 网络安全理论与应用 [M]. 北京: 人民邮电出版社, 2016.